C·H·Beck
PAPERBACK

Jürgen Osterbrink

Franziska Andratsch

Gewalt in der Pflege

Wie es dazu kommt

Wie man sie erkennt

Was wir dagegen tun können

C.H.Beck

Originalausgabe

Satz: Druckerei C.H.Beck, Nördlingen
Druck und Bindung: CPI – Ebner & Spiegel, Ulm
Umschlaggestaltung: Kunst oder Reklame, München
Printed in Germany
ISBN 978 3 406 68168 4

www.beck.de

Inhalt

Einleitung

Gewalt ist allgegenwärtig. In ihren vielschichtigen und komplexen Erscheinungsformen betrifft sie sämtliche Lebensbereiche. Jeder von uns wird mit ihr konfrontiert, sei es durch die mediale Kommunikation oder durch eigene Erfahrungen und Beobachtungen im beruflichen wie auch im privaten Alltag. Längst hat Gewalt auch Einzug in die pflegerische Versorgung genommen. Fälle von Gewaltanwendungen innerhalb der Pflegebeziehung bis hin zur Tötung von Patienten bzw. pflegebedürftigen Menschen durch Angehörige der Gesundheitsfachberufe haben in den letzten Jahren wiederholt Schlagzeilen gemacht und die Öffentlichkeit erschüttert. Ans Tageslicht kommen vielfach nur die extremsten Fälle, denen mit Entsetzen, Unverständnis und vorschnellen Schuldzuweisungen begegnet wird. Eine ernsthafte Auseinandersetzung, warum es zu diesen Überschreitungen und Vorfällen gekommen ist, eine genaue Analyse, in welcher Lage sich Täter und Opfer befunden haben und welche verantwortlichen Ursachen es für diese Ereignisse gibt, fehlt meistens. Zu schnell wird in den betroffenen Einrichtungen zur Tagesordnung übergegangen. Das betrifft auch die nicht weniger wichtige Frage nach den Konsequenzen bzw. den Lehren, die aus erlebten Gewaltsituationen gezogen werden können.[1]

Wir wollen mit diesem Buch das Bewusstsein für Gewalthandlungen in der Pflege schärfen und die Mauer des Schweigens um das tabuisierte Thema «Gewalt in der Pflege» durchbrechen. Wir sind überzeugt: Nur durch eine möglichst frühe Wahrnehmung und das Erkennen erster Anzeichen von Fehlverhalten innerhalb der pflegerischen Beziehung lässt sich der Gewalt präventiv entgegenwirken.

Aufgrund der enormen Komplexität, die das Thema der Gewalt in der pflegerischen Versorgung mit sich bringt, haben wir uns auf die Behandlung ausgewählter Themenkomplexe beschränkt. Unser Interesse gilt ausschließlich den Gewalthandlungen, die von Gesundheits- und Krankenpflegepersonen ausgehen und pflegebedürftige, alte Personen treffen, sowohl im Zuge der Langzeitpflege als auch der Akutversorgung in den Krankenhäusern. In unserer Betrachtung wird somit lediglich der intramurale Bereich abgedeckt. Den umgekehrten Fall, den es auch gibt, nämlich Übergriffe pflegebedürftiger Menschen gegenüber den beruflich Pflegenden, lassen wir außer Acht. Das betrifft auch die Gewalt innerhalb der familiären Pflege.

Es geht uns in diesem Buch weder darum, Anklage zu erheben, noch die in der Pflege tätigen Personen mit Vorwürfen und Schuldzuweisungen zu konfrontieren. Wir wollen nicht pauschalieren oder gar behaupten, alle Pflegenden seien gewalttätig; dies wäre in der Tat eine höchst unqualifizierte und auch falsche Behauptung. Es ist nicht unsere Absicht, mit unseren Zeilen Unmut hervorzurufen oder jemanden vor den Kopf zu stoßen. Im Gegenteil, das persönliche Engagement, der enorme Einsatz und die unermüdliche Geduld der meisten Pflegenden im Umgang mit den ihnen anvertrauten Personen schätzen wir sehr. Für diese schwere, vielfach energieraubende Arbeit möchten wir unsere Anerkennung klar zum Ausdruck bringen.

Ziel des Buches ist es vielmehr herauszuarbeiten, welche Ursachen für Gewaltanwendungen in der Pflege verantwortlich sind und wie gute und professionelle Pflege der Entstehung von Gewalt rechtzeitig entgegenwirken kann. Wir fragen uns, welcher Veränderungen es bedarf, um die beschriebene Problematik einzudämmen und gleichzeitig den jüngsten Entwicklungen im Pflegebereich hinreichend Rechnung zu tragen. Die aktuellen Maßnahmen des österreichischen Sozialministeriums und etwa die Installierung eines «Pflegenotrufs» im Bundesland Brandenburg belegen die Brisanz des Themas. Die Frage, wie die weitere Versorgung bei schwindenden Ressourcen gewährleistet werden kann, hat uns ebenfalls beschäftigt. Darüber hinaus ist ein wichtiger Aspekt, inwieweit sich die Pflegeausbildung im Hinblick auf die Gewaltproblematik positiv beeinflussen lässt. Die Qualität der Pflege ständig weiterzuentwickeln und auch die Ausbildung der Pflegenden zu verbessern, ist ein wesentliches Anliegen von uns.

Das Buch gliedert sich in sechs Kapitel. Kapitel 1 widmet sich aktuellen Fällen von Gewalt im Gesundheitswesen innerhalb der letzten Jahre, die das gesamte Spektrum von verbaler Gewalt (Respektlosigkeit, Lieblosigkeit, Verdinglichung des Patienten, Zynismus) und physischer Gewaltanwendungen bis hin zur Tötung von Patienten bzw. pflegebedürftigen Menschen abdecken. Die Geschehnisse veranschaulichen, dass es sich bei weitem nicht um Einzelfälle handelt, und machen mitunter deutlich, in welcher Vielschichtigkeit Gewalt in der Pflege auftreten kann. Am Ende des Kapitels steht ein Überblick über jene Fragen, die für uns bei der Konzeption dieses Buches maßgeblich waren.

Kapitel 2 beschäftigt sich mit der Asymmetrie der Pflegebeziehung und geht besonders auf Macht und Ohnmacht innerhalb dieses Beziehungsgeflechts ein. Die Frage, wie Macht Potenzial für Gewaltentstehung sein kann und inwieweit Macht und Gewalt zusammenhängen, wird behandelt. Dazu widmen wir uns den unterschiedlichen Formen und Ausprägungen von Gewalt in der Pflege und unternehmen einen Versuch, Gewalt von Aggression abzugrenzen. Beispiele aus dem Pflegealltag dienen der Veranschaulichung und zeigen auch, wie schwer es ist, Gewalt als solche zu erkennen. Mögliche Hinweiszeichen für die Wahrnehmung von Gewalt werden dargelegt. Kurz angeschnitten wird die Frage nach jener Gewalt, die innerhalb der pflegerischen Versorgung «legitim» eingesetzt wird.

Kapitel 3 befasst sich mit der schlimmsten Form der Gewalt

innerhalb der Pflegebeziehung, der Patiententötung, und ihren Spezifika. Im Rahmen dieses Kapitels erfolgt eine eingehende Darstellung und anschließende Analyse zum österreichischen Pflegeskandal von Lainz, der in den Achtzigerjahren Furore gemacht hat. Grundlage unserer Beschäftigung ist die Einsichtnahme in die Prozessakten des am Landesgericht für Strafsachen Wien 1991 verhandelten Geschworenenverfahrens. Davon ausgehend versuchen wir, die Motive und Charakteristika solcher Taten aufzuklären. Wir stellen uns die Frage, was die Pflege aus den Vorfällen in Lainz lernen kann bzw. bereits in positiver Hinsicht gelernt hat und in welchen Bereichen Handlungs- und Aufholbedarf besteht.

Kapitel 4 widmet sich den jüngsten Entwicklungen in der Pflege, allen voran dem demographischen Wandel und dessen Auswirkungen. Das gesellschaftliche Altersbild im Wandel der Zeit wird beleuchtet. Wir beschäftigen uns mit der Rolle des alten Menschen als Patient und fragen nach dem Zeitpunkt, zu dem Pflegebedürftigkeit eintritt. Leben, Leiden, Sterben und Tod sind Teil des pflegerischen Alltags, im Gegensatz zum «normalen» bzw. «alltäglichen» Leben, aus dem das Sterben, aber auch das Leiden möglichst weit hinausgedrängt werden. Auf die Herausforderungen und Schwierigkeiten, die diese «Parallelwelt» für Pflegende schafft, gehen wir im Rahmen dieses Kapitels im Detail ein. Ein kurzer Exkurs widmet sich dem Pflegeberuf im gesellschaftlichen Kontext.

In Kapitel 5 wagen wir den Versuch, Umstände und Hintergründe, die für Gewaltdelikte in der Pflege ursächlich und verantwortlich sein können, zu definieren. Es werden sowohl jene Ursachen betrachtet, die sich innerhalb der Pflegebeziehung finden, als auch jene, die strukturelle Gegebenheiten betreffen. Ziel des Kapitels ist, die Vielfalt gewaltursächlicher Faktoren und deren mögliches, wechselseitiges Zusammenspiel bewusstzumachen.

Ansätze zur Gewaltprävention und gewaltvermindernde Ressourcen werden in Kapitel 6 vorgestellt. Eingegangen wird vor allem auf jene präventiven Maßnahmen, die mit den in Kapitel 5 dargelegten Ursachen für Gewalt in Verbindung stehen. Besonders von Bedeutung ist die Frage, auf welche Art und Weise Pflegende bei ihrer Arbeit unterstützt werden und welchen gewaltpräventiven Beitrag Institutionen, Führungskräfte und die Gesellschaft leisten können.

Was können wir gegen Gewalt in der Pflege tun? Welche Maßnahmen und Interventionen sind besonders notwendig, um Fälle von Gewaltanwendungen in der Pflege zu verhindern bzw. zu minimieren? In den Schlussbemerkungen formulieren wir Forderungen an die Politik und die Entscheidungsträger und weitere für uns wichtige Anliegen.

Um einen besseren Lesefluss zu gewährleisten und allfällige Schwierigkeiten sprachlicher Natur zu vermeiden, verwenden wird in diesem Buch meist nur die Sprachform des generischen Maskulinums. Wir möchten an dieser Stelle darauf hinweisen, dass die ausschließliche Verwendung der männlichen Form geschlechtsunabhängig verstanden werden soll und dass selbstverständlich bei allen Ausführungen auch die weibliche Form mitgemeint ist.

Neben gewöhnlichen Anmerkungen, auf die mit hochgestellten Ziffern hingewiesen wird und die im Anhang zusammengefasst sind, finden sich im laufenden Text auch reine Quellenangaben. Diese sind durch Ziffern in eckigen Klammern gekennzeichnet und verweisen auf das Literaturverzeichnis am Ende des Buches. Auf die genaue Seitenangabe aus der zitierten Quelle wurde verzichtet, sowohl bei indirekten als auch bei direkten Zitaten. Direkte Zitate werden im laufenden Text zusätzlich durch Anführungszeichen gekennzeichnet.

In diesem Buch wird keine strikte Trennung der Begrifflichkeiten «Patient», «Bewohner in Langzeiteinrichtungen» und «pflegebedürftige Menschen/Personen» vorgenommen. Grundsätzlich wird unter dem Begriff «Patient» auch der Bewohner in Langzeiteinrichtungen subsumiert. Ist nur der Bewohner einer Langzeiteinrichtung gemeint, wird er ausdrücklich als solcher erwähnt.

Die Bezeichnung «Pflegebedürftige» bzw. «pflegebedürftige Menschen/Personen» bezieht sich sowohl auf den Patienten als auch auf Bewohner von Pflegeeinrichtungen. Ist nur eine dieser beiden Gruppen alleine gemeint, wird sie explizit genannt.

Der Begriff «Pflegende» umfasst die Gruppe der diplomierten Gesundheits- und Krankenpflegepersonen, aber auch alle sonstigen Personen, die in Einrichtungen der Langzeitbetreuung arbeiten, etwa Altenpfleger, sind damit gemeint. Auch in diesem Fall gilt, dass wenn es uns um eine konkrete Berufsgruppe geht, diese als solche erwähnt wird. Ist von «Pflegeeinrichtung» die Rede, handelt es sich um Einrichtungen bzw. Organisationen, in denen alte Menschen Betreuung erhalten; dies sowohl im Zuge der Langzeitpflege als auch in der Akutversorgung der Krankenhäuser. Sofern eine Einrichtung im Besonderen gemeint ist, wird diese auch als solche bezeichnet.[1]

Die Schilderung eigener Erfahrungen der Autoren dient der Veranschaulichung und will den nötigen Praxisbezug herstellen, erhebt jedoch keinen Anspruch auf Generalisierbarkeit.

Kapitel 1 **Gewalt in der Pflege und ihr Ausmaß**

> «Die Gewalt fängt nicht an, wenn Kranke getötet werden. Sie fängt an, wenn einer sagt: ‹Du bist krank: du musst tun, was ich sage!›»
> Erich Fried[2]

Mai 2010: In einem Seniorenpflegeheim in Deutschland werden aufgrund eines Gutachtens des Medizinischen Dienstes der Krankenkassen (MDK) Pflegemissstände öffentlich. Die vermutete Schwere der Missstände veranlasst die Heimaufsichtsbehörde dazu, dem Heim die Betriebsfortführung vorerst zu untersagen. Bei mehreren Bewohnern sei ein sogenannter Hungermarasmus festgestellt worden, worunter eine Abmagerung durch Unterernährung zu verstehen ist. Zusätzlich zu dem gravierenden Gewichtsverlust vieler Bewohner ist von hygienischen Mängeln die Rede. Auch der Umgangston zwischen Pflegenden und Pflegebedürftigen wird beanstandet. Vielfach seien die Bewohner angeschrien und durch verbale Äußerungen gedemütigt und beleidigt worden. Bei einigen Pflegebedürftigen sei zudem die Pflegedokumentation falsch geführt worden. Zusätzlich wird kritisiert, dass die Einrichtung völlig unterbesetzt sei: für einen Nachtdienst mit 56 Bewohnern sei beispielsweise nur ein Pflegender zuständig.[3]

Januar 2011: In einem Pflegeheim in Augsburg sollen Bewohner misshandelt worden sein. Ein Pfleger habe die Pflegebedürftigen äußert brutal behandelt. Auch von Übergriffen sexueller Natur und der Ruhigstellung durch Psychopharmaka ist die Rede. Die Gewalthandlungen hätten vor allem geistig verwirrte Bewohner getroffen. Im Vorfeld habe es bereits Beschwerden von ärztlicher Seite gegeben, denen jedoch nicht ausreichend nachgegangen worden sei. Auch der erhöhte Medikamentenverbrauch sei lange Zeit niemandem aufgefallen.[4]

Juni 2012: In einem Seniorenheim im Saarland werden Missbrauchsvorwürfe gegen zwei Pfleger erhoben. Einem Patienten sei eine tödliche Überdosis Morphium verabreicht worden. Ein weiterer Pfleger steht im Verdacht, eine bereits an Dekubitus (Druck- bzw. Wundliegegeschwür) leidende Patientin ohne Betäubung und ohne ärztliche Erlaubnis chirurgisch behandelt zu haben. Auch diese Patientin verstirbt bald im Anschluss daran; es kann nicht ausgeschlossen werden, dass der Tod durch die Schmerzen begünstigt worden ist. Zusätzlich wird der Verdacht laut, dass auch andere Bewohner über Monate hinweg misshandelt und systematisch gequält worden seien; einem unruhigen Patienten sei absichtlich die Atemkanüle gezogen worden, um ihn zu «erziehen». Einem anderen Pflegebedürftigen sei beim Rasieren ein Schnitt zugefügt worden, weil er nicht ausreichend ruhig gehalten habe. Angeblich habe man eine alte Frau fotografiert, das Bild mit einem Hitlerbärtchen versehen und anschließend an Kollegen verteilt. Sofort nach Bekanntwerden der Fälle wurde eine Prüfung bei der Staatsanwaltschaft beantragt.[5]

September 2013: «Nun lassen Sie ihn doch, er liegt doch schon im Sterben.» Diesen Satz soll ein Pfleger in einem deutschen Heim in Gegenwart der Angehörigen des Betroffenen geäußert haben. Der Mann war damals 91 Jahre alt. Aufgrund seines Gesundheits- und Alterszustands und den Folgen eines Schlaganfalles war er sehr eingeschränkt; hören konnte er aber noch gut. Laut den Angehörigen seien derartige und ähnliche Äußerungen nicht das erste Mal getätigt worden. Neben diesen verbalen Übergriffen werden von den Angehörigen auch andere Missstände beanstandet: Ihr Vater sei seit Wochen nicht mehr richtig gewaschen worden; manchmal würde er über Wochen im eigenen Kot und Urin liegen und kaum zu essen bekommen. Sein Körper sei mit blauen

Flecken übersät gewesen, die von den Pflegenden nicht plausibel erklärt werden konnten. Auch andere Mängel wurden dem Heim vorgeworfen. Die Patienten seien ohne Vorwarnung unsanft angepackt und geduzt worden, notwendige Medikamente seien vielfach vergessen worden. Nach langem Hin und Her entscheiden sich die Angehörigen, den alten Vater aus dem Heim zu nehmen, selbst wenn dies für ihn mit erheblichen Unannehmlichkeiten verbunden ist. Aber die Angst und die Sorge um den Vater sind größer. Die Angehörigen räumen jedoch ein, dass der verängstigte Vater schwierig und der Umgang mit ihm nicht immer ganz leicht ist.[6]

Oktober 2013: In einem Seniorenheim in Deutschland soll ein demenzkranker Bewohner mit Medikamenten ruhiggestellt worden und daraufhin von Ratten gebissen worden sein. Die Ruhigstellung von demenzkranken Personen in Deutschland durch Psychopharmaka ist keine Seltenheit, weil vielfach zu wenig Pflegepersonal in den Heimen arbeitet, um die verwirrten, doch oftmals sehr aktiven Patienten betreuen zu können.[7]

Mai 2014: In einem Altenheim in München wird mit versteckter Kamera ein Mitarbeiter gefilmt, wie er einen älteren, dementen Mann gewaltsam in den Rollstuhl bugsiert. Andere Bewohner weisen erhebliche Hämatome auf und behaupten, geschlagen worden zu sein.[8]

Juli 2014: In einem niederösterreichischen Pflegeheim stirbt eine Bewohnerin, abgemagert und mit eitrigen Druckgeschwüren. Die Pflege und medizinische Versorgung der Frau seien gröblich vernachlässigt worden.[9]

Oktober 2014: An einer Uniklinik in Nordrhein-Westfalen werden fünf Pflegende unter dem Verdacht gekündigt, Selfies und Intimfotos von dementen oder anderweitig im Bewusstsein eingeschränkten Patienten gemacht zu haben. Die Patienten seien zudem geschminkt und verkleidet und die Fotos anschließend über den Kurznachrichtendienst WhatsApp verbreitet worden.[10]

November 2014: Drei Frauen, ehemalige Mitarbeiter eines

Seniorenheims im Bundesland Salzburg, erheben schwere Vorwürfe wegen angeblicher Missstände innerhalb der Heimversorgung. Von Vernachlässigungen in der Pflege und einem rüden Umgangston den alten Menschen gegenüber wird berichtet. Mobbing unter den Mitarbeitern und ständiger Personalwechsel seien an der Tagesordnung. Angeblich sind die Vorwürfe schon länger bekannt; bereits im Mai 2013 habe es Gespräche dazu gegeben. Geändert habe sich seitdem aber anscheinend nur wenig. Die Sozialabteilung des Landes ist nun dafür zuständig, einen genauen Bericht über die Zustände im Heim zu verfassen und zu prüfen, inwieweit die erhobenen Vorwürfe richtig sind.[11]

Januar 2015: In einem Altenheim in Bonn mussten rund 60 pflegebedürftige Menschen evakuiert werden. Der Grund: Die Heimaufsicht stellte im Zuge der jährlichen Routinekontrolle gefährliche Zustände in der Pflege fest, die eine unverzügliche Umsiedlung der Bewohner notwendig machten. Beanstandet wurden etwa falsche Medikamentenvergabe, nicht behandeltes Wundliegen etc. Mit ausschlaggebend für das Aufkommen der Mängel war der Tod zweier Bewohner unter fragwürdigen Umständen. Dem einen sei angeblich irrtümlicherweise Insulin gespritzt worden, obwohl er kein Diabetiker war; der andere Bewohner soll an einem epileptischen Anfall verstorben und erst Stunden später tot auf dem Fußboden liegend aufgefunden worden sein.[12]

Februar 2015: Mängel in der Pflegedokumentation, in der medikamentösen Versorgung, der Arzneimittelsicherheit, der ordnungsgemäßen Aufbewahrung von Medikamenten und der Pflege der Bewohner führten zu einem befristeten Belegungsverbot, sprich einem Aufnahmestopp, für ein Seniorenheim in Euskirchen (Nordrhein-Westfalen). Von einer Schließung der Institution wurde vorerst Abstand genommen; trotz der Mängel sei das Mindestmaß der Versorgung gewährleistet. Dem Seniorenheim wurden jedoch Fristen für die Beseitigung der Missstände auferlegt.[13]

Problemlos ließe sich die Aufzählung der Pflegemissstände und «Pflegeskandale» fortsetzen. «Tag für Tag ein Skandal» titelte «Die Zeit» im Oktober 2014 in einem Bericht über Missstände in einem Pflegeheim in Nordrhein-Westfalen. Eine Angehörige berichtete, dass es im Zimmer ihrer dort untergebrachten Mutter «erbärmlich nach Erbrochenem, Kot und Urin» gestunken haben soll. Hilflos und allein habe die Mutter in ihren eigenen Ausscheidungen gelegen. Von Heimpersonal keine Spur. Als sie den Pflegenden berichtete, was vorgefallen war, habe sie meist Ausflüchte zur Antwort bekommen: «Das muss gerade erst passiert sein.»[14]

Diese und ähnliche Schilderungen erschrecken Betroffene, Angehörige und die Mitarbeiter der entsprechenden Institutionen, deren Image darunter leidet. In manchen Pflegesituationen scheint die Wahrung der Würde und Autonomie des pflegebedürftigen Menschen nicht mehr gewährleistet zu sein.[15]

Was bewegt Menschen, die einen Heilberuf erlernt haben, dazu, die besondere Schutzbedürftigkeit der ihnen anvertrauten Personen auszunutzen und in der Folge dazu überzugehen, diesen Menschen Gewalt anzutun? Wir wollen in diesem Buch erste Antworten auf diese Frage und Erklärungsansätze für Gewaltdelikte in der Pflege finden.[2]

Neben den die Öffentlichkeit besonders erschütternden sogenannten Pflegeskandalen gibt es auch Berichte von direkt Betroffenen, die das Ausmaß von gewalttätigen Handlungen in der Pflege deutlich machen.[3]

In einem Altenheim beobachtet eine Frau zufällig, wie eine Altenpflegerin, als es Zeit zum Abendessen ist, die Heimbewohnerin auffordert, in ihr Zimmer zu gehen. Die Dame will aber nicht. Sie weigert sich vehement. Da packt die Altenpflegerin die Heimbewohnerin an der Hand und versucht, die alte Frau in ihr Zimmer zu schleifen.[16]

Eine Neunzigjährige lebt nach einem Schlaganfall bereits seit eineinhalb Jahren im Heim. Von Beginn an wurde die ältere Dame bettlägerig gehalten, obwohl die Folgen des Schlaganfalles dies nicht erfordert hätten.

Ständig wurde sie gewindelt, wodurch Blasen- und Harnwegsinfektionen begünstigt wurden. Die Essenseinnahme erfolgt meistens im Zimmer, oftmals im Bett. Die Bewohnerin erhält kaum Ansprache und es wird ihr keine Möglichkeit eingeräumt, mit anderen Bewohnern in Kontakt zu treten. Die Grundpflege wird nur mangelhaft durchgeführt; Bett und Einlagen werden nicht regelmäßig gewechselt. Auf ausreichendes Trinken wird nicht geachtet. Bei jeglichem Widerstand der pflegebedürftigen Frau erfolgt eine Ruhigstellung mit Psychopharmaka.
«Seien Sie doch nicht so empfindlich!» oder «Glauben Sie eigentlich, Sie sind die Einzige auf Station?» – Sätze aus dem Pflegealltag in einem Altenheim, berichtet von Betroffenen.[17]

Die Gewalt fängt früh an, in kleinen Gesten oder verbalen Äußerungen, die jedoch vielfach als bedeutungslos und nicht erwähnenswert abgetan werden. Häufig würde man in diesen Fällen auch gar nicht von Gewalt sprechen. Erst bei näherem Hinschauen wird die Gewalt sichtbar. Nach und nach verschafft sie sich mehr Raum und schleicht sich in den Alltag ein. Vor allem den Anfangsphasen, in denen die Gewalt entsteht und die Bereitschaft zu weiteren Gewalttaten des späteren Täters zu steigen beginnt, wird zu wenig Aufmerksamkeit geschenkt. Wir erachten es als wichtig, gerade an diesem Punkt anzusetzen. Die Tötung eines Menschen durch Pflegende stellt mit Sicherheit die schlimmste Ausprägung von Gewalt innerhalb der pflegerischen und medizinischen Versorgung dar. Der Weg bis zur tatsächlichen Tötung eines anderen Menschen ist aber meist ein langer, in mehrere Phasen unterteilter Prozess.[18, 19] Anzunehmen ist, dass «nach der ersten Tat die Hemmschwelle für weitere Tötungen sinkt», so Dr. Karl-Heinz Beine (2011), deutscher Facharzt für Nervenheilkunde und Psychotherapeutische Medizin, der sich besonders mit Krankentötungen in Kliniken und Heimen auseinandergesetzt hat.[20]

Patiententötungen – kein «neues» Phänomen

In Österreich ist der Pflegeskandal im damaligen Wiener Krankenhaus Lainz (heutiges Krankenhaus Hietzing) in den Achtzigerjahren noch vielen in Erinnerung. Vier Stationsgehilfinnen ermordeten über mehrere Jahre hinweg eine große Anzahl von Patienten. Die Tötungen erfolgten durch intravenöse Verabreichung von zwei bis drei Ampullen Rohypnol, durch intravenöse Verabreichung von Insulin (teilweise 100 Einheiten) oder in manchen Fällen durch Verabreichung von drei Ampullen Dominal.[4] Des Weiteren wurde die sogenannte «Mundpflege» angewandt, sprich das Einflößen einer größeren Menge Wasser in die Luftwege, was zu einer Tötung durch Ersticken führte. Die beiden Haupttäterinnen Waltraud W. und Irene L. wurden zu einer lebenslangen Freiheitsstrafe, die beiden anderen Frauen (Stefanija M. und Maria G.) zu einer zwanzig- bzw. zwölfjährigen Freiheitsstrafe verurteilt.[5] Auf die genaueren Details dieses Falles gehen wir im Kapitel 3 noch ein.

Der spektakulärste deutsche Fall von Patiententötungen ist uns allen noch frisch in Erinnerung. Im September 2014 wird an einem Klinikum in Delmenhorst der 38-jährige Krankenpfleger Niels H. verhaftet. Die Anklage lautet auf Mord an Patienten in drei Fällen und Mordversuch in zwei Fällen. Bereits 2005 war derselbe Krankenpfleger das erste Mal verhaftet worden, weil er im Verdacht stand, einen Patienten getötet zu haben. Mangels Fluchtgefahr wurde Niels H. damals vorerst auf freien Fuß gesetzt. Erst 2008 erlangte das zweitinstanzliche Urteil gegen Niels H. Rechtskraft: Er wird wegen versuchten Mordes zu einer Freiheitsstrafe von siebeneinhalb Jahren verurteilt. Es konnte ihm nachgewiesen werden, dass er den im Jahr 2005 verstorbenen Patienten auf der Intensivstation eine Überdosis eines Medikaments verabreicht hatte, welches zur Behandlung von Herzrhythmusstörungen eingesetzt wird. Zum damaligen Zeitpunkt gab es schon Hinweise, dass das Ausmaß der Taten unter Umständen viel größer sein könnte. Der im September 2014 begonnene erneute Prozess gegen Niels H. nimmt im Januar 2015 eine Wende; die Zahl der mutmaßlich getöteten Patienten erhöht sich auf 30 und steigt im Laufe des Verfahrens weiter an. Niels H. könnte bis zu 200 Patienten getötet haben. Darunter sind auch Verdachtsfälle am Klinikum Oldenburg, wo der Krankenpfleger in früheren Jahren angestellt war. Die Tötungen seien überwiegend durch das Spritzen des Medikaments Gilurytmal[6] herbeigeführt worden, ohne dass dieses von ärztlicher Seite verschrieben oder der Krankenpfleger zu seiner Verabreichung berechtigt gewesen sei. Die Motive für die Taten sind noch nicht vollständig geklärt. Vermutet wird, der Pfleger habe aus Langeweile gehandelt. Zusätzlich habe er bewusst Notfälle in der Absicht herbeigeführt, zu beweisen, wie gut er Patienten wiederbeleben könne. Im Februar 2015 wird Niels H. zu einer lebenslangen Freiheitsstrafe verurteilt. Nachfolgende Prozesse sind aufgrund der noch weiteren vermuteten Tötungen zu erwarten.[21, 22]

Auch in Deutschland gibt es das Phänomen der Patiententötungen nicht erst seit kurzem. Zu nennen sind etwa zwei Vorfälle in Wuppertal in den Siebziger- und Achtzigerjahren. Im August 1973 wurde der Krankenpfleger Rudi Z. verhaftet und ihm die vorsätzliche Tötung mehrerer Patienten und Heimbewohner zur Last gelegt. Mit Urteil vom 2. August 1976 erhielt Rudi Z. eine lebenslange Freiheitsstrafe. Das Gericht sah zweifachen Mord, den versuchten Mord in vier Fällen und eine Körperverletzung an einem Patienten als erwiesen an. Rudi Z. tötete seine Opfer überwiegend durch die Verabreichung von nicht verordneten Injektionen. Nach Ansicht des Gerichtes handelte Rudi Z. aus niedrigen Beweggründen; in erster Linie sei es ihm darum gegangen, ihm lästige und unsympathische Patienten loszuwerden. Zudem seien ihm die Patienten nervig gewesen, weil sie viel Pflege beanspruchten, seinen Vorstellungen von Sauberkeit widersprachen oder sich nicht so verhielten, wie er sich das wünschte.[20]

Im Februar 1986 wurde ebenfalls in Wuppertal die zum damaligen Zeitpunkt 27-jährige Stationsschwester Michaela R. aus dem Dienst entlassen aufgrund des Verdachtes, dass sie Patienten nicht verordnete Medikamente verabreicht habe. Es kam zum Prozess gegen Michaela R.; das Gericht verurteilte sie schließlich 1989 zu einer elfjährigen Freiheitsstrafe. Es wurde der Totschlag in fünf Fällen, Tötung auf Verlangen, fahrlässige Tötung und versuchter Totschlag als erwiesen angesehen. Weitere neun Fälle wurden ihr von der Anklage zur Last gelegt, konnten ihr jedoch nicht ausreichend nachgewiesen werden. Als Motive für ihre Taten gab Michaela R. überwiegend an, sie habe die Patienten erlösen und ihrem menschenunwürdigen Zustand ein Ende setzen wollen. Sie verteidigte ihr Handeln mit Mitleid den Patienten gegenüber und dem Argument, es habe sich um humane Sterbehilfe gehandelt.[20]

Im Dezember 1990 wurde in Gütersloh der 33-jährige Krankenpfleger Wolfgang L. verhaftet. Zur Last gelegt wurde ihm der Mord an einer 86-jährigen Patientin, den er wenig später gestand. Er gab zu, der Patientin Luft injiziert zu haben. Er habe damit erreichen wollen, dass sie auf die Intensivstation verlegt wird und er weniger Arbeit hat. Im Zuge des Gerichtsverfahrens gestand Wolfgang L., insgesamt 14 weitere Patienten durch Luftinjektionen getötet zu haben. Als Motiv für seine Taten gab er in erster Linie Mitleid den Patienten gegenüber an. Aber auch einen gewissen «inneren Zwang», «Arbeitsüberlastung» und «Ekel» führte er an. Das Urteil gegen Wolfgang L. lautete auf 15 Jahre Gesamtfreiheitsstrafe wegen des Totschlages in zehn Fällen. Weitere ihm zur Last gelegte Tötungen, die Wolfgang L. zunächst gestanden, später jedoch widerrufen hat, konnten ihm vom Gericht nicht mehr eindeutig nachgewiesen werden, da die Todesursache gerichtsmedizinisch nicht exakt festgestellt werden konnte und das Gericht nicht ohne Zweifel beweisen konnte, dass der Tod durch ein ursächliches Verhalten von Wolfgang L. herbeigeführt worden war.[20]

Eine lebenslange Freiheitsstrafe erhielt mit Urteil vom 20. November 2006 auch der Krankenpfleger Stephan L. Das Landesgericht Kempten sah in seinem Fall den Mord an 12 Personen, Totschlag in 15 Fällen, versuchten Totschlag, Tötung auf Verlangen, gefährliche Körperverletzung und Diebstahl in fünf Fällen als erwiesen an. Die erste Tötung eines Patienten an der Klinik Sonthofen konnte Stephan L. bereits 2003 nachgewiesen werden. Der Tod aller Patienten wurde durch die Verabreichung von unzulässig entnommenen Medikamenten herbeigeführt, die durch einen, bei den späteren Opfern bereits vorhandenen Venenkatheter gespritzt wurden. Im Vorfeld schläferte Stephan L. die Patienten zuerst ein, meist durch ein Medikament zur Narkoseeinleitung. In weiterer Folge verabreichte er seinen Opfern ein Muskelrelaxantium, wodurch die Atemmuskulatur gelähmt wurde, was schließlich zum baldigen Tod der Patienten führte. Seine Taten rechtfertigte Stephan L. als moralische Sterbehilfe. Nie sei es seine Absicht gewesen, jemanden zu quälen. Vielmehr habe er die Patienten erlöst.[20]

Als letztes deutsches Beispiel sei der Fall Irene B. in der Berliner Charité 2007 erwähnt. Bereits 2006 erfolgten erste polizeiliche Ermittlungen gegen die 54-jährige Krankenschwester aufgrund des Verdachts, sie habe den Tod mehrerer Patienten zu verantworten. Nachdem sich die Verdächtigungen bestätigten, wurde Irene B. schließlich verhaftet. Im Prozess vor dem Berliner Landgericht konnten Irene B. die Morde an fünf Patienten nachgewiesen werden; das Urteil lautete auf lebenslange Freiheitsstrafe. Die Tötungen erfolgten durch das Spritzen nicht verordneter Medikamente. Irene B. beteuerte, dass den Opfern die Lebensfreude gefehlt habe; sie hätten keine Lebensqualität mehr gehabt. Sie sah in ihrem Handeln eine Erlösung für die Patienten. Zudem erachtete Irene B. die von ärztlicher Seite erfolgten zahlreichen Reanimationen dem Menschen gegenüber als unwürdig. Sie fühlte sich berechtigt, dem ein Ende zu setzen.[20]

Wir beschließen diese lediglich auszugsweise Darlegung von Fällen von Patiententötungen innerhalb der letzten Jahrzehnte mit einem Fall aus der Schweiz: Aufgrund einer ungewöhnlichen

Häufung von Todesfällen von Bewohnern wurden 2001 in einem Zentrum für Betagte in Luzern polizeiliche Ermittlungen eingeleitet und schließlich der damals 32-jährige Krankenpfleger Roger A. festgenommen. Er gab zu, während der Jahre 1995 bis Ende 2001 an 24 Bewohnern Handlungen vorgenommen zu haben, die schließlich zum Tod der Betroffenen führten. Darüber hinaus gestand Roger A. drei weitere Tötungen. In diesen Fällen konnte jedoch nicht mehr eindeutig festgestellt werden, ob seine Manipulationen tatsächlich für den Tod ursächlich waren oder nicht. Roger A. führte die Morde entweder durch die Verabreichung von Beruhigungsmitteln durch oder indem er die Patienten durch Aufdrücken eines Plastikbeutels auf Mund und Nase erstickte. In manchen Fällen kombinierte er auch beide Tötungsmethoden miteinander. Die Beweggründe für die Taten von Roger A. variierten und waren nicht einheitlich. Einerseits rechtfertigte er seine Taten mit Mitleid den Patienten gegenüber, andererseits empfand er seine Situation auch als überlastend und überfordernd. Seine Entscheidung, einen Pflegeberuf zu ergreifen, bezeichnete er dem Gericht gegenüber als falsch; er habe mehrfach darüber nachgedacht, den Job zu wechseln. Durch seine Taten habe er sich selbst und die Patienten erlösen wollen; oft habe er sich darüber gefreut, ihnen beim Sterben helfen zu können, und vielfach keine Schuldgefühle verspürt. Roger A. wurde am 21. Januar 2005 aufgrund des Mordes an 22 Personen, wegen des vollendeten Mordversuches in drei Fällen und des unvollendeten Mordversuches in zwei Fällen zu einer lebenslänglichen Zuchthausstrafe verurteilt. Das Urteil wurde auch nach eingebrachter Berufung durch das Luzerner Obergericht bestätigt.[20]

Unser Ziel ist es, wie gesagt, keineswegs, dem Leser Angst zu machen. Es muss aber ein Anliegen von uns allen sein, das Problem ernst zu nehmen und der Gewalt innerhalb der pflegerischen Versorgung entgegenzutreten. Tötungen von pflegebedürftigen Menschen durch Angehörige des Gesundheitsbereiches sind ein wiederkehrendes Problem. Dennoch ist dieses Thema noch immer stark tabuisiert, vor allem deshalb, da derartige Taten dem heilberuflichen Grundgedanken der Pflege diametral widersprechen. Der Tatort ist hier gleichzeitig das direkte Arbeitsumfeld des Täters, also in den überwiegenden Fällen Krankenhäuser und Pflegeeinrichtungen.[20, 23] Der deutsche Gerichtspsychologe Herbert Maisch bezeichnete die Tatorte als «sensible Bereiche medizinischer Versorgung und Pflege, Stationen und Abteilungen in Kliniken sowie (seltener) Altenpflegeheimen, in denen Sterben und Tod zum Alltag gehören.»[23] Untersuchungen (in denen teilweise auch die genannten Beispiele Berücksichtigung fanden) haben gezeigt, dass die Opfer meist ältere Menschen in einem schlechten Gesundheitszustand sind. Dazu Beine: «In aller Regel waren die Opfer hochbetagte, nicht aber todkranke Menschen, deren Tod unmittelbar bevorstand.» Teilweise sind sie nicht mehr ansprechbar und keiner Kommunikation zugänglich. Manchmal handelt es sich um von den Tätern als «lästig» und «unangenehm» bezeichnete Patienten. Entgegen der allgemeinen Meinung ist eine als hoch eingestufte Arbeitsbelastung nicht zwingend ausschlaggebend bzw. kein alleiniges Indiz.[20] Vergangene Patiententötungen, so etwa auch der Fall Lainz, haben zudem dargelegt, dass längere Pflege- und Betreuungsverhältnisse die Ausnahme waren. Es konnte festgestellt werden, dass die Tötungen meistens bereits kurz nach der Aufnahme der Pflegebedürftigen erfolgten.[23] Die amerikanische Studie von Yorker et al. zeigte, dass die Täter von seriellen Tötungen im Gesundheitsbereich überwiegend Mitarbeiter aus dem Gesundheitsbereich sind, in erster Linie Mitarbeiter aus der Pflege, gefolgt von Ärzten und Angehörigen der medizintechnischen Assistenz.[24] Die Täter wurden teilweise als ausgezeichnete, fachlich kompetente und motivierte Mitarbeiter beschrieben, beliebt bei den Kollegen, fleißig und unauffällig.[23] Die häufigste Tötungsart ist die Verabreichung von Medikamenten in Form von Injektionen (z. B. Insulin), gefolgt von Ersticken, Vergiften, Ertränken und Malträtieren mit Gegenständen. Auffällig in den Fällen der Patiententötungen ist, dass es sich meist nicht um einmalige Taten handelt, sondern um serielle Tötungen, die mehrere, oft eine größere Anzahl von Opfern fordern und lange Tatzeiträume aufweisen.[24, 25]

Fragen, die uns beschäftigen

Zum Abschluss dieses einleitenden Kapitels geben wir einen Überblick über die Fragen, die sich angesichts der geschilderten Fälle stellen und die für uns in den folgenden Kapiteln maßgeblich sind:

- Was charakterisiert die Beziehung zwischen Pflegenden und Pflegebedürftigen und welche Bedeutung haben Macht und Ohnmacht innerhalb dieser Beziehung?
- Wann spricht man von Gewalt und welche unterschiedlichen Formen von Gewalt in der Pflege gibt es?
- Gibt es Möglichkeiten, Gewalt innerhalb der pflegerischen Versorgung zu erkennen?
- Lässt sich Gewalt in der Pflege überhaupt gänzlich vermeiden?
- Warum werden Menschen aggressiv und welche Bedeutung kommt aggressivem Verhalten innerhalb der Pflegebeziehung zu?
- Was sind die Spezifika von seriellen Patiententötungen?
- Welche Frühwarnsignale gibt es, um die Gefahr von Patiententötungen zu erkennen?
- Welche Umstände erschweren die Aufdeckung von Patiententötungen?
- Welchen Einfluss haben demographische und sozio-demographische Entwicklungen auf die Pflege und Betreuung alter Menschen?
- Wie verhält sich der alte Mensch in der Patientenrolle?
- Welchen Stellenwert hat Pflege innerhalb unserer Gesellschaft?
- Welche Auswirkungen hat Pflege auf den pflegebedürftigen Menschen und den Pflegenden und inwieweit ist die Beziehung zwischen diesen beiden Menschen der Gewaltentstehung förderlich?

- Welche Bedeutung kommt dem Verhalten von Führungskräften zu und inwieweit kann schlechte Führung der Gewaltentstehung förderlich sein?
- Wie kann eine professionelle, patientenorientierte Pflege der Gewaltentstehung innerhalb der Pflegebeziehung entgegentreten?
- Wie kann sich ein richtiger Umgang der Pflegenden mit Tod und Sterben, Krankheit und Leid positiv auf die pflegerische Beziehung auswirken und gewaltpräventiv wirken?
- Durch welche Unterstützungs- und Hilfsangebote können Pflegende in ihrer Arbeit entlastet werden und wie kann ihnen ein besserer Umgang mit dem Pflegebedürftigen ermöglicht werden?
- Inwieweit kann die Ausgestaltung struktureller Gegebenheiten einen positiven gewaltpräventiven Beitrag leisten? Welche Maßnahmen von politischer und gesellschaftlicher Seite können helfen?

Kapitel 2 **Pflege – eine asymmetrische Beziehung**

Unsere Ausgangssituation ist die pflegerische Beziehung, sprich die Beziehung zwischen dem beruflich Pflegenden auf der einen und demjenigen, der der Pflege bedürftig ist, auf der anderen Seite. Die Ausgestaltung der pflegerischen Beziehung und die Einwirkung äußerer Faktoren (Rahmenbedingungen) sind ausschlaggebend dafür, ob und inwieweit Potenzial für die Entstehung von Gewalt vorhanden ist. Wir wollen uns daher die Beziehung zwischen Pflegendem und Pflegebedürftigem näher anschauen.

Einen wesentlichen Teil der pflegerischen Beziehung stellt die Beziehungsarbeit dar. Mitunter ist sie eine anspruchsvolle Aufgabe für den Pflegenden. Die Erwartungen daran lassen sich in drei Aspekte gliedern.

1. Als Kern der Pflege gilt häufig eine zwischenmenschliche, persönliche Beziehung zwischen Pflegendem und Pflegebedürftigem. Unter Berufung auf sein Fachwissen und seine Fähigkeiten versucht der Pflegende auf jeden einzelnen Pflegebedürftigen entsprechend seiner Situation einzugehen. Auch Sympathie und Mitleid können diese Beziehung prägen. Trotz seiner Betroffenheit darf der Pflegende aber nicht handlungsunfähig werden; vielmehr muss er gegenüber der pflegebedürftigen Person emotionale Distanz wahren. Innerhalb der Pflegebeziehung zählt somit nicht nur der Pflegebedürftige als Individuum, sondern auch der Pflegende, der in dem Maße, wie er sich in diese Beziehung einbringt, selbst verwundbar wird.[26]

2. Andere sehen die Pflegebeziehung als kongruente Beziehung,

die auf die Erreichung eines Zieles gerichtet ist, nämlich das gemeinsame Pflegeziel. Durch das entgegengebrachte Vertrauen kann der Pflegebedürftige zu seiner Genesung beitragen; der Pflegende kann im Gegenzug mit der Adhärenz (Mitwirkung) des Pflegebedürftigen rechnen. Dadurch fühlt er sich in seiner Arbeit akzeptiert und durch den Pflegebedürftigen angenommen. Der Pflegeprozess ist in dieser Sicht zugleich ein Problemlösungsprozess.[27] Im Mittelpunkt steht die Pflege, die sich am täglichen Leben des Patienten (Modell des Lebens) orientiert und die Menschen im Krankheitskontinuum begleitet.[28]

3. Schließlich wird die Pflegebeziehung auch als heilende Beziehung angesehen, insbesondere bei Menschen mit chronischen Erkrankungen. Sofern es sich um eine gute Beziehung handelt, hat sie eine positive therapeutische Wirkung und trägt zur Genesung des Pflegebedürftigen bei.[27] Um diese besondere Beziehung mit dem Pflegebedürftigen aufbauen zu können, muss der Pflegende über ausreichendes Fachwissen und die notwendigen Kompetenzen verfügen. Zudem muss ihm bewusst sein, wie er dem pflegebedürftigen Menschen helfen und dadurch womöglich heilend auf dessen Gesundheitszustand einwirken kann.[29]

Alle drei Aspekte der pflegerischen Beziehung hängen eng miteinander zusammen:

- die zwischenmenschliche und persönliche Beziehung, die im Wesentlichen die Grundeinstellung des Pflegenden dem Pflegebedürftigen gegenüber umschreibt;
- die kongruente Beziehung, die das Ziel beschreibt;
- und die heilende Beziehung als positives Ergebnis der Beziehung zwischen Pflegendem und Pflegebedürftigem.

In Abgrenzung zu dieser Sichtweise, wonach die Pflege eine persönliche und zwischenmenschliche Beziehung zum Pflegebedürftigen darstellt, wird in der einschlägigen Literatur inzwischen vermehrt für das Einhalten einer gewissen Distanz innerhalb der Pflegebeziehung plädiert.[30] Dadurch sei es sowohl dem Pflegenden als auch dem Pflegebedürftigen möglich, sich selbst besser zu schützen. Ein zu starkes Mitfühlen mit den Schmerzen und Belastungen des Pflegebedürftigen können beim Pflegenden zu Gefühlen führen, die er in der Folge schwer bewältigen kann. Schützt sich der Pflegende zu wenig in seiner Rolle, sind negative Emotionen die Folge, etwa wenn er Schuldgefühle dem Pflegebedürftigen gegenüber entwickelt und an seinem pflegerischen Handeln zweifelt. Schuldgefühle wiederum können Aggressionen schüren.[31]

Der Ansicht, dass die Pflegebeziehung eine kongruente Beziehung sei, stehen vor allem das Machtgefälle und die damit verbundene Asymmetrie zwischen Pflegendem und Gepflegtem entgegen. Sie ist auch keineswegs immer eine heilende Beziehung.[30] Mitunter kann die Pflegebeziehung verletzende Ausmaße annehmen, etwa indem sie in die Privatsphäre des Patienten bzw. Bewohners eingreift, diese zumindest zu wenig achtet.[32] In diesem Kontext spielt auch die Organisationsstruktur bzw. die gelebte Kultur der konkreten Betreuungseinrichtung eine nennenswerte Rolle.[33] Eine auf Augenhöhe basierende, mitfühlende und anteilnehmende Pflege muss auch der pflegebedürftigen Person genügend Raum lassen. Diesen Ausgleich zu finden, ist eine der wesentlichen Herausforderungen der Pflege.[30]

Pflege – eine Beziehung zwischen Macht und Ohnmacht

Durch den Umstand, dass man zum Patienten wird oder aufgrund von Pflegebedürftigkeit in eine Betreuungseinrichtung übersiedeln muss, geht automatisch ein Teil der eigenen Unabhängigkeit verloren. Krankheits- oder altersbedingt ist der Patient bzw. Bewohner nicht mehr in der Lage, sich ausreichend um sich selbst zu kümmern, sondern ist dabei auf die Hilfe von Pflegenden angewiesen. Allein schon dadurch entsteht eine gewisse Abhängigkeit des Pflegebedürftigen. Er kommt unweigerlich in die Situation, dass Pflegepersonal und Ärzte eine gewisse Macht über ihn erlangen. Institutionelle Bedingungen können Machtkonstellationen zusätzlich begünstigen und die Entstehung von Aggression innerhalb der Pflegebeziehung schüren.[34] In einem Alten- oder Pflegeheim, aber auch im Krankenhaus wird der gesamte Intimbereich, sprich der persönliche Bereich des Patienten oder Bewohners, kontrolliert. Er hat keine andere Möglichkeit, als sich den Regeln der jeweiligen Einrichtung zu unterwerfen und sich den dort herrschenden Gegebenheiten anzupassen. Der Pflegebedürftige verliert ein Stück seiner eigenen Autonomie. Dieser Machtverlust führt vielfach zu einer Depersonalisierung des Pflegebedürftigen.[7] Hierzu mehrere Beispiele, die betroffen machen. Betroffenheit bedeutet im Kontext der Direktversorgung aber immer, dass sich die jeweilige Situation unter zwei Gesichtspunkten betrachten lässt:

- aus der Sicht des Menschen, der sich in der abhängigen Situation befindet, oder
- aus der Position desjenigen, dem die pflegerische Betreuung obliegt.

«Herr R., 78 Jahre, hat viele Jahre als Witwer alleine gelebt. Nachdem sich sein Gesundheitszustand erheblich verschlechtert hat, hat er sich zu einer Übersiedelung in ein Heim entschlossen. Leider war nur ein Platz in einem Doppelzimmer verfügbar. Er fühlt sich durch das erzwungene Wohnen mit einer fremden Person und die gemeinsame Benutzung des Badezimmers in seiner Privatsphäre sehr gestört. Besonders unangenehm ist ihm, dass sich Besucherinnen und Besucher aus Platzmangel auf das Bett oder das Zimmer-WC setzen müssen.»

«Frau O., 89 Jahre, ist nach einem Schlaganfall ständig bettlägerig. Die Mitarbeiter bringen sie nach der Mittagsruhe nicht mehr in den Gemeinschaftsbereich, ‹weil sie ohnehin nichts mehr mitbekommt›. Dadurch verliert Frau O. immer mehr den Kontakt zu anderen Menschen und hat nur die weiße Decke ihres Zimmers im Blickfeld.»[35]

Situationen in einem Altenpflegeheim: Einem Bewohner wird beim Ankleiden geholfen. Anstatt sich für die Hilfe und Unterstützung zu bedanken, regt sich der Bewohner unentwegt über seine schlimme Lage auf

und jammert. Die Pflegende kommt mit Drohungen: «Wenn Sie nicht mithelfen, müssen Sie im Bett liegen bleiben.»[34]
Beim Abendessen bittet eine Bewohnerin den Pflegenden um ein zweites Getränk. Dieser fährt die alte Frau daraufhin heftig an, sie müsse zuerst ihr Brot essen, dann würde sie auch noch etwas zu trinken erhalten. Die Bewohnerin erklärt, dass das Brot ohne Flüssigkeit schwer zu essen sei – dennoch wird ihr die Bitte abgeschlagen und sie ist gezwungen, das Brot ohne Getränk zu essen.[36]
Eine Altenpflegerin erzählt von einem Erlebnis während ihrer Arbeit: Eine ältere Bewohnerin, die häufig zur Toilette musste, ist vom Pflegenden auf dem Balkon abgestellt worden. Da die Dame an den Rollstuhl gefesselt war, ist sie von dort über mehrere Stunden nicht mehr weggekommen. Als es schließlich zum Dienstwechsel kam und die Nachtschwestern die Pflege übernahmen, war die Bewohnerin komplett durchnässt und vollkommen aufgelöst.
Eine weitere Situation in einem Krankenhaus: Einer Patientin muss laut ärztlicher Anweisung ein Katheter gesetzt werden. Dies geschieht gegen ihren Willen. Die durchführende Pflegerin schildert diesen Vorfall sehr eindringlich und vergleicht die Situation mit einer Vergewaltigung: «Es ging nicht, es ging definitiv nicht, diese Frau alleine einmal zu katheterisieren. Also sind wir zu zweit hin und haben dann, so wie man das sich vorstellen kann, das auch geschafft … Beine breit und Ellbogen rein und so … Ja, es musste getan werden. Wir haben es eben gemacht … Die hat echt gekämpft. Aber als bettlägerige alte Frau, mit zwei, gegen zwei junge Frauen, da hast du keine Chance.»[16]

Frage: Wie hätten Sie sich als pflegebedürftige Person in den geschilderten Situationen gefühlt?

Die Vorfälle verdeutlichen, dass die Pflegebeziehung von einem Ungleichgewicht zwischen Pflegenden und Gepflegten gekennzeichnet ist. Ob es zu einem Ausgleich kommt, hängt davon ab, wie sich Macht und Ohnmacht in der konkreten Beziehung verteilen. Um Machtkämpfe zu vermeiden, ist das Aushandeln der

Pflegesituation mit dem Betroffenen und gegebenenfalls seinen Angehörigen eine unabdingbare Voraussetzung.[37] Bestimmte Verhaltensweisen werden von Pflegenden unter Umständen als provozierend empfunden, etwa wenn ein ständiges Rufen nach dem Pflegenden erfolgt.[34, 38]

Die geschilderten Vorkommnisse zeigen jedoch auch, dass oftmals gegen den Willen von Patienten bzw. Bewohnern gehandelt wird und der Pflegebedürftige in seinem Scham- und Ehrgefühl verletzt wird. Die Frage ist, warum die betreffende Pflegehandlung dennoch durchgeführt wird. Eigentlich soll sie dem Wohl des Patienten dienen und bewirkt letzten Endes das Gegenteil. Pflegende berufen sich in solchen Fällen oft auf Anweisungen zuständiger Ärzte oder der jeweiligen Stationsschwestern. Grundsätzlich darf man davon ausgehen, dass jeder Pflegende mit seiner Arbeit dem Patienten bzw. dem Bewohner helfen will. Handlungen, die gegen den Willen des Pflegebedürftigen vorgenommen werden oder seine Würde verletzen, verstoßen gegen die Grundhaltung des Pflegeberufes. Jede Pflegemaßnahme muss sich der Frage stellen, ob sie tatsächlich zum Vorteil des Pflegebedürftigen ist.[29]

Wenn wir von Macht in der Pflege sprechen, müssen wir also auch auf die Ohnmacht des Pflegebedürftigen eingehen. Je größer die Macht des einen ist, desto größer die Ohnmacht des anderen. Diese Macht äußert sich etwa darin, dass der Pflegebedürftige auf den Pflegenden angewiesen ist. Pflegende befinden sich in einer übergeordneten Position, weil sie die Fachleute innerhalb der konkreten Situation sind und ihnen die Entscheidung über die entsprechenden Maßnahmen obliegt. Der Pflege kommt somit eine Durchsetzungsmacht zu, die sich etwa darin zeigt, dass der gesamte Pflegeprozess vom Pflegenden festgelegt und durchgeführt wird. Im Gegensatz dazu äußert sich die Ohnmacht des Pflegebedürftigen darin, dass er überwiegend eben nicht das nötige Fachwissen hat, sich nicht mehr vollständig um sich selbst kümmern kann, eingeschränkt ist durch Krankheit oder Unbeweglichkeit und dadurch in eine Abhängigkeit dem Pflegenden gegenüber gerät. Kurz und gut: Die pflegerische Beziehung ist durch ein Gefälle charakterisiert, das die Gefahr in sich birgt, dass es zu einem Machtmissbrauch kommt.[34, 37]

Macht

> «Macht bedeutet jede Chance, innerhalb einer sozialen Beziehung den eigenen Willen auch gegen Widerstreben durchzusetzen, gleichviel worauf diese Chance beruht.» Max Weber[39]

Macht ist in unserer Gesellschaft allgegenwärtig. Sie kann Bestandteil jeder sozialen Beziehung sein, etwa auch der zwischen Mann und Frau. Laut dem Soziologen Heinrich Popitz ist unsere Gesellschaft durch Machtordnungen geprägt. Popitz spricht von der «Machbarkeit» von Machtordnungen und will dadurch deutlich machen, dass Machtordnungen nicht etwas Naturgegebenes sind, sondern durch den Menschen geschaffen werden. «Zu den selbstverständlichen Prämissen unseres Verständnisses von Macht gehört die Überzeugung, dass Macht ‹gemacht› ist und anders, als sie ist, gemacht werden kann.» Macht ist somit immer auf ein menschliches Handeln zurückzuführen. Durch die Fähigkeit, Handlungen zu setzen, kann der Mensch seine eigene Situation gestalten, verändern und neu definieren.[40]

Nach Popitz lassen sich vier anthropologische Grundformen von Macht unterscheiden:

- Aktionsmacht
- instrumentelle Macht
- autoritative Macht
- datensetzende Macht

Aktionsmacht

Die Aktionsmacht ist die direkteste Form der Machtausübung. Es geht nicht darum, dauerhaft Kontrolle über andere zu erlangen oder Macht längerfristig auszuüben, um dadurch das Verhalten einer Person zu steuern. Vielmehr bezweckt die Aktionsmacht, durch eine einzelne verletzende Handlung Macht über einen anderen Menschen zu erhalten. Sie wird punktuell gesetzt. Sehr wohl kann es sich dabei um eine wiederholbare Handlung handeln. Diese Art der Macht hat ihren Ursprung in der Verletzbarkeit des Menschen; diese stellt die Basis für die Machtausübung dar. Die davon betroffene Person ist nicht mehr in der Lage, sich gegen die Handlungen anderer zu wehren. Grundsätzlich wird unter Aktionsmacht die Anwendung von körperlicher Gewalt verstanden, etwa Schlagen, mechanische Fixierungen, sexuelle Übergriffe und Ähnliches. In diesem Zusammenhang zeigt sich, wie nah Macht und Gewalt beieinanderliegen. Daneben umfasst diese Form der Macht aber auch Mobbing oder die Bloßstellung eines anderen Menschen.[40]

Beispiele für Aktionsmacht innerhalb der Pflege: Ein Patient wird durch einen Gurt körperlich fixiert, damit gewisse Pflegehandlungen vorgenommen werden können. Gegen den Willen des Pflegebedürftigen werden Kopf- und Barthaare rasiert, Fuß- und Fingernägel geschnitten. Die tägliche Körperpflege wird unter Zwang ausgeführt. Auch ein zu schnelles oder unter Zwang erfolgtes Einflößen von Nahrung ist als Aktionsmacht zu werten.[16]

«Eine parkinsonkranke Bewohnerin mit verlangsamten Reaktionen und meist geschlossenen Augen bekommt von einer Pflegekraft die Mahlzeiten so schnell in den Mund gegeben, dass der Nahrungsbrei aus dem Mund und der Nase quillt und die Bewohnerin einem Erstickungsanfall nahe ist. Die verkrustete Nahrung lässt die Pflegekraft danach einfach um den Mund und in der Nase kleben.»

«Essen und Trinken wird einigen demenzkranken Bewohnern, wenn sie den Mund zukneifen, mit einer Blasenspritze verabreicht.»

«Eine demenzkranke Bewohnerin, die schon öfter das Pflegeheim verlassen hat und gesucht werden musste, wird aus diesem Grund so stark mit Medikamenten sediert, dass sie nicht mehr in der Lage ist, sich zu bewegen. Sie kann sich im Rollstuhl, in dem sie nun den ganzen Tag sitzt, nicht mehr aufrecht halten. Sie ist kaum noch ansprechbar. Sie ist nicht mehr in der Lage, allein zu essen. Sie bekommt Dekubitalgeschwüre, da sie sich auch nachts im Bett nicht mehr bewegt.»[36]

Instrumentelle Macht
Im Gegensatz zur Aktionsmacht zielt die instrumentelle Macht darauf ab, das Verhalten des Unterlegenen dauerhaft zu beeinflussen. Ziel der Machtausübung ist es, die Handlungen der jeweils anderen Person zu kontrollieren und ihr Verhalten zu steuern. Der Wille des Unterlegenen wird gebrochen; er wird zum verlängerten Arm des Machtausübenden. Popitz spricht davon, dass «im Fall der verhaltenssteuernd-instrumentellen Macht Menschen dauerhaft zum Werkzeug fremden Willens» werden. Der Gewaltausübende macht glaubhaft, er habe die Handhabe, den anderen zu strafen oder zu belohnen. Diese Glaubwürdigkeit wird auf längere Zeit hin aufrechterhalten. Es kommt zur Schaffung einer Entweder-oder-Situation. Wird eine Strafe angedroht, wirkt das Verhalten des Überlegenen wie eine Erpressung; wird eine Belohnung in Aussicht gestellt, wie eine Bestechung. In beiden Situationen wird durch Drohungen und Versprechungen auf das Verhalten Einfluss genommen bzw. dieses gesteuert. Dadurch wird der Ohnmächtige, in unserem Fall der Pflegebedürftige, häufig verkindlicht und zeigt auch ein entsprechendes Verhalten. Es ist geprägt durch Hoffnung bzw. Angst.[40]

Ein Patient verweigert das Essen; Reaktion des Pflegenden: «Wenn Sie nicht essen, dürfen Sie auch nicht aufstehen!»
Ein Pflegender schreit eine zu betreuende Person an; diese unterlässt daraufhin ihr störendes Verhalten. Diese Situation wird von einem anderen Pflegenden beobachtet. Er wird nun in Zukunft ebenfalls versuchen, durch Schreien das Verhalten der betreuten Person zu beeinflussen.[34]

Autoritative Macht

Durch autoritative Macht werden Einstellung und Verhalten eines anderen Menschen gelenkt. Diese Kategorie von Macht wird auch als innere Macht bezeichnet, da sie verinnerlicht ist und sich daher nur schwer durchbrechen lässt. Popitz spricht von einer «Maßstab-Bedürftigkeit», die jedem Menschen innewohnt. Dieses Bedürfnis wird dadurch befriedigt, dass man Anerkennung seitens der Gruppe bekommt, die diese Maßstäbe vorgibt und der man letztendlich angehören möchte. Der Einzelne ist sich bewusst, dass es von seinem Verhalten abhängt, ob er Anerkennung bekommt oder ihm diese entzogen wird. Hat jemand die Fähigkeit, auf diese Weise Einfluss auf das Verhalten einer anderen Person zu nehmen, spricht man von der Ausübung autoritativer Macht. Diese Art von Macht wird somit vielfach von Respektspersonen ausgeübt.[40]

Der Chefarzt X gibt vor, dass alle Patienten nach einer bestimmten Operation nur ein Medikament in einer Dosierung erhalten. Pflegerin Y, als pflegerische Schmerzexpertin ausgebildet, erkennt, dass diese Anordnung zu einer Fehlversorgung von Patienten führt. Sie hinterfragt dieses System allerdings nicht, um Konflikten aus dem Weg zu gehen und weiter akzeptiert zu werden.

Datensetzende Macht

Der Mensch ist ein produzierendes Wesen; er schafft laufend neue Dinge, seien es materielle Güter oder geistige Werke. Diese Dinge, in der Literatur als «Artefakte» bezeichnet, greifen in das Leben anderer Menschen ein, ohne dass sich die Betroffenen dieser Einflussnahme entziehen können. Diese Form der Macht betrifft sämtliche Lebensbereiche, so natürlich auch die Pflege.[40]

Der 78-jährige Herr F. wohnte in einer kleinen Zweizimmerwohnung, mit Blick nach Osten. Aufgrund seiner gesundheitlichen Verfassung entschließt er sich schweren Herzens, in eine Pflegeeinrichtung zu übersiedeln. Dort liegt sein Zimmer (wie alle Zimmer der Bewohner) aber Richtung Westen. Er vermisst «seine» morgendliche Sonne und verteufelt den Architekten des Baus.

Nach dem Einzug ins Altenheim kann die 65-jährige Frau S. ihrer Leidenschaft, dem 16-Uhr-Kaffee in ihrer Lieblingskonditorei, nicht mehr nachgehen, weil bereits um 17 Uhr 15 das Abendessen gereicht wird.

Angst

Wer von Macht spricht, muss auch von Angst sprechen. Macht löst Angst aus. Machtausübung stellt aber auch ein Mittel dar, eigene Ängste abzuwehren, vor allem dann, wenn man sich von einem Verhalten oder einer Situation bedroht fühlt. Dies ist in der Pflege relativ häufig der Fall; der gesamte pflegerische Bereich bringt eine Fülle von angstmachenden Situationen mit sich.[41, 42]

Angst löst im Menschen ein Gefühl der Bedrohung aus. Sie entsteht vor allem dann, wenn man sich in einer Situation befindet, in der man das Gefühl hat, bestimmten Anforderungen nicht gerecht zu werden. Diese können von außen vorgegeben sein, etwa in Gestalt von Erwartungen, aber auch von der betroffenen Person selbst auferlegt sein. Angst führt zu Verunsicherung und Beklemmung. Der Mensch versucht daher grundsätzlich, angstmachenden Situationen weitgehend aus dem Weg zu gehen. Er entwickelt Abwehrmechanismen, um die Angst zurückzudrängen oder erst gar nicht entstehen zu lassen. Zu diesen Mechanismen gehört auch die Ausübung von Macht. Sie ermöglicht es dem von Angst Betroffenen, von einer passiven zu einer aktiven Rolle zu wechseln. So erlangt er wieder Kontrolle über eine Situation, die er durch die Angst verloren hat.[41, 42]

«Ein Patient hat vor der für den nächsten Morgen angesetzten Untersuchung große Angst. Er liegt deshalb völlig verkrampft und starr vor Angst im Bett.»
«Ein Betroffener hat Angst vor dem barschen Ton einer Pflegekraft. Da er sich aber von ihr abhängig fühlt, verwahrt er sich gegen diese Bevormundung und leitet die Aggression auf die schwächere Auszubildende um.»[34]
Ein Bewohner, der stark gehbeeinträchtigt ist, traut sich nicht, die Hilfe Pflegender beim Toilettengang einzufordern; folglich sitzt er oft mehrere Stunden lang in seinen Ausscheidungen.[36]

Die Angst des Patienten beginnt schon mit dem Umstand, dass ein Krankenhausaufenthalt keine alltägliche Situation ist und von ihm auch nur wenig beeinflusst werden kann. Ein Pflegebedürftiger ängstigt sich häufig davor, dass seine Pflegebedürftigkeit weiter zunimmt, dass er noch abhängiger wird, stärker ausgeliefert ist oder zu wenig gegen seine Schmerzen getan wird. Hinzu kommt noch die Angst vor Abwertung oder Kränkung oder auch banale Ängste, wie, dass das Essen nicht schmeckt, der Bettnachbar schnarcht etc.[38, 41] Diese Ängste können unseres Erachtens nur durch klare Rollenverteilungen, Beziehungsarbeit und offen kommunizierte Zielsetzungen verringert werden.

Vielfach wird die Situation des Pflegebedürftigen mit dem Verhältnis eines Kindes zu seiner Mutter verglichen. Der Pflegebedürftige kann vieles nicht alleine bewältigen, ist somit in mehrfacher Hinsicht hilflos und auf die Unterstützung des Pflegenden angewiesen. In der Mutter-Kind-Beziehung bleibt die Macht der Mutter über das Kind so lange erhalten, bis das Kind bereit und fähig ist, für sich selbst zu handeln. Dies erfolgt erst dann, wenn das Kind Alternativen zur Mutter findet. Erst jetzt ist es dem Kind möglich, sich aus der mütterlichen Abhängigkeit zu lösen. Ein Pflegebedürftiger, dessen Zustand stark durch die Krankheit geprägt ist, befindet sich in einer vergleichbaren Abhängigkeit.[41]

Die pflegerische Beziehung konfrontiert aber auch den Pflegenden mit Angstgefühlen. Der Kontakt mit sterbenden Menschen lässt die eigene Endlichkeit spürbar werden. Womöglich wirkt sich eine professionelle Beziehung zum Patienten günstig darauf aus, die auch beim Pflegenden vorhandene Angst vor Einsamkeit und Isolation zu kompensieren. Aber die Angst des Pflegenden kann auch zu übersteigerter Fürsorge führen, mit allen nachteiligen Auswirkungen, die das für ihn selbst und den Pflegealltag hat. Dann unterlässt der Pflegende etwa bestimmte Maßnahmen, die dazu beitragen, dass der Pflegebedürftige seine Selbständigkeit wiedererlangt.[41]

Die vielen Todesfälle auf der gerontologischen Abteilung eines Krankenhauses führen dazu, dass auch die älteren Pflegenden immer mehr über den eigenen Tod und den Tod ihrer Eltern und naher Angehöriger nachdenken.

Die 50-jährige Altenpflegerin Hanna F., kinderlos und alleinstehend, hat eine besonders intensive Beziehung zu einer 80-jährigen Bewohnerin. Die Dame erinnert die Pflegerin an ihre eigene Mutter. Die Mutter, die mit der Pflegerin im gemeinsamen Haushalt gelebt hatte, war wenige Wochen zuvor verstorben. Seit dem Tod der Mutter fühlt sich die Pflegerin einsam. Die Zeit mit der Bewohnerin genießt sie sehr. Sie macht sogar extra Überstunden, um mehr Zeit mit ihr verbringen zu können; dadurch ist der Pflegerin jedoch auch die Chance genommen, eigene soziale Kontakte zu intensivieren, und die Einsamkeit im privaten Bereich nimmt noch mehr zu.

Gewalt

> «Der Mensch muss nie, kann aber immer gewaltsam handeln, er muss nie, kann aber immer töten – einzeln oder kollektiv – gemeinsam oder arbeitsteilig – in allen Situationen, kämpfend oder Feste feiernd – in verschiedenen Gemütszuständen, im Zorn, ohne Zorn, mit Lust, ohne Lust, schreiend oder schweigend (in Todesstille) – für alle denkbaren Zwecke – jedermann.» Heinrich Popitz[40]

Mit Gewalt assoziieren wir überwiegend Negatives. Häufig versteht man darunter Gewaltakte, die von Menschen ausgehen und sich gegen andere Personen richten. Gewalt kann aber auch eine positive bzw. neutrale Bedeutung haben, etwa wenn man von der Staatsgewalt, der Gewaltenteilung oder vom Gewaltmonopol des Staates spricht. Eine einheitliche Definition von Gewalt zu finden, ist ein schwieriges Unterfangen. Jeder Mensch scheint ein anderes Verständnis von Gewalt zu haben. So versteht beispielsweise ein Jurist unter Gewalt etwas anderes als ein Soziologe oder ein Psychologe. Einstimmigkeit herrscht nur darin, dass es sich um ein vielschichtiges menschliches Phänomen handelt, das sich auf verschiedensten Ebenen und in ganz unterschiedlichen Formen und Konstellationen in unserem täglichen Leben äußert. Jeder kann selbst Opfer von Gewalt werden, selbst gewaltsam handeln oder zum Beobachter von Gewalt werden.[43]

Aus diesem Grund haben sich im Laufe der Zeit im Rahmen der Gewaltforschung unterschiedliche Gewaltbeschreibungen entwickelt. Oft werden andere Begriffe, wie «Macht», «Zwang» oder «Konflikt», als Synonyme für Gewalt herangezogen. Bei näherer Betrachtung wird jedoch klar, dass diese Worte eine andere Bedeutung haben und nicht mit Gewalt identisch sind.[44] Johan Galtung, der Gründervater der Friedens- und Konfliktforschung, erkannte das bereits in den Siebzigerjahren. Er beschreibt den Versuch, Gewalt zu definieren, als eine «überaus undankbare Aufgabe, und die Vorschläge werden viele Leser kaum befriedigen können. Es ist indes nicht so wichtig, so etwas wie die Definition oder die Typologie zu finden, denn offensichtlich gibt es viele Typen von Gewalt. Vielmehr kommt es darauf an, theoretisch signifikante Dimensionen von Gewalt aufzuzeigen, die das Denken, die Forschung und möglicherweise auch das Handeln auf die wichtigen Probleme hinlenken.»[8]

Für Galtung stand demnach nicht die Definition von Gewalt im Vordergrund. Vielmehr betonte er die Wichtigkeit, die unterschiedlichen Erscheinungsformen von Gewalt wahrzunehmen und diese aufzuzeigen. Im Bewusstsein der Tatsache, dass Gewalt in vielfältiger Weise in Erscheinung tritt, wollen wir uns in den nachfolgenden Kapiteln vor allem mit der Gewalt gegen alte Menschen in Pflegeeinrichtungen und Krankenhäusern befassen und auf die unterschiedlichen Formen der Gewalt, der sichtbaren, aber auch der unsichtbaren, innerhalb der pflegerischen Versorgung eingehen. Wir werden feststellen, dass Gewalt gegen Menschen direkt erfolgen kann, sofern sie von einer bestimmten Person ausgeht. Es gibt aber auch indirekt verursachte Gewalt, die von herrschenden Strukturen und Rahmenbedingungen, aber auch von der Gesellschaft ausgeht, indem eine Benachteiligung und Diskriminierung etwa alter Menschen erfolgt.[1]

Ein Hinweis gibt hier der internationale Sprachgebrauch. Wo es um Gewalt innerhalb der pflegerischen Versorgung geht, wird das englische Wort für Gewalt, «violence», relativ selten verwendet. Um Gewalt gegen Pflegebedürftige zu beschreiben, spricht man vielmehr von Misshandlung («abuse») und Vernachlässigung («neglect»).[19] Diese Termini orientieren sich an dem Gewaltverständnis in der Gerontologie und machen deutlich, dass unter Gewalt gegen pflegebedürftige Menschen nicht nur körperliche Übergriffe zu verstehen sind, sondern auch sämtliche Formen des Missbrauchs, zusammenfassend alle Handlungen oder Unterlassungen, die sich in negativer Weise auf das Wohlbefinden des betreffenden Menschen auswirken.[45]

In dem 2002 erschienenen Bericht «The Toronto Declaration on the Global Prevention of Elder Abuse» beschreibt die Weltgesundheitsorganisation WHO (World Health Organization) unserer Ansicht nach Gewalt gegen alte Menschen in pflegerischen Beziehungen sehr zutreffend. Sie versteht darunter «eine einzelne oder wiederholte Handlung, oder das Fehlen einer angemessenen Handlung, die im Rahmen einer Beziehung geschieht, in der Vertrauen erwartet wird und die einer älteren Person Schaden oder Leid zufügt. Gewalt gegen alte Menschen kann sich in verschiedener Form äußern: körperlich, psychisch, emotional, sexuell, finanziell oder auch einfach eine vorsätzliche oder unbeabsichtigte Vernachlässigung darstellen.»[45]

Gewalt innerhalb der pflegerischen Versorgung – wie man sie erkennt

Laut der WHO sind betagte und hochbetagte Menschen einem erhöhten Risiko ausgesetzt, Opfer von Gewalt, sprich Vernachlässigungen oder/und Misshandlungen, in Pflegebeziehungen zu werden; dafür sind biologische, soziale und ökonomische Einflüsse ausschlaggebend. Studien weltweit haben gezeigt, dass an Demenz erkrankte Personen und Menschen mit besonderen Bedürfnissen aufgrund ihrer Abhängigkeit besonders häufig Opfer von Gewalt und Misshandlung werden. Lebt der alte Mensch von anderen Menschen isoliert und ist nicht in ein soziales Netzwerk eingebunden, stellt dies ein zusätzliches Risiko dar. Die Täter sind vielfach Bezugspersonen; dazu zählen auch professionell Pflegende. Oft sind es Menschen, die selbst gesundheitliche Probleme haben oder an Depressionen leiden. Mitunter haben die Täter selbst Gewalt oder Missbrauch erlebt. Für Gewalthandlungen geradezu prädestiniert sind Situationen, die die Pflegenden überfordern, zumal wenn keine soziale Kontrolle vorhanden ist und keine Hilfsangebote im Umgang mit der Überbeanspruchung bestehen. Überbelastung im beruflichen wie im privaten Bereich scheint häufig ein Indikator für die Entstehung von Gewalt zu sein.[46, 47]

Eine Angehörige erzählt davon, dass ihre Mutter bereits nach vier Wochen im Pflegeheim einen Dekubitus erlitten hat, da sie zu selten umgebettet wurde. Der Dekubitus war so stark, dass er chirurgisch behandelt werden musste. Eine andere Bewohnerin stirbt an Austrocknung, da ihr zu wenig zu trinken gegeben wurde.[17]

In einem Altenheim werden die Bewohner besonders während der Nacht vielfach nicht nach den gängigen Handlungsrichtlinien gelagert. Auch die Versorgung mit Inkontinenzmaterialien wird mangelhaft bzw. nicht ausreichend durchgeführt. Die Gefahr, dass dadurch Dekubitalgeschwüre entstehen, wird begünstigt.

Eine Bewohnerin leidet an neurologisch bedingten Schluckstörungen und kann aus diesem Grund nur sehr langsam essen. Der Pflegende gibt die passierte Nahrung in einen Schnabelbecher, hält der Bewohnerin die Nase zu, drückt den Kopf in den Nacken und flößt ihr auf diese Weise die Kost auf einmal in den Mund.[36]

Oftmals werden gewaltsame Übergriffe gegen alte, pflegebedürftige Personen nicht aktenkundig. Die vermutete Dunkelziffer ist hoch. Der Grund dafür ist u. a., dass Gewalt innerhalb der pflegerischen Versorgung oft nicht als solche wahrgenommen wird. Ein erster Schritt, Gewalt in der Pflege zu erkennen, besteht deshalb darin, sich die verschiedenen Formen anzusehen, die Gewalt hier annehmen kann.[48]

Formen von Gewalt in der Pflege

Grundsätzlich lässt sich Gewalt innerhalb der Pflege, angelehnt an das Modell des «Gewaltdreiecks» von Galtung, in drei große Bereiche unterteilen. Einerseits die personale (direkte) Gewalt, andererseits die strukturelle (indirekte) Gewalt, je nachdem ob die Gewalt von einer Person ausgeht oder durch Strukturen verursacht wird und daher nicht auf den ersten Blick erkennbar ist. Schließlich ist noch die kulturelle Gewalt zu nennen, die Vorläufer für direkte oder indirekte Gewalt sein kann.[9]

Personale Gewalt

Personale (direkte) Gewalthandlungen beziehen sich direkt auf eine andere Person. Die Gewalt ist unmittelbar als solche erkennbar. Die Tätlichkeit äußert sich entweder in einem aktiven Tun oder indem eine an sich gebotene Handlung unterlassen wird. Beide Formen ziehen eine sofortige negative Veränderung nach sich; ihnen gemeinsam ist eine unangenehme, nachteilige Auswirkung auf die Befindlichkeiten des Betroffenen. Neben körperlicher, psychischer, finanzieller und sexueller Gewalt können auch Vernachlässigung sowie die Einschränkung des freien Willens Ausformungen direkter Gewalt darstellen.[1, 43]

Körperliche (physische) Gewalt umfasst alle Formen von Misshandlungen. Sie ist darauf ausgerichtet, einer anderen Person körperlichen Schaden zuzufügen und dadurch Schmerzen auszulösen. Handlungen körperlicher Gewaltausübung sind etwa schlagen, festhalten, fesseln, treten, mit Fäusten oder Gegenständen prügeln oder in ähnlicher Weise handgreiflich werden. Vielfach sind die Folgen körperlicher Gewalt durch äußerlich sichtbare Spuren erkennbar wie etwa Brüche, Verbrennungen, Schnitte, Quetschungen, blaue Flecken und Ähnliches. Körperliche Gewalt findet die absolute Grenze in der Tötung eines anderen Menschen. Zur physischen Gewalt in der Pflege lassen sich aber auch Fixierungen, die Verabreichung falscher Medikamente oder einer Überdosis, künstliche Ernährung oder das Setzen eines Dauerkatheters gegen den Willen des Patienten zählen.[43, 49]

Im Zuge der Grundpflege beginnt sich ein an Demenz erkrankter Bewohner mit aller Kraft zu wehren; unter anderem versucht er zu kneifen. Als er dann noch nach dem Pflegenden zu schlagen beginnt, verliert dieser die Geduld und schlägt dem Bewohner ins Gesicht.[36]

Bei einer Patientin mit einem offenen Bein (Ulcus cruris) wird ein Wundverbandswechsel durchgeführt. Die Patientin schreit vor Schmerzen, der Pfleger sagt: «Stellen Sie sich nicht so an, es ist gleich vorbei.»

Die auf seelischer, emotionaler Ebene ausgeübte *psychische Gewalt* hinterlässt hingegen keine äußerlich sichtbaren Zeichen und ist demnach in der Regel schwerer festzustellen als körperliche Übergriffe. Dies bedeutet aber keineswegs, dass sie für den Betroffenen weniger spürbar ist. Das Spektrum psychischer Gewalthandlungen ist umfangreich. Primär sind darunter verbale Äußerungen und ein respektloser Umgang, etwa Beleidigungen und Beschimpfungen, zu verstehen, beispielsweise eine Äußerung wie: «Haben Sie schon wieder gekleckert?» Solche Demütigungen können beim Patienten frühkindliche Erfahrungen in Erinnerung rufen und führen dazu, dass kaum oder gar keine Gegenwehr oder Widerrede erfolgt. Zu psychischer Gewalt zählen aber auch das Schüren von Angst, Abwertungen, Nötigungen und Diffamierungen. Psychische Gewalt führt stets zu starken Emotionen. Die dadurch entstehenden seelischen Verwundungen sind vielfach schwieriger zu heilen als Verletzungen aufgrund physischer Übergriffe.[43, 44, 49]

Im Zuge einer Teambesprechung sprechen einige Pflegende respektlos und hasserfüllt über die Bewohner. Es kommt zu Aussagen wie: «Die stinken alle aus dem Mund», «Die fressen wie die Schweine» oder «Die ständige Scheißerei ist nicht zum Aushalten».[36]

«Herr F., 62 Jahre, der ein am Rücken offenes Nachthemd trägt, wird im Rollstuhl zum Lungenröntgen geführt, vorbei am Aufenthaltsbereich, in dem sich andere Patientinnen und Patienten und ihre Besucherinnen und Besucher aufhalten. Es ist versäumt worden, ihn mit einer Decke vor fremden Blicken zu schützen. Er findet das gedankenlos und fühlt sich in seiner Würde verletzt.»

«Frau H., 64 Jahre, braucht nach einer Gallenoperation Unterstützung am WC. Die diensthabende Mitarbeiterin zwingt sie zur Benützung des Zimmer-WCs, obwohl Frau H. und auch die anderen Patientinnen protestieren. Aus Scham verhält sie Harn und Stuhl, was auf längere Zeit zu Verstopfung und Inkontinenz führen kann.»[35]

Finanzielle Gewalt umfasst alle Handlungen, die zu einer finanziellen Ausbeutung des Pflegebedürftigen beitragen, indem etwa dessen Vermögen veruntreut oder in anderer Weise versucht wird, ihn zu Geldleistungen zu bewegen. Das können Testamentsänderungen, Geldgeschenke oder die Überschreibung von Haus- bzw. sonstigem Eigentum sein, als Gegenleistung für bevorzugte Behandlung oder die Einstellung von Gewalt.[16, 43]

Eine weitere Form direkter Gewalt liegt in der *Einschränkung des freien Willens* der pflegebedürftigen Person. Die in Alten- bzw. Pflegeheimen, aber auch in Krankenhäusern vorherrschenden Gegebenheiten nehmen oftmals wenig Rücksicht auf die Bedürfnisse der betroffenen Patienten bzw. Bewohner. Durch starre Strukturen und Vorgaben wird der freie Wille eingeschränkt. Um einen effizienten Organisationsablauf zu gewährleisten, kommt es zu Entscheidungen, ohne dass die Patienten mit einbezogen werden; Handlungsfreiheit und die Wünsche Pflegebedürftiger bleiben vielfach unberücksichtigt. Unter diese Form von Gewalt fallen auch freiheitsentziehende Maßnahmen im Zuge der Pflege, etwa die Verwendung von Bettgittern, oder wenn der Patient in eine andere Einrichtung verlegt oder eingesperrt wird und Ähnliches.[43, 49]

Inwieweit der Wille des Pflegebedürftigen in Pflegesituationen eingeschränkt werden kann, zeigen die folgenden Beispiele:
Obwohl ein Bewohner deutlich macht, dass er das Bett nicht verlassen möchte, wird er vom Pflegenden gezwungen, dies zu tun.

Oder: Gegen ihren Willen wird die Bewohnerin eines Altenheims mehrfach in einen Pflegestuhl gesetzt, da dies von der verantwortlichen Wohnbereichsleitung so verlangt wird.
Angehörige von Bewohnern fordern von den Pflegenden, heimlich Medikamente in das Essen zu mischen.
In einem Altenheim wird eine Bewohnerin, die auf einen Rollstuhl angewiesen ist, gegen ihren Willen bereits am frühen Nachmittag ins Bett gelegt und ihr eine Milchsuppe verabreicht; dies obwohl sie durchaus noch für sich selbst entscheiden kann und gerne im Speiseraum eine normale Mahlzeit eingenommen hätte.[36]
«In einem Alten- und Pflegeheim in X verlangt der Tagesplan, dass die Körperpflege bei allen Bewohnerinnen und Bewohnern bis 10 Uhr abgeschlossen sein muss. Das erzeugt bei den Pflegeteams Stress und Zeitdruck, da sich vor allem Menschen mit Demenz in Drucksituationen gegen Pflegehandlungen wehren. Diese werden dann immer wieder gegen den Willen der alten Menschen durchgeführt.»[35]

Direkte Gewalt spiegelt sich aber auch in jeder Form der *Vernachlässigung* wider. Charakteristisch dafür ist, dass als notwendig angesehene oder zu erwartende Handlungen unterbleiben. Kommt es dazu, dass Wünsche oder Bedürfnisse eines alten Menschen falsch eingeschätzt und aus diesem Grund Handlungen unterlassen werden, spricht man von passiver Vernachlässigung. Zur passiven Vernachlässigung zählt auch das Ignorieren von Ängsten und Schmerzen oder auch die Verweigerung der direkten Kommunikation. Aktive Vernachlässigung bedarf einer bewussten Handlung. Handlungen, die in einer bestimmten Situation geboten wären, werden mit Absicht unterlassen, beispielsweise Maßnahmen der Grundpflege, wozu die Körperpflege, die ausreichende Flüssigkeits- und Nahrungszufuhr und Ähnliches zählen.[10]

Bei einer Bewohnerin werden Veränderungen der Haut und der Nägel ignoriert und einfach nicht behandelt. Infolgedessen wird die Haut wund und beginnt sich zu verändern, die Wunden nässen und riechen. Die zuständige Pflegende zieht dennoch einfach nur Strümpfe darüber und unterlässt eine ordnungsgemäße Versorgung der Bewohnerin.
Erheblicher Gewichtsverlust wird ignoriert: Eine Bewohnerin verliert über mehrere Monate 20 kg Körpergewicht. Als die Bewohnerin vom Allgemeinarzt ins Krankenhaus eingewiesen wird, verstirbt sie noch am gleichen Tag.
In einem Altenheim wird ein Auszubildender mit dem Leid eines Bewohners konfrontiert, der über starke Schmerzen in den Beinen klagt. Der Auszubildende teilt dies dem verantwortlichen Pflegenden mit. Obwohl die Schmerzen zunehmend schlimmer werden und der Bewohner die Beine kaum mehr belasten kann, bleibt ein Handeln des Pflegenden aus. Schließlich wird ein Bein blau und der Bewohner wird in das Krankenhaus überstellt. Das Bein muss amputiert werden, bald darauf auch das andere Bein. Im Zuge der Operation verstirbt der Bewohner.[36]

Schließlich ist auch die *sexuelle Gewalt* innerhalb der Pflege zu nennen. Diese Gewaltform umfasst all jene Handlungen gegen eine pflegebedürftige Person, bei denen Sexualität als Mittel zur Demütigung und Verletzung eingesetzt wird. Formen der sexuellen Gewalt sind sexuelle Belästigung, sexuelle Übergriffe jeglicher Art (zum Beispiel unangebrachter Körperkontakt, Erzwingen von sexuellen Handlungen, nicht einverständliche Intimkontakte), Vergewaltigung und sexueller Missbrauch (sprich Missbrauch der individuellen Schamgrenzen). Sexuelle Gewalt kann aber auch in verbalen, anzüglichen Äußerungen und Blicken zum Ausdruck kommen. Egal, in welcher Form sich sexuelle Gewalt manifestiert: Sie ist stets ein aggressiver, machtdemonstrierender Akt, der eine Erniedrigung des Opfers zur Folge hat. Sexueller Gewalt wird meist ein starkes sexuelles Begehren als Motiv zugrunde gelegt. Aus diesem Grund werden betagte, pflegebedürftige Personen mangels ihrer Attraktivität vielfach als Opfer sexueller Übergriffe nicht in Erwägung gezogen. Die bestehende Abhängigkeit dieser Personengruppe ist jedoch auch in diesem Bereich ein gewaltbegünstigender Faktor. Sexuelle Gewalt gegen pflegebedürftige, alte Menschen, sogenannte «Gerontophilie» – Sexualität mit Greisen –, ist daher nicht auszuschließen.[48, 50, 51]

Im Zuge der Versorgung eines an Demenz erkrankten Bewohners, der nackt mitten im Zimmer steht, durch zwei Pflegende machen diese primitive und herablassende Bemerkungen über seine Geschlechtsteile. Zudem lachen sie über den Bewohner.[36]
In einem Seniorenheim in Köln schockiert 2005 der Vorwurf des sexuellen Missbrauchs einer 97-jährigen Bewohnerin Kollegen, Heimbewohner und die Öffentlichkeit: Im Urin der alten Frau werden Spermien festgestellt, die laut DNA-Analyse einem 43-jährigen Wohnbereichsleiter und examinierten Altenpfleger der Einrichtung zuzuordnen sind. Dieser bestreitet jedoch jeglichen Vorwurf. Die betroffene Frau kann nicht befragt werden, da sie an Demenz erkrankt ist und bettlägerig ist.[52]

Strukturelle Gewalt

Die strukturelle, indirekte Gewalt gründet sich auf äußere Gegebenheiten und Umstände und ist nicht an eine konkret handelnde Person gebunden. Sie manifestiert sich nicht in einer direkt von einer Person ausgehenden Handlung, sondern beruht auf institutionellen und gesellschaftlichen Strukturen, die in der Art, wie sie errichtet und vorgegeben sind, Einfluss auf Menschen nehmen.[35] Dies bedeutet jedoch nicht zwangsläufig, dass diese Gewaltform weniger spürbar ist als Gewalt in direkter Form. Im Gegenteil, strukturelle Gewalt kann sogar stärkere Auswirkungen haben als direkte Gewalt. Ein Grund dafür liegt darin, dass sie vielfach nicht sichtbar und direkt fühlbar ist, sondern sich mehr oder weniger leise Platz verschafft und letztlich dazu führt, dass die Freiheit des Einzelnen eingeengt wird. Als Beispiele struktureller Gewalt sind etwa die gesetzlichen Rahmenbedingungen für den Fall eines Aufenthaltes in einem Alten- und Pflegeheim zu nennen.[11] Es zählen dazu aber auch die herrschenden Gegebenheiten in Betreuungseinrichtungen, beispielsweise die genaue Dokumentationspflicht, die festen Essenszeiten, die strikten, vorgegebenen Tagesstrukturen und Tagesabläufe, sofern sie sich nicht oder nur wenig an den Bedürfnissen der Patienten orientieren, die festen Besuchszeiten, der Mangel an Selbstbestimmung und Ähnliches. Das Charakteristische an der strukturellen Gewalt ist ihre hohe Beständigkeit, da sie sich in Gegebenheiten und Strukturen verfestigt. Dadurch wird die Entstehung von Gewalthandlungen zusätzlich begünstigt. Folgt man dem Gerontologen Erich Grond, so äußert sich strukturelle Gewalt beispielsweise auch in einem «Mangel an Personal, an Privatheit im Heim oder der Empfehlung eines medizinischen Dienstes der Krankenkassen, bei Personalmangel mehr Tabletten verordnen zu lassen».[35, 38, 43]

In einem Pflegeheim stimmt die Personalplanung nicht. Ein Pflegender ist folglich für neun Bewohner alleine verantwortlich. Als eine Bewohnerin, die auf den Rollstuhl angewiesen ist, darum bittet, auf die Toilette gebracht zu werden, weist ihr der Pflegende im Vorbeilaufen hastig an, den Urin doch laufen zu lassen, da sie ja ohnehin eine Windel anhabe.
Ein Pflegender ist für einen Wohnbereich mit mehr als fünfzig Pflegebedürftigen zuständig. Obwohl einige der Bewohner regelmäßig abgesaugt werden müssten, bleiben sie vielfach über mehrere Stunden allein gelassen. Selbst ein Klingeln hilft ihnen nicht.[36]

Nicht nur Pflegebedürftige sind Opfer struktureller Gewalt, sondern vielfach auch Pflegende. Häufig ist zu wenig Personal vorhanden, was Pflegende womöglich dazu zwingt, ihre Arbeit aufs Allernötigste zu reduzieren, statt sich an den Bedürfnissen der Pflegebedürftigen zu orientieren. Dadurch werden Pflegende genötigt, Verhaltensweisen an den Tag zu legen, die ihrem grundsätzlichen beruflichen Selbstbild widersprechen. Vielfach fördern diese Handlungen zudem die Unselbständigkeit der pflegebedürftigen Menschen, anstatt ihre Selbständigkeit zu fördern.[35, 38]

«Frau Z., 80 Jahre, hat Mühe, rechtzeitig die Toilette aufzusuchen, ist aber nicht inkontinent. Anstatt mit ihr regelmäßiges Toilettentraining durchzuführen, schlägt ihr die zuständige Pflegekraft vor, Einlagen zu verwenden. Für Frau Z. ist es sehr demütigend, eine ‹Windel› benützen zu müssen, obwohl dies mit etwas Unterstützung nicht notwendig wäre.»

«Frau W., 45 Jahre, ist Mitarbeiterin in einer Wohngruppe von mehreren pflegebedürftigen Menschen. Sie bemüht sich, die Unterstützung beim Essen dem Tempo der Bewohnerinnen und Bewohner anzupassen, die alle große Probleme bei der Handhabung des Essbestecks haben, aber so viel wie möglich noch selbst machen möchten. Frau W. bekommt ständig Ärger mit den Mitarbeiterinnen und Mitarbeitern der Küche, die eine rechtzeitige Rückgabe des gebrauchten Geschirrs fordern. Sie gibt dem Druck nach und zerkleinert das Essen für alle, um Zeit zu sparen.»

«Frau K., 79 Jahre, beteiligt sich seit einigen Tagen nicht mehr an Gesprächen im Gemeinschaftsbereich. Sie wirkt teilnahmslos und reagiert kaum auf ihre Umgebung. Obwohl der Grund dafür – nämlich ihr seit einiger Zeit nicht mehr funktionsfähiges Hörgerät – den betreuenden Personen bekannt ist, kann dieses Problem über längere Zeit nicht behoben werden. Die Mitarbeiterinnen und Mitarbeiter können Frau K. aufgrund der knappen Personalressourcen nicht zu ihrem HNO-Arzt begleiten.»[35]

Belastende Arbeitsbedingungen können strukturelle Gewalt für Pflegende bedeuten. Um beim Umgang mit Pflegebedürftigen den nötigen Respekt und die zu erwartende Wertschätzung an den Tag zu legen, bedarf der Pflegende der Anerkennung im Team. Darüber hinaus muss er in der Lage sein, seine Kompetenzen hinreichend einzusetzen. Ist dies nicht der Fall und fehlt die Wertschätzung für erbrachte Leistungen, trägt dies zur Demotivation und steigender Frustration auf Seiten des Pflegenden bei. Ein Beispiel: Nachgewiesen werden konnte eindeutig, dass vor allem die Dienste während der Nacht negative Auswirkungen auf die Gesundheit der Pflegenden haben. Sie begünstigen Burn-out und Erschöpfung. Dennoch wird vielfach bei den Diensteinteilungen zu wenig darauf geachtet.[35]

«Frau S., eine Mitarbeiterin, bemüht sich im täglichen Arbeitsablauf, nach Möglichkeit die individuellen Bedürfnisse der Bewohnerinnen und Bewohner zu erfüllen. Sie wird daher oft später als vorgesehen mit den geplanten Tätigkeiten fertig. Ihre Kollegin wirft ihr Unkollegialität vor, weil sie die alten Menschen ‹verzieht› und ‹die das dann auch von allen anderen wollen›.»[35]
Freie Tage Pflegender, die bereits im Dienstplan eingetragen sind, werden gestrichen. Eine vorherige Rücksprache mit den betroffenen Pflegenden unterbleibt.
Pflegende springen für erkrankte Kollegen ein und übernehmen deren Dienste. Obwohl sie dafür ihre freien Tage opfern, bekommen sie keine neuen freien Tage, sondern nur halbe Dienste, sprich vier Stunden, eingetragen.[36]

Kulturelle Gewalt

Kulturelle Gewalt ist die Gewalt der Vorurteile, die innerhalb einer Kultur herrschen und das Handeln bestimmen. Die betreffenden Gewalthandlungen werden gar nicht als solche wahrgenommen bzw. erkannt. Zu nennen ist in diesem Zusammenhang etwa das vorherrschende negative Altersbild, welches weitgehend akzeptiert wird. Durch diese negative Einstellung der Gesellschaft gegenüber alten Menschen wird auch die allgemeine Gewaltbereitschaft gegen alte Menschen gesteigert. Da sich kulturelle Veränderungen über längere Zeiträume erstrecken, ist die kulturelle

Gewalt eine äußerst stabile und relativ unveränderliche Form der Gewaltausübung.[1, 38, 43]

Vorurteile gegenüber dem Pflegeberuf: kulturelle Gewalt
«Hätten Sie nicht einen besseren Job gefunden, als verwirrte und inkontinente Pflegefälle zu versorgen?»[38]
«Alten Leuten den Hintern abputzen kann doch jeder!»[34]

Kulturelle Gewalt kann mit direkter und indirekter Gewalt einhergehen. Häufig ist sie der Wegbereiter für die Entstehung von Gewalt. Vor allem institutionelle Strukturen geben Pflegenden die Legitimation, gegen die Bedürfnisse von Pflegebedürftigen zu handeln. Bei Demenzerkrankungen kommt es etwa vermehrt vor, dass die Reaktionen von Patienten falsch beurteilt, sie zu Unrecht als bösartig eingestuft werden und sie somit Opfer von lieblosen Reaktionen auf Seiten der Pflegenden werden.[35]

«Frau L., 92 Jahre, befindet sich wegen eines gebrochenen Beines im Krankenhaus. Aufgrund ihrer Demenzerkrankung kann sie die Situation nicht richtig einordnen und wehrt sich mit allen Kräften gegen die Körperpflege. Da die Pflegepersonen dies nicht als Symptom der Demenzerkrankung erkennen und akzeptieren, wird Frau L. für ihr Verhalten verantwortlich gemacht und gilt rasch als schwierig. Es kommt zu Überforderungen und Übergriffen auf beiden Seiten.»[35]

Insbesondere freiheitsbeschränkende Maßnahmen werden von den Pflegenden häufig nicht als solche wahrgenommen. Gleiches gilt für Unterlassungen oder Kränkungen.

«Frau B., 88 Jahre, kommt aufgrund einer Lungenentzündung ins Krankenhaus. Die ungewohnte Umgebung führt dazu, dass sie unruhig ist, nicht schlafen kann und ständig herumwandert. Ohne dass andere Möglichkeiten in Betracht gezogen werden, erhält sie auch tagsüber ein Beruhigungsmittel. Die dadurch erhöhte Sturzgefahr und eine mögliche noch stärkere Verwirrtheit werden in Kauf genommen. Dass es sich dabei auch um eine freiheitsbeschränkende Maßnahme handeln könnte, wird nicht beachtet und nicht entsprechend dem Heimaufenthaltsgesetz gemeldet.»[35]

Wahrnehmung von Gewalt

Die direkten Auswirkungen von Gewalt lassen sich in der Praxis nur schwer feststellen. Die Gründe dafür sind vielfältig:

- Die Opfer schämen sich und trauen sich nicht, etwas zu sagen; durch die Abhängigkeit, in der sie sich den Tätern gegenüber befinden, wird dies zusätzlich verstärkt.
- Die Opfer sind aufgrund von Krankheit (besonders bei hirnorganischem Abbau) nicht in der Lage, von der erlebten Gewalt zu berichten (eine faktische Unmöglichkeit, sich zu äußern).
- Die Orte der Gewaltausübung sind meistens einer Kontrolle von außen nicht zugänglich. Dies betrifft vor allem den familiären Bereich. Aber auch die Sphäre der Pflegeeinrichtungen und Krankenhäuser ist vielfach abgeschirmt.
- Es kommt zu einer Verdrängung der Gewalterlebnisse durch die Betroffenen, häufig aus Angst, beispielsweise vor weiteren Übergriffen, oder aufgrund der Befürchtung anderer negativer Konsequenzen (z. B. die gewohnte Umgebung verlassen zu müssen).[48]

Darüber hinaus sind die Symptome, die auf Gewalt hinweisen, selbst für professionell Pflegende schwer zu erkennen. Altersbedingte gesundheitliche Störungen unterschiedlichster Art können

Anzeichen für gewaltsame Übergriffe sein, müssen es aber nicht. Beispiele dafür sind die sogenannte Altershaut, sprich Unterblutungen der Haut bei leicht verletzbarer Haut; Knochenfrakturen nach Stürzen; oder Mangelernährung bei krankheitsbedingten Schluckstörungen.[48]

In diesem Zusammenhang ist auch ein «Ersticken durch weiche Bedeckung» zu erwähnen. Darunter wird ein Aufdrücken von weichen Gegenständen auf das Gesicht verstanden, wodurch Mund und Nase verschlossen werden und ein Tod durch Ersticken die Folge ist. In den meisten veröffentlichten Fällen erfolgte das Aufdrücken mit Kissen bzw. Bettzeug. Morphologische Befunde sind bei dieser Tötungsart entweder keine oder nur in uncharakteristischer Weise vorhanden. Die Feststellung eines natürlichen Ablebens oder einer Fremdeinwirkung kann mitunter schwierig sein. Es bedarf der Heranziehung kriminalpolizeilicher Ermittlungsergebnisse sowie ärztlicher Unterlagen. Zur Abklärung dienen auch etwa Feststellungen von Bagatellverletzungen im Gesicht oder anderer Verletzungen, wie Festhalte- bzw. Abwehrverletzungen.[53]

Angehörige tun sich in der Regel schwer damit, die richtigen Fragen zur richtigen Zeit zu stellen. Unterschwellig schwingt die Furcht mit, dass der Angehörige dadurch Benachteiligung in welcher Form auch immer erfährt. Auch Pflegende verschweigen häufig erlebte oder beobachtete Übergriffe ihrer Kollegen. Diese Umstände tragen zu einem Verkennen von Gewalthandlungen in der Pflege bei. Eine Möglichkeit, dem entgegenzuwirken, ist es, auf potenzielle Risikofaktoren und Warnsignale beim Patienten wie beim Pflegenden zu achten.[48] Diese können sein:

Beim Patienten:

- Hochbetagt
- Demenz und/oder Suchterkrankung
- Eingeschränkter Gesundheitszustand und verminderte Körperfunktionen
- Soziale Abkapselung
- Konflikte (innerhalb der Partnerschaft wie auch innerhalb der Familie oder mit Freunden)
- Asymmetrische Beziehung zwischen Pflegebedürftigem und Pflegendem

Mögliche Warnsignale:

- Veränderungen im Verhalten des Pflegebedürftigen; wirkt verstört, verängstigt, zurückgezogen, besonders aggressiv
- Auffällige, unerklärliche Verletzungen und/oder Beschwerden, die wiederholt auftreten und gleichartiger Natur sind[48]

Beim Pflegenden:

- Erkrankungen geistiger oder körperlicher Natur (z. B. Suchterkrankungen)
- Belastungen im persönlichen Umfeld (privat, beruflich, finanziell)
- Emotionale Abhängigkeit zwischen Pflegebedürftigem und Pflegendem
- Eigene Gewalterfahrungen (gewaltgeprägte Beziehungen und Familienstrukturen)

Mögliche Warnsignale:

- Patient wird in Gesprächen mit anderen Personen, etwa mit Ärzten, nie allein gelassen
- Eigenartiges Verhalten des Pflegenden – wirkt interesselos, verstimmt, mürrisch[48]

Erhebliche Veränderungen des Pflegebedürftigen, aber auch der Rahmenbedingungen und/oder des Umgangstons können Indizien für Gewalttaten sein. Beobachtungen der Pflegebeziehung können dazu beitragen, Gewalt wahrzunehmen. Das gilt gerade auch für Vorgesetzte, aber auch für Kollegen und Angehörige. Auch die Rahmenbedingungen sind von Bedeutung, etwa die Sauberkeit von Kleidung, Zimmer und Bett.

Besonders zu achten ist auf: Zeichen für Flüssigkeitsmangel (trockene Haut, Hautfalten etc.), mögliche Anzeichen von Verletzungen (blaue Flecken an nicht sturztypischen Stellen), Verletzungen knöcherner Art, Blutungen im Rektal- oder Genitalbereich (sexuelle Übergriffe), Hautunterblutungen spezieller Form, die auf einen einwirkenden Gegenstand hinweisen könnten, Abschürfungen und Rötungen an Handgelenken und/oder Fußfesseln, sprich Verletzungen, die durch grobes Festhalten oder durch Fixierungen herbeigeführt werden können, Liegegeschwüre etc., Anzeichen von Depression, Isolation, besonders aggressives Verhalten auf Seiten des Pflegebedürftigen.[48]

Ein weiteres wichtiges Instrument innerhalb der Pflegebeziehung, um auf Gewalt aufmerksam zu werden, ist die Fähigkeit Pflegender, dem Pflegebedürftigen gut zuhören zu können.[34] Ein solches Gespräch zwischen Pflegendem und Gepflegtem kann die unterschiedlichsten Themenbereiche abdecken. Es kann etwa zu Fragen kommen wie: «Bekommen Sie Besuch?», «Fühlen Sie sich allein?», «Fürchten Sie sich vor jemandem, der sich um Sie kümmert oder Sie pflegt?», «Ist Ihnen schon einmal gegen ihren Willen Essen eingegeben worden?», «Sind Sie schon einmal gegen Ihren Willen gewaschen oder angezogen worden?», «Fehlen Ihnen persönliche Gegenstände, Brille, Gebiss, Schmuck?» etc. Auch das Anamnese-Gespräch kann den richtigen Rahmen schaffen, um auf gewalttätige Übergriffe aufmerksam zu werden.[48]

Die hier genannten Maßnahmen sind nur ein kleiner Auszug dessen, was getan werden kann, um Gewalt innerhalb der Pflege möglichst früh zu erkennen und in der Folge zu verhindern. Auf weitere gewaltpräventive Ansätze gehen wir im Kapitel 6 noch im Detail ein.

Exkurs: «Legitime» Gewalt in der Pflege

Auf den letzten Seiten haben wir uns intensiv mit dem Phänomen der Gewalt in der Pflege beschäftigt. Außer Acht geblieben ist dabei der Aspekt, dass Pflege teilweise nicht ohne Gewalt möglich ist, dass Gewalt bis zu einem gewissen Grad einen Teil des pflegerischen Alltags darstellt. Wir sprechen hier jene Fälle an, in denen die Handlungsmöglichkeiten Pflegender begrenzt sind und es keine Alternative zur Gewalt gibt. Es handelt sich um Situationen, in denen der Einsatz von Gewalt erforderlich ist, um eine Gefahr für die Gesundheit der in der Obsorge befindlichen Menschen abzuwenden. Besonders im Zuge der täglichen Körperpflege kann es zu Handlungen gegen den Willen des Betroffenen kommen. Man denke an Fälle, in denen eine Verwahrlosung der betreuten Personen droht. «Legitime» Gewalt in der Pflege findet zum Schutz des Betroffenen auch bei Fixierungen aufgrund richterlicher Anordnung statt. Der Einsatz von Gewalt dient dann in erster Linie dem Wohl des Pflegebedürftigen. Zusätzlich ist er notwendig, um einen verpflichtenden Teil der Arbeit Pflegender abzudecken, nämlich dafür Sorge zu tragen, dass der Pflegebedürftige täglich gewaschen wird, saubere Kleidung besitzt, nach dem Stuhlgang sauber ist etc. Neben der Körperpflege kann auch die Medikamentenvergabe gegen den Willen der betroffenen Pflegebedürftigen erfolgen, etwa wenn dieser die Einnahme verweigert. Wider den Willen von pflegebedürftigen Menschen wird manchmal auch die Ernährung vorgenommen. Mitunter können Pflegende in diesem Zusammenhang in einen Zwiespalt geraten: Einerseits tragen sie Sorge für das Wohl des ihnen anvertrauten Menschen, sprich, dass dieser genug isst und trinkt; andererseits leisten die pflegebedürftigen Menschen bei diesen Tätigkeiten Widerstand. Es wird deutlich, wie schwierig es im Rahmen der Pflege alter Menschen ist, einen gewissen Einsatz von Gewalt zu vermeiden. Der Sorge um die Gesundheit und das Wohl des Patienten steht die Autonomie des alten Menschen gegenüber, die vor allem das Selbstbestimmungsrecht umfasst. Diese medizinisch indizierte und somit legitimierte Form der Gewalt in der Pflege ist jedoch klar zu unterscheiden von den Fällen einer bewussten bzw. gewollten Gewaltausübung oder auch nur der Übertragung von negativen Gefühlen auf Patienten. Vor allem die Intention bzw. Motivation, die hinter den jeweiligen Handlungen steht, ist eine andere.[49, 54]

Aggression im pflegerischen Alltag

> «Aggression in der Pflege ist jegliche Form von verbalem, nonverbalem oder körperlichem Verhalten, welches für den Patienten selbst, andere Personen oder deren Eigentum bedrohlich ist, oder körperliches Verhalten, wodurch der Patient selbst, andere Personen oder deren Eigentum zu Schaden gekommen sind.» Eileen F. Morrison[55]

Die Phänomene Gewalt und Aggression ähneln sich zwar, unterscheiden sich aber dennoch in einigen Punkten:

Aggression ist eine Gefühlsbewegung der Abwehr gegen ein bestimmtes Verhalten. Wie stark diese Emotion ist, hängt von der jeweiligen Intention jener Person ab, die aggressiv wird. Aggression kann feindselig sein; vielfach ist sie durch den Täter nur eingeschränkt kontrollierbar. Jeder Mensch nimmt Aggression unter anderem aufgrund von Vorerfahrungen unterschiedlich wahr. Ein Verhalten, das von dem einen bereits als aggressiv eingestuft wird, braucht von einem anderen noch lange nicht so empfunden zu werden.[38, 42]

Von Gewalt sprechen wir eher aus Sicht des Geschädigten, von Aggression aus der Schädigungsabsicht des Täters. Hier wird auch das mögliche Zusammenspiel der beiden Phänomene deutlich: Aggression kann, muss aber nicht Ursache für gewalttätiges Handeln sein. Zugefügte Gewalt ist etwa dann auf eine Aggression zurückzuführen, wenn sich der Täter trotz besseren Wissens über die Wünsche des Opfers hinwegsetzt, obwohl er durchaus in der Lage wäre, diese zu berücksichtigen.[56] Im Wesentlichen lassen sich vier Ausprägungen von Aggression unterscheiden:

Verbal aggressives Verhalten: etwa Beschimpfungen, Fluchen oder Drohungen. Diese Form der Aggression zieht zwar keine körperlichen Schäden nach sich, ist aber für das Opfer dennoch belastend.[42]

Ein Pflegender bedroht und demütigt Patienten, besonders solche, die an Demenz leiden und/oder immobil sind. Beginnen Patienten sich über sein Verhalten zu beschweren, droht er mit Prügeln oder gar mit dem Tod.[36]

Aggressives Verhalten nonverbaler Art: Androhungen körperlicher Gewalt durch Mimik und Gestik, z. B. Fäuste ballen, Spucken oder ein Schwenken von Gegenständen.[42]

Nachdem der Bewohner X zum wiederholten Male nach der Pflegerin ruft, stampft diese wütend mit den Füßen auf den Boden.

Tätlich aggressives Verhalten: Bei einem tätlich aggressiven Verhalten wird körperliche Gewalt angewandt (es kommt zu körperlichen Übergriffen) oder es kommt zur Beschädigung von Gegenständen.[42]

Eine verwirrte und ängstliche Bewohnern, die zudem an einer Psychose erkrankt ist, läuft einem Pflegenden ständig hinterher. Dieser schlägt ihr daraufhin ins Gesicht.[36]

Schließlich gibt es noch sogenannte *Autoaggressionen:* Darunter sind Aggressionen zu verstehen, die gegen die eigene Person gerichtet sind; etwa wenn es zu Selbstverletzungen oder zu Suizidhandlungen kommt.[42]

Warum werden Menschen aggressiv – mögliche Erklärungsansätze

Menschen werden nicht grundlos aggressiv. Vielfach ist es ein Zusammenspiel mehrerer Faktoren. Ausschlaggebend kann eine persönliche Disposition des «Täters» sein. Viele Menschen haben es nie gelernt, mit Problemen anders umzugehen, als in aggressiver Weise zu reagieren. Hat man in der Vergangenheit erlebt, dass aggressives Verhalten zum Erfolg führt, kann das die Tendenz bestärken, auch in zukünftigen Situationen so vorzugehen. Schließlich kann auch die konkrete Situation zum Auslöser werden. Beleidigende Aussagen wie «Wenn ich den schon sehe!», aber auch äußere Faktoren wie aggressive Lichtverhältnisse, räumliche Enge etc. können die Aggressionsentstehung fördern.[38, 42]

Auch die Absichten hinter aggressivem Verhalten sind vielfältig: Aggression kann dazu dienen, den eigenen Unmut zu äußern und dem Ärger freien Lauf zu lassen. In diesem Fall ist die Aggression eine sogenannte Unmutsreaktion. Sie kann eine Vergeltungsaggression darstellen, wenn man Vergeltung üben möchte. Aggressives Verhalten kann auch zur Abwehr eigener Ängste (Abwehraggression) dienen oder um ein bestimmtes Ziel bzw. Verhalten zu erreichen (Erlangungsaggression). Schließlich kann es auch zu einer spontanen Aggression kommen, sprich, dass man einfach aufgrund eines Vorfalles aggressiv handelt bzw. handeln möchte.[42]

Die Wechselwirkung des Verhaltens innerhalb der Pflegebeziehung

Aggression ist Reaktion auf ein bestimmtes Verhalten. «Jedes Verhalten ist Ursache und Wirkung zugleich» – diese Einsicht des Kommunikationswissenschaftlers und Psychotherapeuten Paul Watzlawick[57] hat auch in der Pflegebeziehung ihre Gültigkeit: Das Verhalten des Pflegenden hat Auswirkungen auf das Verhalten des Pflegebedürftigen und umgekehrt. Der Mensch neigt dazu, sein eigenes Verhalten lediglich als Reaktion auf das Verhalten des Gegenübers zu begreifen. Sich der gegenseitigen Beeinflussung des Verhaltens bewusst zu werden, ist ein erster Schritt, um mit Aggression innerhalb der Pflegebeziehung besser umgehen zu können. Es ändert sich das Verständnis für ein bestimmtes Verhalten. Prinzipiell ist hier die Initiative des Pflegenden gefragt: Er ist der professionelle und machtvolle Part innerhalb der Pflegebeziehung. Dem Pflegenden stehen mehrere Möglichkeiten zur Verfügung, deeskalierend zu reagieren oder auch durch Unterlassen gewisser Handlungen nicht zusätzlich noch eine Steigerung der Aggression herbeizuführen.[34]

«Als eine Altenpflegerin einem Bewohner das Essen reichen will, schlägt er ihr den Löffel aus der Hand. Die Pflegekraft verlässt daraufhin das Zimmer. Als sie nach wenigen Minuten wiederkommt, entschuldigt sich der Bewohner.»[34]

In dem geschilderten Beispiel leitet der Bewohner die Wut über seine Hilflosigkeit auf die Pflegerin ab. Die Pflegerin trägt durch Verlassen des Raums zur Deeskalation der Lage bei. Manchmal kann es besser sein, einer Konfrontation aus dem Weg zu gehen.

Eine weitere Möglichkeit, aggressivem Verhalten zu begegnen, besteht darin, den Handlungsablauf zu unterbrechen und dem Betroffenen mit klaren, ruhigen Worten zu demonstrieren, dass sein aggressives Verhalten keinen Platz hat. Mimik, Gestik, Worte oder auch eine veränderte Stimmlage des Pflegenden können in diesen Situationen förderlich sein, um das aggressive Verhalten zu beenden.[34]

«Bei einem drohenden Angriff hält die Krankenschwester dem sich nähernden Patienten beispielsweise ein ‹Hören Sie auf!› oder ‹Stopp!› entgegen.»[34]

Eine mögliche Handlungsalternative ist, die Gründe für ein Verhalten in einer entsprechenden Situation zu hinterfragen. Vielfach verstecken sich hinter Äußerungen oder einem bestimmten Verhalten der Pflegebedürftigen Wünsche und Bedürfnisse, die nicht auf den ersten Blick erkannt werden. Ein gewisses Fingerspitzengefühl kann sich in derartigen Konstellationen positiv auswirken.[34]

«Ein Patient ruft einem Krankenpfleger laut zu: ‹Kommen Sie jetzt endlich her!› Die richtige Reaktion des Pflegers wäre in dieser Situation, dass er zum Patienten geht und fragt: ‹Warum schreien Sie mich so an?›»
«Beim morgendlichen Aufwecken äußert ein Heimbewohner den Wunsch, liegen zu bleiben. Die Pflegekraft besteht darauf, dass er aufsteht, und löst somit bei ihm Frustration aus, da sein Bedürfnis nach Schlaf missachtet wird. Als Reaktion darauf spuckt der Bewohner die Pflegekraft an.»[34]

In manchen Situationen mit aggressivem Verhalten von Pflegebedürftigen kann es mitunter notwendig sein, Hilfe durch Kollegen anzufordern oder von der aggressiven Handlung abzulenken, wie die beiden folgenden Beispiele zeigen.[34]

«Als eine Heilerziehungspflegerin von einem Heimbewohner mit dem Küchenmesser bedroht wird, verlässt sie sofort die Wohngruppe, um Hilfe von der Nachbargruppe zu holen.»
«Eine Bewohnerin verweigert das Mittagessen. Ein Altenpfleger, der ihr das Essen reichen soll, fragt die Bewohnerin: ‹Haben Sie früher gerne gekocht?› Daraufhin erzählt sie ihm ausführlich über ihre Familie und deren Essgewohnheiten, während der Altenpfleger ihr das Essen reicht.»[34]

Verharmlosung und Verniedlichung in einer akuten Aggressionssituation kann hingegen dazu führen, dass sich der Pflegebedürftige nicht ernst genommen fühlt.[34]

«Ein Heilerziehungshelfer sagt zu einem Bewohner: ‹Jetzt nimm doch endlich deine Medizin …, du bist doch mein Liebling!› Der Bewohner lässt den Heilerziehungspfleger darauf einige Minuten zappeln.»[34]

Bestrafen oder Drohen führt zwar kurzfristig zu einer Unterlassung des aggressiven Verhaltens, schürt unter Umständen aber auch die Ängste des Pflegebedürftigen, die wiederum Nährboden für Aggression sein können. Etwa wenn der Pflegebedürftige nicht essen will, der Pflegende ihm Konsequenzen androht und Ersterer aus Angst einkotet.[34]

Ein Ignorieren des aggressiven Verhaltens kann dann zu einer Verstärkung von Aggression führen, wenn es als Akzeptanz oder als ein Nicht-ernst-Nehmen interpretiert wird.

«Ein Bewohner greift nach der Hand einer Pflegekraft und reißt daran. Falsch wäre es, wortlos mit der Grundpflege fortzufahren. Korrekt wäre, den Bewohner stattdessen auf sein negatives Verhalten ‹aufmerksam› zu machen.»[34]

Pflegende müssen sich über die Vorbildwirkung ihres Handelns im Klaren sein. Ihre Art und Weise der Kommunikation, aber auch der gegenseitige Umgang miteinander (sowohl mit Kollegen als auch mit Patienten) wird von Patienten bzw. Bewohnern beobachtet und eventuell übernommen. Die Zusammenarbeit sollte daher von Respekt und wechselseitiger Akzeptanz geprägt sein.[34]

Zusätzlich zu den genannten Handlungsalternativen kann der Pflegende eine Einschätzung der in Frage kommenden Aggressionen durch eine sogenannte Gefährlichkeitscheckliste vornehmen. Sie dient zur Abklärung unterschiedlicher Punkte, um sich auf aggressives Verhalten besser einstellen zu können. Diese Checkliste wurde von Glynis M. Breakwell erstellt. Fragen wie: «Ist die Person, mit der ich es zu tun habe, großer Belastung ausgesetzt?», «Hat sie in der Vergangenheit Gewalt angewandt?» oder «Hat sie mich in der Vergangenheit beschimpft?», können dem Pflegenden helfen abzuklären, wie groß die eigene Gefährdung ist, um in der Folge auf die Aggression Pflegebedürftiger entsprechend zu reagieren.[12]

Mitunter ist eine nachträgliche Auseinandersetzung mit bereits im Pflegealltag erlebten Aggressionen notwendig. Vielfach lässt sich erst durch eine Ex-post-Betrachtung der tatsächliche Auslöser für das aggressive Verhalten eruieren. Eine nachträgliche Aufklärung der Situation und der Versuch, das geschehene aggressive Verhalten zu verstehen, um das eigene Verhalten zukünftig darauf auszurichten, sind wichtige Ansätze im Zuge der Aggressionsprävention.[34] In Kapitel 6 gehen wir darauf noch näher ein.

Kapitel 3 **Lainz – ein exemplarischer Fall von Patiententötungen**

Bevor wir uns in diesem Kapitel[13] mit dem Phänomen der Patiententötung beschäftigen, ist es uns wichtig, kurz zu erklären, warum wir uns dafür entschieden haben, das Thema Gewalt in der Pflege anhand von Tötungsdelikten zu erörtern und somit in seiner extremsten Form zu diskutieren. Der hier vor allem behandelte Fall Lainz gehört der Vergangenheit an, das Thema der Patiententötungen ist damit aber keineswegs beendet. Neben den eingangs erwähnten Fällen vor allem in Deutschland und der Schweiz gab es innerhalb der letzten Jahre auch in anderen Teilen Europas und in der restlichen Welt Patiententötungen durch Pflegende.[14] Der Fall Lainz wird analysiert, um die Probleme des Pflegesektors aufzuzeigen, die auch mehr als 25 Jahre danach nicht von der Hand zu weisen sind. Wir glauben, dass besonders aus vergangenen Geschehnissen gelernt werden kann. Die vollständig durchgeführte Einsichtnahme in die Prozessakten des vom 28. Februar bis zum 29. März 1991 am Landesgericht für Strafsachen Wien verhandelten Geschworenenverfahrens zum Fall Lainz dient dabei als Grundlage. Es wird deutlich werden, dass es meist mehrere Faktoren bzw. Umstände sind, die in ihrem Zusammenspiel eine Risikokonstellation bilden und das Entstehen der Taten begünstigen. Auch Aufdeckungsbarrieren und mögliche Frühwarnsignale werden von uns berücksichtigt.

Wenn Pflegepersonal mordet

«Ich habe Patienten Rohypnol gespritzt, und zwar habe ich zwei bis drei unverdünnte Ampullen injiziert. Mir war bewusst, dass diese Spritzen den Sterbevorgang verkürzen. Ich habe gewusst, dass diese Spritzen den Tod der Patienten herbeiführen.»
«Es ist richtig, dass mich niemals irgendein Patient ausdrücklich ersuchte, ihm Sterbehilfe zu leisten. Es ist höchstens vorgekommen, dass Patienten äußerten, dass sie nicht mehr leben wollen.»
«Es ist richtig, dass ich an Patienten in schlechtem Zustand Mundpflege in der Weise durchführte, dass ich ihnen Wasser so einflößte, dass es über die Luftröhre in die Lunge geriet und sie in der Folge erstickten. Ich habe gewusst, dass die Patienten durch das Einflößen des Wassers ersticken werden. Ich wollte durch meine Vorgangsweise erreichen, dass sie möglichst bald sterben.»[15]

Unter Patiententötung verstehen wir das aktive Beenden des Lebens von Patienten bzw. pflegebedürftigen Personen durch Mitarbeiter aus dem Gesundheitsbereich, also Angehörige helfender Berufe. Die Tötungen erfolgen, ohne dass der Betroffene um Sterbehilfe ersucht hat.[18] Der Mediziner Klaus Dörner und der Unternehmensberater Claudio Kürten, der querschnittsgelähmt ist und in einem Rollstuhl sitzt, bezeichneten diese Taten zu Recht als sogenannten GAU, sprich als den größten anzunehmenden Unfall, innerhalb der pflegerischen Versorgung.[58]

Patiententötungen stellen einen Tabubruch dar – in mehrfacher Hinsicht: Durch die Taten wird gegen das allgemeine Tötungsverbot, Grundlage des menschlichen Zusammenlebens, verstoßen. Die Tötungen erfolgen an besonders schutzwürdigen Orten. Zusätzlich werden sie von einer Personengruppe ausgeführt, deren berufliche und moralische Verpflichtung die Hilfe und Unterstützung anderer Menschen ist. Das bestehende Abhängigkeitsverhältnis wird ausgenutzt, das seitens der Opfer entgegengebrachte Vertrauen missbraucht.[20] Der Gerichtspsychologe Herbert Maisch, der sich ausführlich mit Patiententötungen auseinandergesetzt hat, trifft den Nagel auf den Kopf, indem er dazu einen Staatsanwalt zitiert, der in ein durch Patiententötungen ausgelöstes Gerichtsverfahren involviert war: «Zu groß ist die Diskrepanz, der Widerspruch zwischen solchen Taten und der lebensbewahrenden Fürsorge eben solcher Schwestern und Pfleger, die nun plötzlich Täter sein sollen, schwer fassbar, dass das vielleicht letzte gewaltfreie Reservat unserer Gesellschaft, das Krankenhaus, zum Tatort von Tötungsverbrechen geworden sein soll.»[23] Solche Delikte stehen außerhalb jeder menschlichen Vorstellung und Erwartung. Nachvollziehbar sind deshalb die Reaktionen auf die ans Tageslicht kommenden Fälle von Patiententötungen innerhalb der Bevölkerung: Schock, Ungläubigkeit und große Betroffenheit. Mit derartigen Taten, durch diese Personengruppe, an solchen Opfern und an diesen örtlichen Gegebenheiten, wird nicht gerechnet.[20, 23]

Grundsätzlich ist davon auszugehen, dass Tötungsdelikte gemeldet werden, sobald jemand Kenntnis von ihnen erlangt oder zum Zeugen dieser Taten wird. Die Gefahr, dass sie im Dunkeln bleiben, besteht besonders dann, wenn bei der Leichenschau eine natürliche Todesursache bescheinigt wird, obwohl eine Fremdtötung vorliegt. Die Leichenschau hat direkt nach dem Tod eines Menschen durch einen Arzt zu erfolgen. Leider ist festzustellen, dass diese nicht immer sorgfältig genug durchgeführt wird; besonders auf eine Entkleidung des Leichnams wird vielfach verzichtet. Stichprobenmäßige Untersuchungen ergaben unzutreffend vermerkte Todesursachen. Grundsätzlich dürfen wir aber dennoch hoffen, dass Mängel bei der Leichenschau nicht die Regel sind. In Deutschland ist die Obduktionsrate, verglichen mit anderen Ländern international, sehr niedrig. Hoch hingegen ist die Zahl der Exhumierungen. Dies lässt vermuten, dass Tötungsdelikte durchaus nicht von vornherein erkannt werden. Eine Exhumierung wird nämlich nur dann angeordnet, wenn zu einem späteren Zeitpunkt, unabhängig von der vermerkten Todesursache, Umstände aufkommen, die einen Verdacht auf Mord entstehen lassen. Die Aufklärung kann in diesen Fällen mitunter schwierig sein, weil Substanzen häufig nicht mehr nachgewiesen werden können, etwa bei Vergiftungen durch Medikamente.[59] Es gibt vorsichtige Schätzungen, wonach auf jede ans Tageslicht gekommene, somit aufgedeckte vorsätzliche Tötung bis zu zwei Tötungen kommen sollen, die unentdeckt bleiben; teilweise wird eine noch höhere Dunkelziffer vermutet (bis zu 1 : 7).[16]

Bei den Tötungsdelikten im Gesundheitssektor soll die Dunkelziffer am höchsten sein; genaue Zahlen gibt es dazu aber nicht.[60] Jedenfalls müssen wir davon ausgehen, dass viele Patiententötungen im Verborgenen bleiben. Die Gruppe jener Fälle, die tatsächlich ein Gerichtsverfahren nach sich ziehen, ist im Vergleich dazu verhältnismäßig klein.[23, 61]

Gewalttaten beschäftigen die Menschen seit jeher. Bis zum Jahr 2005 war ein stetiger Anstieg registrierter Gewalttaten, wozu auch Tötungsdelikte zählen, in der polizeilichen Kriminalstatistik zu verzeichnen. Ausschlaggebend für diesen Anstieg waren einerseits die tatsächliche Zunahme von Gewaltstraftaten, andererseits auch der Umstand, dass Gewalt innerhalb der Gesellschaft zunehmend nicht mehr akzeptiert wird und die Anzeigenbereitschaft der Menschen gestiegen ist. Seit 2005 geht die Zahl registrierter Gewaltdelikte minimal zurück.[59, 62] In dem 2007 erschienenen Buch «Rückfälligkeit und kriminelle Karrieren von Gewalttätern» analysierte der Göttinger Kriminologe Stefan Harrendorf insgesamt 950 000 Personen, 75 000 davon waren Gewalttäter. Herangezogen wurden alle Personen, die im Bezugsjahr (1994) wegen einer relevanten Bezugsentscheidung (Entlassung oder Sanktionierung) im Bundeszentralregister eingetragen waren. Harrendorf bezog in seine Untersuchungen jene Straftaten mit ein, bei denen Gewalt eine notwendige Bedingung ihrer Verwirklichung darstellte. Aus der Analyse der untersuchten Fälle erarbeitete er eine Typologie krimineller Karrieren. Harrendorf unterscheidet bei den Gewalttätern sechs Verlaufsformen: «Es sind dies der Einmaltäter, der Gelegenheitstäter, Einsteiger, Aussteiger und spezifische und sonstige Serientäter.» Der Serientäter ist eine Person, die zusätzlich zur Bezugstat mindestens eine weitere Vor- und Folgeeintragung mit einem Gewaltdelikt aufweist. Beim spezifischen Serientäter ist die weitere Vor- und Folgeeintragung zusätzlich zur Bezugsentscheidung ein Delikt aus derselben Deliktsgruppe. Ist das nicht der Fall, ist der Täter ein sonstiger Serientäter.[59]

Was die Geschlechterverteilung unter den Gewalttätern betrifft, ist der Anteil der Männer höher als jener der Frauen. Ein Grund dafür dürfte die unterschiedliche Sozialisation sein – Gewalt wird überwiegend als ein männliches Phänomen gesehen und «passt» zumindest nicht zum klassischen Frauenbild. Empirische Untersuchungen zeigten, dass die überwiegende Anzahl von Tötungsdelikten im sozialen Nahbereich erfolgt; somit mehrheitlich Konflikte oder Auseinandersetzungen Anlass für die Tötungen sind bzw. diesen Taten vorausgehen. Mögliche Motive für das Handeln der Täter sind Eifersucht, Wut, Rache, der Drang nach sexueller Befriedigung oder finanzieller Bereicherung.[25, 59]

Diese Beweggründe finden sich bei Patiententötungen, die häufig Serientötungen darstellen, nicht. Die Täter serieller Patiententötungen begründen ihr Handeln oft ideologisch: «Ich habe aus Mitleid getötet.»[63] Bei näherer Betrachtung wird deutlich, dass es sich nicht um wirkliches Mitleid handelt, im Sinne eines Mitleidens mit dem Leid des anderen. Vielmehr ist es laut Beine die Unfähigkeit der Täter, das Leiden der Patienten zu ertragen – dazu an späterer Stelle noch mehr.[20] In nachvollziehbarer Weise bezeichnete Herbert Maisch (1997) Patiententötungen daher «als ein neues kriminologisches Phänomen und eine neue Form unter den Tötungsdelikten».[23] Der Tatbestand der Tötung von pflegebedürftigen Menschen weist im Vergleich zu anderen Tötungsdelikten gewisse «Besonderheiten» auf, wie sich am Beispiel des Pflegeskandals von Lainz und anderer Fälle von Patiententötungen zeigen wird.

Bevor wir auf diese Spezifika im Detail eingehen, geben wir einen kurzen Rückblick zum Fall Lainz.[17]

Der Pflegeskandal von Lainz – ein Rückblick

«Wo die Traudl is, wird kräftig gsturbn – Der Massenmord auf der Altenstation im Wiener Krankenhaus Lainz»[64]
«Primaballerina unter Mordopfern von Lainz!»[65]
«Der Tod auf Station D – Dem Entsetzen im Wiener Skandal folgt die Frage nach den Motiven»[66]
«Nie geplaudert – Die Probleme auf Station D»[67]
«Killing of 49 patients by 4 nurse's aides stuns the Austrians»[68]

Die Zeitungsmeldungen aus dem Frühling 1989 berichteten kaum von etwas anderem. Der Pflegeskandal von Lainz, der bis in das Jahr 1983 zurückreichte, war in aller Munde und ging um die ganze Welt. Im damaligen Wiener Krankenhaus Lainz, das später aufgrund der Ereignisse in Krankenhaus Hietzing unbenannt wurde, wurden durch vier Stationsgehilfinnen Patienten getötet. Die Tatzeiträume erstreckten sich in einigen Fällen über mehrere Jahre. Die Täterinnen agierten teils im Alleingang, teils im Zusammenwirken. Ein noch nie da gewesenes Ausmaß des Geschehens und die besondere Grausamkeit der Taten lösten eine enorme Bestürzung in der Bevölkerung aus. Von den Medien wurde der Pflegeskandal von Lainz mit all seinen fürchterlichen Einzelheiten, die nach und nach bekannt wurden, hinlänglich breitgewalzt. Bis heute ist Lainz vielen ein Begriff und hat als einer der größten Fälle von Patiententötungen der Nachkriegszeit traurige Geschichte geschrieben.[69]

Viele Jahre nach dem Skandal von Lainz wurden die Ereignisse vom österreichischen Regisseur Peter Kern verfilmt. Unter dem Titel «Die Mörderschwestern» behandelte Kern die Geschehnisse in Lainz, allerdings nicht gerade in authentischer Weise. Der Zuschauer wird bei ihm gleichsam zum «Täter», indem er per Telefon «abstimmen» kann, wie es weitergeht im Film bzw. welche Figur als Nächstes sterben soll. Mit dieser makabren Idee handelte sich Peter Kern weitgehend Kritik ein. Er selbst meinte zum Film, dass es ihm weniger um den Skandal von Lainz gegangen sei, sondern vielmehr darum, dem Publikum einen Spiegel vorzuhalten und den menschlichen Drang nach Gewalt zu beleuchten.[70]

Alles begann im Frühling des Jahres 1988:

«Bitte sofort dem Staatsanwalt vorlegen …
Am 19.04.1988 um 15:30 Uhr verstarb die Patientin Anna U. Seitens des Spitals wurde festgestellt, dass sich in ihrem Blut eine Substanz befindet, welche auch im Medikament Rohypnol[18] enthalten ist. Weiterhin wurde festgestellt, dass sich in der Blutprobe, die am 19.04.1988 morgens routinemäßig abgenommen worden war, keine derartige Substanz befand. Es wurde auch der verstorbenen Patientin kein derartiges Medikament verordnet. Es ist auch nicht bekannt, wer der Patientin ein derartiges Medikament verabreicht oder injiziert hat. Es besteht daher der Verdacht, dass hinsichtlich des Todes der Anna U. Fremdverschulden vorliegt, weshalb um dringende Anordnung der Vornahme der gerichtlichen Obduktion der Leiche gebeten wird.»[19]

Mit dieser Meldung der Bundespolizeidirektion Wien an die Staatsanwaltschaft Wien kam der Stein im Fall Lainz ins Rollen. An der I. Medizinischen Abteilung des Krankenhauses Lainz war aufgrund vorerst unklarer Todesursache am 19. April 1988 die Patientin Anna U. verstorben. Die nach ihrem Tod durchgeführten Blutuntersuchungen ließen auf eine Medikamentenintoxikation schließen. Auffallend war zusätzlich, dass sich bei Anna U. die gleichen Symptome zeigten, die in der Vergangenheit bereits bei anderen verstorbenen Patienten aufgetreten waren und deren Tod ebenfalls medizinisch ungeklärt geblieben war. Ein mögliches Fremdverschulden durch medikamentösen Einfluss war nicht auszuschließen. Zudem lag die Vermutung nahe, dass auch die

Vorfälle in der Vergangenheit damit in Verbindung standen. Um Klarheit zu schaffen, wurde vom damaligen ärztlichen Abteilungsvorstand des Krankenhauses Lainz ein Antrag auf gerichtsmedizinische Leichenöffnung gestellt.

Etwa zur selben Zeit äußerte eine Krankenpflegerin gegenüber der Ärzteschaft den Verdacht, dass Pflegepersonal der I. Medizinischen Abteilung im Krankenhaus Lainz zur Ruhigstellung von Patienten Rohypnol durch Spritzen verabreichen würde. Die bei der Patientin Anna U. veranlasste Obduktion sollte auch dahingehend Klarheit schaffen, ob zwischen der vermuteten Verabreichung von Rohypnol und ihrem Tod ein ursächlicher Zusammenhang bestand. Die gerichtliche Obduktion der Leiche ergab jedoch keinen Hinweis auf eine unerlaubte Arzneimittelapplikation. Im neuropathologischen Befund wurde ein Tod mit natürlicher Ursache, nämlich infolge einer Lungenembolie, dokumentiert. Ein Verschulden von Seiten der Ärzte oder des Pflegepersonals am Tod der Patientin konnte durch die gerichtsmedizinische Obduktion nicht nachgewiesen, mithin ein Fremdverschulden nicht bestätigt werden. Vorerst herrschte große Erleichterung in Lainz. Dennoch entschied man sich, gewisse Vorsichtsmaßnahmen beizubehalten. So sei, laut Aussage des ärztlichen Abteilungsvorstandes, der eingeweihte Kreis des Personals dazu verpflichtet worden, in Verdachtsfällen Blutuntersuchungen auf Benzodiazepine und andere Substanzen, die in Beruhigungsmitteln, wie etwa Rohypnol, enthalten sind, durchzuführen. Zusätzlich sei in Fällen von plötzlicher, unerklärlicher Verschlechterung des Zustandes von Patienten sicherheitshalber angeordnet worden, auch das Medikament Anexate[20] als Gegenmittel zu Rohypnol zu spritzen.

Das Ermittlungs- und Hauptverfahren

Fast ein Jahr nach dem Tod der Anna U. trat bei einem Patienten der I. Medizinischen Abteilung eine unerklärliche Hypoglykämie[21] auf. Etwa zwei Wochen später wiederholte sich ein solcher

Vorfall bei einem weiteren Patienten. Die Ergebnisse der Blutuntersuchungen legten den Verdacht einer exogenen Insulinzufuhr nahe. Dies veranlasste den ärztlichen Abteilungsvorstand schließlich am 5. April 1989 zu einer Strafanzeige. Der Polizei gegenüber erzählte der Vorstand, dass bereits seit etwa einem Jahr der Verdacht im Raum stünde, Pflegepersonal würde den Patienten nicht verordnete Medikamente verabreichen.

Das Pflegepersonal, welches Dienst hatte bzw. sich 24 Stunden vorher und/oder nachher im Dienst befand, wurde ausfindig gemacht. So kam es schließlich zu den ersten Vernehmungen der vier später rechtskräftig verurteilten Täterinnen durch Beamte der Bundespolizeidirektion Wien. Laut Aussagen der vernehmenden Polizisten sei Stefanija M. als Erste vernommen worden. Sie habe bereits auf der Fahrt zum Revier von der sogenannten «Mundpflege» gesprochen, womit die Polizisten zu diesem Zeitpunkt noch nichts anzufangen wussten. Da Stefanija M. in ihrer Aussage Waltraud W. beschuldigt hatte, wurde diese als Zweite befragt. Waltraud W. wiederum belastete die Stationsgehilfinnen Maria G. und Irene L., die in der Folge ebenfalls vernommen wurden. Am 7. April 1989, nach ersten Vernehmungen der Beschuldigten und Zeugen, wie Pflegepersonal, Ärzte etc., wurden schließlich Haftbefehle gegen die bis zu diesem Zeitpunkt unbescholtenen Stationsgehilfinnen Waltraud W., Irene L., Maria G. und Stefanija M. erlassen. Zahlreiche Zeugen- und Beschuldigtenvernehmungen, die Einholung unterschiedlichster Sachverständigengutachten, diverse Leichenöffnungen samt den notwendigen Untersuchungen mündeten schließlich am 5. September 1990 in die Anklageerhebung durch die Staatsanwaltschaft Wien. Die Anklageschrift umfasste knapp 90 Seiten und lastete allen vier Frauen den Mord bzw. den versuchten Mord an mehreren Patienten über verschieden lange Tatzeiträume an.

Am 28. Februar 1991 wurde unter großem Medieninteresse mit der ersten Hauptverhandlung das Geschworenenverfahren am Landesgericht für Strafsachen Wien gegen die vier Stationsgehilfinnen eröffnet. Nach 18 intensiven Verhandlungstagen wurde schließlich am 29. März 1991 das erstinstanzliche, mehr als 100 Seiten umfassende Urteil des Geschworenengerichts verkündet. Waltraud W. wurde vom Gericht für die Verbrechen des Mordes an 15 Personen, des versuchten Mordes an 16 Personen, der Beihilfe zum versuchten Mord an einer Person und der absichtlichen, schweren Körperverletzung an zwei Personen für schuldig gesprochen und erhielt eine lebenslange Freiheitsstrafe. Irene L. bekam ebenfalls für die Verbrechen des Mordes an drei Personen, der Beihilfe zum Mord an zwei Personen und des Beitrags zum versuchten Mord an zwei weiteren Personen die Höchststrafe. Maria G. wurde des versuchten Mordes an zwei Personen für schuldig befunden und zu einer 15-jährigen Freiheitsstrafe verurteilt. Stefanija M. schließlich erhielt für die Verbrechen des versuchten Mordes an sieben Personen und das Vergehen der fahrlässigen Tötung einer weiteren Person eine 20-jährige Freiheitsstrafe. Lediglich die Berufung von Maria G. hatte Erfolg; ihre Freiheitsstrafe wurde durch den Obersten Gerichtshof von 15 auf 12 Jahre herabgesetzt.

Seitens des Gerichtes wurde bei der Strafbemessung der bisherige ordentliche Lebenswandel, sprich das Nichtvorliegen von Vorstrafen bei allen vier Täterinnen, als mildernd beurteilt. Zugutegehalten wurden den Täterinnen auch ihre – trotz des teilweisen Widerrufs ihrer Aussagen in späteren Vernehmungen – doch weitreichenden Geständnisse, die zur Aufklärung der Straftaten beigetragen haben. Als mildernd wurde den vier Frauen auch der Umstand beigemessen, dass es teilweise beim Versuch der Taten geblieben war. Zudem sei die Arbeit unter schwierigen Bedingungen zu bewältigen gewesen. Die Häufigkeit der Taten, die sehr langen Tatzeiträume, die besondere Grausamkeit der Tötungen, speziell im Fall der «Mundpflege», sowie der Missbrauch des besonderen Vertrauensverhältnisses wurden bei der Strafbemessung hingegen als erschwerend gewertet.

Im Zuge des Gerichtsverfahrens wurde versucht, alle Opfer

ausfindig zu machen, die Leichen zu exhumieren und gerichtsmedizinisch zu untersuchen. Bei diesen Analysen waren in einigen Fällen eindeutig ein Erstickungstod oder auch Reste von Rohypnol, Valium, Dominal oder Insulin nachzuweisen. In diesen Fällen haben sich die Sachverständigen auch klar dahingehend geäußert, dass die Verabreichung dieser Substanzen für den Tod mitursächlich war bzw. ein Erstickungstod als Folge der «Mundpflege» zu einer Lebensverkürzung der Betroffenen beigetragen hat. Bei manchen der Verstorbenen war eine Leichenöffnung und nachträgliche Obduktion aufgrund von erfolgten Feuerbestattungen nicht mehr möglich. In anderen Fällen lagen die Tatzeiträume Jahre zurück. Die unzulässige Verabreichung von Medikamenten konnte demnach nicht eindeutig festgestellt bzw. keine entsprechenden Abbauprodukte der Substanzen nachgewiesen werden. Trotz dieser Umstände (vielfach sehr lange Liegezeiten der Leichen und der daraus resultierenden negativen Befunde) stellten die Sachverständigen klar, dass dies kein Grund dafür sein muss, auszuschließen, dass nicht doch Substanzen wie Rohypnol, Valium, Dominal oder Insulin verabreicht worden waren. Auch bei den vermuteten Patiententötungen durch die sogenannte «Mundpflege» hatten die Sachverständigen vielfach Schwierigkeiten, eindeutig festzustellen, ob der entsprechende Patient tatsächlich wegen dieser Handlung gestorben war oder ob ein natürliches Ableben vorliegt. In einigen Fällen konnte aber festgestellt werden, dass sich die Verstorbenen in einem solch schlechten Zustand befanden, dass sie einer «Mundpflege» nicht standgehalten hätten. Die tatsächliche Zahl der vermuteten Opfer dürfte vermutlich weitaus höher gewesen sein als die vom Gericht den Täterinnen eindeutig nachgewiesenen Fälle.[20]

Waltraud W. und Irene L. kamen im August 2008 nach über 19 Jahren Haft auf Bewährung frei. Maria G. und Stefanija M. waren bereits zu einem früheren Zeitpunkt aus dem Gefängnis entlassen worden. Angeblich sollen alle vier Frauen unter einem anderen Namen ein neues Leben begonnen haben.[71]

Analyse des Tathergangs

Tatort: Pavillon V der I. Medizinischen Abteilung – Strukturelle Gegebenheiten

Tatort war die I. Medizinische Abteilung, die im Pavillon V untergebracht war. Da das Gebäude im Jahr 1987 umgebaut wurde, veränderten sich die Gegebenheiten des Tatorts. Vor dem Umbau waren die Patienten in großen Krankensälen untergebracht, meist mit je 28 Patienten belegt. Der Umbau ersetzte die Säle durch modern eingerichtete, kleinere Krankenzimmer. Die I. Medizinische Abteilung gliederte sich nach den Umbauarbeiten in vier Stationen (A-D) und eine Überwachungsstation, wobei es sich hier um keine Intensivstation handelte. Die Mehrzahl der Tötungen erfolgte im alten Gebäude, also vor dem Umbau; nach den Umbauarbeiten auf der Station D. In der Abteilung D waren besonders pflegeintensive Patienten untergebracht, die sich in einem äußerst schlechten Gesundheitszustand befanden. Zudem waren die dortigen Patienten, verglichen mit anderen Krankenanstalten, sehr alt. So lag etwa für das Jahr 1988 der Anteil der über 75-Jährigen bei 44,9 Prozent. Eine logische Konsequenz aus diesem Umstand war die sehr hohe Ablebensrate. «Der Zustand der Patienten auf der Station D war schlecht. Es hat Tage gegeben, an denen zwei bis drei Patienten verstarben. Meiner Erinnerung nach würde ich den längsten Zeitraum, in dem keine Todesfälle eintraten, mit etwa zwei Wochen schätzen. Solche Perioden ohne Todesfälle waren aber eher selten.»[22] Es herrschte eine ständige Überbelegung der Betten. «Es war wie in einem Kriegslazarett. Es ist mir aus Erzählungen bekannt, dass man das Krankenhaus Lainz zum damaligen Zeitpunkt nicht sperren konnte, d. h., wenn die Rettung gerufen wird und es sind alle Krankenhäuser voll belegt, konnten die Rettungen weiterhin nach Lainz fahren.»[23] Gangbetten waren nichts Ungewöhnliches. Die Kennziffer für die Auslastung der Betten lag 1983 noch bei 93,9 Prozent, 1988 schon bei 95,4 Prozent und 1989 sogar bei 103,1 Prozent. Das Verhältnis zwischen Krankenbetten und Pflegepersonal belief sich vor dem Umbau auf 201 Betten mit 63 Posten für Pflegepersonen und nach dem Umbau auf 95 Betten bei gleich gebliebenem Personalstand. Das Verhältnis von 63 Pflegenden zu 95 Krankenbetten wurde zwar als ausreichend angesehen, jedoch durch die ungünstige Verteilung von diplomiertem und nicht diplomiertem Personal wieder relativiert. Laut Aussage einer Schwester habe sich die Abteilung nach dem Umbau stark verändert. Es sei zwar vorher weniger sauber und nicht so schön gewesen, aber die Kollegialität und die Zusammenarbeit wären besser gewesen. Der Betrieb sei zudem nach dem Umbau hektischer geworden. Falls etwas nicht gleich funktionierte, sei es sofort zu einer gereizten Stimmung im Team gekommen.

Pflegedienst

Beim Pflegepersonal wurden zwei Gruppen unterschieden: die diplomierten Krankenschwestern bzw. Krankenpfleger und die Gruppe der Sanitätshilfsdienste, zu der auch die Stationsgehilfen bzw. Stationsgehilfinnen zählten. Erstere mussten je nach Fachbereich eine unterschiedlich lange Ausbildung absolvieren. Die Ausbildung zu den Sanitätshilfsdiensten erforderte den Abschluss verschiedener Kurse (mindestens 130 und höchstens 200 Unterrichtsstunden) und befähigte lediglich zur Vornahme einfacher Hilfsdienste, beispielsweise der täglichen Körperpflege. Die Pflege und Betreuung nach den ärztlichen Anweisungen oblag somit im Wesentlichen dem diplomierten Personal, während die einfachen Pflegetätigkeiten zu den Aufgaben der geprüften Stationsgehilfen zählten.[24]

In Lainz wurde bei den Pflegediensten zwischen Haupt-, Bei- und Nachtdienst unterschieden, die in einem sogenannten «Fünferradl», fast immer in gleicher Besetzung, tätig wurden: Die Aufgabe des Beidienstes war es, den Hauptdienst zu unterstützen. Am ersten Tag startete die Gruppe mit dem Beidienst (7 Uhr bis

17 Uhr). Am zweiten Tag hatte die gleiche Gruppe Hauptdienst (6:45 Uhr bis 19 Uhr) und am dritten Tag Nachtdienst (18:45 Uhr bis 7 Uhr). Der vierte und fünfte Tag waren frei. Zusätzlich zu den sogenannten Rädern gab es noch Stationsschwestern und anderes Pflegepersonal, die nur Tagdienste hatten. Für die Nacht, sprich von 19:00 Uhr bis 6:45 Uhr, waren acht Pflegepersonen im Dienst, meist für 95 Patienten.

Grundsätzlich hätte bei jeder Diensteinteilung eine diplomierte Schwester vertreten sein müssen. Dennoch entstanden Einteilungsgruppen, in denen sich keine Diplomkrankenschwester befand. Dies wurde mit Personalknappheit erklärt und war allgemein bekannt; selbst die verantwortlichen Stellen wussten Bescheid. Laut Aussagen von verschiedenen Seiten wäre der Krankenhausbetrieb ohne die Heranziehung von Hilfspersonal gar nicht aufrechtzuerhalten gewesen – «... da hätten wir ja zusperren müssen.»[25] Veränderungen seien mehrmals beim Krankenhausträger angeregt worden, jedoch ohne Erfolg. Fakt ist, dass in Bezug auf die praktischen Tätigkeiten folglich kaum zwischen den beiden Gruppen von Pflegenden unterschieden wurde. So kam es dazu, dass auch nicht diplomiertes Personal Injektionen verabreichte, obwohl es grundsätzlich keine Kompetenz dazu hatte und dies nach damals herrschendem österreichischem Recht auch nicht hätte tun dürfen. Auch die vier Täterinnen, allesamt Stationsgehilfinnen, übernahmen Aufgaben, die eigentlich in den Kompetenz- und Zuständigkeitsbereich von diplomiertem Personal gefallen wären. Unter vielen Pflegenden war das Gefühl verbreitet, dass man beliebter war bei den Ärzten, wenn man selbst die Spritzen verabreichte. Dies wurde seitens der Ärzte jedoch dementiert, selbst von einer Schwester: «... es wäre sicher akzeptiert worden, wenn eine Schwester es abgelehnt hätte, eine Injektion zu spritzen.»[26]

Das Verhältnis zwischen diplomiertem und nicht diplomiertem Personal war von Spannungen und Differenzen geprägt. Vielfach hatten die Stationsgehilfinnen das Gefühl, weniger wert zu sein.

Laut mehrfacher Aussagen wären diese daher bemüht gewesen, sich die Qualifikationsunterschiede nicht anmerken zu lassen. Der Umgangston zwischen dem Pflegedienst untereinander (sprich diplomiertes und nicht diplomiertes Personal) wurde überwiegend als kollegial und nett beschrieben. Der Kontakt zu den Ärzten lief über die Oberschwester. Diese hatte zwar keine organisierten Besprechungen mit den Pflegenden, hielt aber mehr oder weniger regelmäßig Gesprächskontakt. Die Oberschwester scheint motiviert gewesen zu sein, Verbesserungen herbeizuführen: «Ich wollte mit den Schwestern mehr, wie soll ich sagen, ich wollte sie besser motivieren, ich wollte mehr auf die Pflege wieder zurückkommen, weil das ja eigentlich unser Beruf ist, ich wollte, dass man eben die Dienstübergaben, die Teamgespräche fördert, dann Supervision wollte ich einführen und so Sachen halt.»[27] Solche Versuche seien überwiegend ohne Erfolg geblieben und bei den anderen Angestellten und Ärzten auf wenig Begeisterung gestoßen – so die Oberschwester in ihrer Aussage.

Ärztlicher Dienst

Für jede Station war ein Arzt verantwortlich, dessen reguläre Dienstzeit Montag bis Freitag, jeweils von 8 bis 13 Uhr betrug. Zusätzlich musste jeder Arzt einmal in der Woche einen Nachtdienst übernehmen, beginnend um 13 Uhr mittags bis zum nächsten Tag um 10 Uhr. Nach 13 Uhr und für die Nacht standen dann meist ein Oberarzt und zwei Sekundarärzte zur Verfügung. Den Aussagen Pflegender zufolge sei es jedoch relativ oft vorgekommen, dass in der Nacht nicht einer der anwesenden Ärzte die Berechtigung zur selbständigen Ausübung des Berufes hatte.

Das Verhältnis zwischen Ärzten und Pflegepersonal wurde von der Mehrheit als distanziert beschrieben. Persönliche Gespräche seien sehr selten vorgekommen. Seitens des Oberarztes habe ein täglicher Gesprächskontakt zur Oberschwester stattgefunden. Von einem intensiven Kontakt und einem gegenseitigen Vertrauen zwischen Ärzten und Schwestern habe laut den Täterinnen und den Aussagen anderer Pflegender nicht die Rede sein können. Es sei durchaus zu spüren gewesen, dass es sich hierbei um zwei unterschiedliche Personalgruppen handelte. So meinte eine der Täterinnen, in den vielen Jahren, die sie in dieser Abteilung gearbeitet hat, habe der Vorstand der Abteilung vielleicht 30 Worte mit ihr gesprochen, aber «... ein bisserl Distanz zwischen den Ärzten und den Schwestern sollte auch sein».[28]

Gelegenheit für Zusammenkünfte der Ärzte mit dem Pflegepersonal boten primär die Visiten; andere regelmäßige Besprechungen zwischen Ärzten und Stationsschwestern habe es entweder gar nicht oder nur in geringem Ausmaß gegeben. Manche Ärzte versuchten Besprechungen durchzuführen, die Regel waren derartige Unterredungen aber nicht. Die Ärzte seien, so wurde von mehreren Pflegenden geschildert, an einer aktiven Mitarbeit der Pflegenden auf medizinischem Gebiet nicht interessiert gewesen. So gab eine der Täterinnen etwa an, dass von den Ärzten keine Hilfe zu erwarten gewesen sei. Diese seien immer nur kurz da gewesen und hätten nicht viel erklärt. Manchmal habe man sich selbst durch Durchlesen des Beipackzettels über die entsprechende Wirkung eines Medikamentes informiert. Auch über den Grund von Untersuchungen oder die vorgeschriebenen Therapien sei mit den Schwestern wenig geredet worden. Die Pflegenden schilderten, dass man sich in seiner täglichen Arbeit im Stich gelassen gefühlt habe. Oft seien die Ärzte stundenlang nicht gekommen, und das Pflegepersonal hätte für die schreienden, verwirrten und sich vor Schmerzen krümmenden Patienten eigentlich nichts tun können.

Arbeitsumfeld

Laut Aussage einer Täterin sei es «im Flüchtlingsheim Traiskirchen, in dem sie als Kind einmal war, ähnlich verschlampt gewesen wie auf der Station».[29] Eine andere erzählte, dass sie im Vorhinein nicht gewusst habe, was das auf dieser Abteilung für ein Horror sei. Das Arbeitsklima sei an und für sich nicht gut gewesen. Alle Aussagen Pflegender in den Akten bestätigten die ständige Überarbeitung: «… wir waren arbeitsmäßig sehr überlastet. Wir sind oft nicht zum Essen gekommen, oft konnten wir nur mit Mühe aufs Klo gehen. Es war Aufnahme, Entlassung und Exitus, ununterbrochen …»[30] Nie habe man ein Lob gehört, keiner habe sich wirklich gekümmert, es habe nur immer alles geschehen müssen. Die Betten waren ständig überbelegt. Die damit zusammenhängende vermehrte körperliche Arbeit und ein jahrelanger Personalnotstand machten es schwer, die Motivation des Pflegepersonals auf Dauer aufrechtzuerhalten. Dem ärztlichen Abteilungsvorstand wurde unterstellt, er habe aus der Station eine Glanzstation machen wollen. Waltraud W. meinte dazu: «Die kleinen Leute, wie wir, die waren für ihn überhaupt nicht da. Da waren dann im Nachtdienst und Tagdienst nur zwei Schwestern anwesend. 35 Patienten – alle waschen, reinigen, füttern, aufräumen. Das war ein Horror. Das war einfach zu viel.»[31] Alle hätten sich beschwert, geholfen hätte es nichts – sie wären nur auf taube Ohren gestoßen. Jegliche Unterstützungs- und Entlastungsangebote für das Pflegepersonal, um mit den Patienten und Krankheiten besser umgehen zu können, hätten gefehlt. Supervisionen, sprich Gespräche mit Psychologen für die bessere Bewältigung und Verarbeitung von Problemen, hätte es ebenfalls nicht gegeben. Den Aussagen der meisten Schwestern zufolge habe auch im Team lediglich ein mangelhafter bis gar kein Austausch stattgefunden. Diese Umstände führten dazu, dass dem Pflegepersonal wenige Möglichkeiten blieben, über die täglichen Belastungen zu reden oder sich über eigene Erfahrungen und Befindlichkeiten mit anderen auszutauschen. Erkrankte eine Kollegin, gab es faktisch gar keine freie Zeit mehr, weil nun auch deren Dienst mitübernommen werden musste. Eine Meldung an die Personalvertretung hätte, laut Aussagen der Täterinnen, aber auch anderer Schwestern, sowieso keinen Sinn gehabt. Dies hätte nur den Unmut der anderen Schwestern und der Oberschwester bedeutet. Darüber hinaus hätte man auch bei der Diensteinteilung negative Auswirkungen erwarten müssen. Was das Arbeitspensum der Täterinnen betrifft, waren jedoch bei keiner der vier Frauen mehr Überstunden, Nachtdienste und Krankenstände oder auch mehr Urlaub dokumentiert als bei anderen Pflegenden. Trotz der häufigen Todesfälle und der ständigen Konfrontation mit dem Tod habe auch keine Stimmung pro Sterbehilfe geherrscht.

Der Arbeitsalltag in Lainz war somit durch mehrere belastende Umstände gekennzeichnet, die in keinerlei Weise eine Rechtfertigung für die Taten darstellen sollen. In ihrer Gesamtheit haben diese jedoch, im Zusammenspiel mit anderen Faktoren, sicherlich zu einem Klima beigetragen, durch das die Entstehung der Taten begünstigt wurde.

Pflegealltag

Dem Ombudsmann wurde von pflegerischen Missständen auf der Station berichtet. So wurde beispielsweise bemängelt, dass einige Patienten zu wenig zu trinken oder zu essen bekämen, zu wenige Mobilisierungsversuche gestartet würden, es zum Abstecken von Bettklingeln, zu Ungereimtheiten bei der Dokumentation der Fieberkurve und Ähnlichem käme. Auch von anderen Nachlässigkeiten in der Patientenpflege war die Rede, wie unzureichende Körperpflege, zu wenig Zuwendung dem Patienten gegenüber, fehlerhafte Lagerung, mangelhafte Durchführung von Therapien, zu wenig saubere Wäsche, ein zu langes Liegenlassen der Patienten im Kot etc. Besonders irritierte eine Pflegende, dass die Patienten das Essen im Bett einnahmen. Laut mehrfacher Aussagen seien Bemühungen der einen Schwester vielfach durch die mangelhafte Pflege einer anderen Schwester zunichtegemacht worden. Die Einführung der sogenannten Pflegedokumentation[32] sei zwar diskutiert, letztlich aber nicht implementiert worden, trotz der dahingehenden Bemühungen der Oberschwester, die in ihrer Aussage meinte: «Die Pflegedokumentation wollte ich auch, aber das kann man nicht von heute auf morgen, da braucht man Schulungen. Ich wollte die Pflege wieder bewusster machen, dafür hätte man aber eine Schulung für die Schwestern gebraucht. Das ist ja ein langwieriger Prozess.»[33] Die Arbeit des Pflegepersonals sei zudem dadurch erschwert worden, dass ärztliche Verschreibungen oft nicht lesbar gewesen seien. Häufig habe eine ärztliche Präsenz gefehlt und die Pflegenden seien auf sich allein gestellt gewesen. Viele Patienten hätten vor Schmerzen geschrien und gestöhnt, andere seien verwirrt gewesen. Wie darauf zu reagieren und mit diesen Patienten umzugehen sei, hätten die Pflegenden nicht gewusst. Nie habe es irgendwelche Schulungen oder andere Fortbildungskurse gegeben, in denen man den Umgang mit derartigen Patienten gelernt hätte. Manche Aussagen beschrieben auch die pflegerische Beziehung, sprich die Beziehung zwischen dem Patienten und dem Pflegepersonal, als mangelhaft. Vielfach habe ein rüder, barscher und unfreundlicher Umgangston geherrscht. Häufig seien Patienten bei der Pflege geduzt worden.

Handhabung von Medikamenten

Laut Aussage der Oberschwester habe jede Station ihre Medikamente in einem Schrank aufbewahrt. Teilweise seien diese Schränke unversperrt gewesen; jeder vom Personal habe Zugang gehabt. Auf manchen Stationen hatte die jeweilige Stationsschwester den Schlüssel. Das Austeilen von Spritzen erfolgte durch die diensthabende Hauptschwester. Es gab ein Medikamentenbuch. Eine Eintragung bei der Entnahme von Medikamenten war nur notwendig, wenn ein Medikament vollständig ausging. Wurde ein Medikament entnommen, das noch hinreichend vorhanden war, sei schriftlich nichts eingetragen worden. Auch Insulin sei in großer Menge im Kühlschrank gelagert worden. War ein Medikament nachzubestellen, wurde es durch die jeweilige Stationsschwester in die Nachbestellungsliste eingetragen, die von den jeweiligen Oberärzten gegengezeichnet werden musste. Im Anschluss daran wurde die Liste an den Klinikvorstand weitergegeben, der sie an die Anstaltsapotheke weiterleitete. Die Anstaltsapotheke belieferte die einzelnen Stationen. Die übermäßige

Medikamentenentnahme schien niemandem wirklich aufgefallen zu sein, obwohl im Gerichtsverfahren ein gravierender Unterschied bei der Medikamentenbestellung zwischen der I. Medizinischen Abteilung und der II. festgestellt werden konnte. Bei einem Vergleich beider Abteilungen während der Jahre 1983 bis 1987 ergab sich, dass für die I. Abteilung 2495 Ampullen Rohypnol angefordert wurden. Für die II. Abteilung, auch wenn die Struktur der dort liegenden Patienten eine andere war, für denselben Zeitraum hingegen lediglich 285 Ampullen.[20]

Einige Schwestern berichteten, dass es bei fast allen Ärzten nicht üblich gewesen sei, etwas gegen die Schmerzen zu tun. Dies sei laut Irene L. ein Grund dafür gewesen, dass die Schwestern sich eben selbständig gemacht und begonnen hätten, selbst Medikamente zu verabreichen. Irene L. meinte dem Sachverständigen gegenüber, dass dieses ewige Gejammer der Patienten nicht auszuhalten gewesen wäre. Auch Waltraud W. schilderte, dass sie es nicht verstanden habe, warum manche Ärzte nie Medikamente gegeben hätten, vor allem weil es für den Patienten dann oft zu einem stundenlangen Kampf mit dem Tod gekommen sei.[34]

Wer waren die Opfer?

«Es handelte sich in der Regel um alleinstehende Patienten oder um solche, die von ihren Angehörigen im Stich gelassen wurden. Es waren Männer und Frauen, die schon sehr alt waren oder von den Ärzten nicht mehr mit Medikamenten weiterbehandelt wurden, sozusagen als hoffnungslos aufgegeben wurden und nur mehr auf den Tod warteten.»[35]

«Die Patientin war äußerst ungut, hat uns immer beschimpft und bei jeder Gelegenheit nach uns geschlagen.»

«Die Patientin war bösartig, redete immer in befehlendem Ton und es gab einen Streit, weil sie begehrte, dass ich sie aus dem Bett heben müsse, worauf ich ihr erwiderte, ich müsse dies nicht.»[36]

Das Durchschnittsalter der Opfer in Lainz belief sich auf 81,6 Jahre. Meistens handelte es sich um mehrfach erkrankte, sprich multimorbide Patienten in überwiegend schlechtem Gesundheitszustand, aber nicht unbedingt sterbenskranke Menschen. Bei einigen Opfern wurden kurz vor der Tötung noch Mobilisierungsversuche vorgenommen, andere befanden sich auf dem Weg der Besserung und machten bei Besuchen von Angehörigen einen guten Eindruck. Auffällig war, dass die Opfer von den vier Täterinnen im Zuge ihrer ersten Vernehmungen als sogenannte «schlechte Patienten» bezeichnet wurden. Laut ihren Angaben sei ihr Tod ohnehin bald zu erwarten gewesen. Die Täterinnen bezeichneten manche der Opfer auch als «lästige» und/oder «unangenehme» Patienten. Sie verstanden darunter Patienten, die entweder sehr pflegeintensiv waren oder die den Pflegenden gegenüber ein besonders aggressives oder auch forderndes Verhalten an den Tag legten. Vor allem die Schmerzen der Patienten und die Folgen ihrer Erkrankungen (etwa Verstümmelungen, Folgen eines Schlaganfalles etc.) schienen für die Pflegenden eine enorme Belastung dargestellt zu haben. Der Zustand der meisten Patienten wurde von den Täterinnen als bemitleidenswert beschrieben. Fast alle hätten vor Schmerzen gestöhnt. Eine der Täterinnen meinte, sie habe manchmal das Gefühl gehabt, die Patienten nicht mehr aushalten zu können.[20]

Die Tötungen

> «Da hab ich einmal ein Rohypnol probiert und das ist eben leichter geworden, die haben nicht geschrien … das geht einem ja irgendwo durch und durch.»[37]
>
> «Sie zog mir die Spritze auf und ich injizierte sie dem Patienten über die Venflon, worauf dieser am nächsten Tag verstarb.»[38]

In Lainz erfolgten die Tötungen durch intravenöse Verabreichung von zwei bis drei Ampullen Rohypnol, durch intravenöse Verabreichung von Insulin (teilweise 100 Einheiten) oder in manchen Fällen durch Verabreichung von drei Ampullen des Wirkstoffes Prothipendyl. Des Weiteren wurde die sogenannte «Mundpflege» angewandt. Dabei wurde Wasser in die Atemwege eingeflößt, gleichzeitig die Zunge mit einem Spatel nach unten gedrückt. Der Tod tritt bei dieser Tötung entweder durch Ersticken ein, was sich einige Stunden hinziehen kann, oder durch einen Kehlkopfkrampf, der innerhalb von wenigen Minuten zum Tod führt. Die Sachverständigen haben im Verfahren festgestellt, dass es eher unwahrscheinlich sei, dass ein gesunder Mensch an der Aspiration von einem Viertelliter Flüssigkeit sterben würde. Darüber hinaus hätte ein gesunder Mensch in einer derartigen Situation auch mit Sicherheit massive Gegenwehr geleistet. Da es sich bei den Patienten jedoch überwiegend um nicht ansprechbare, komatöse bzw. schwer kranke und alte Personen handelte, waren sie dafür zu schwach. Auf den ersten Blick schienen die durchgeführten Tötungsmethoden normale pflegerische bzw. medizinische Handlungen zu sein.[20]

Alle vier Täterinnen konnten sich laut den Vernehmungsprotokollen und den Aussagen vor den Sachverständigen gut an ihre ersten Taten und die entsprechenden Details erinnern. Lediglich hinsichtlich des genauen Tatzeitpunktes ergaben sich Unstimmigkeiten und widersprüchliche Aussagen. Waltraud W. beobachtete ihrer Aussage zufolge im Jahr 1984 das erste Mal, wie Ärzte Rohypnol spritzten und der Patient daraufhin ruhig wurde. Diese Beobachtungen seien für sie der Anlass gewesen, auch ihrerseits zur Spritze zu greifen. Die Hemmschwelle zu weiteren Taten schien in ihrem Fall nach der Ersttat zu sinken. «Im Laufe der Zeit wurde meine Sterbehilfe schon zur Gewohnheit»,[39] äußerte sie im Verfahren. Waltraud W. verwendete die Verabreichung von Spritzen nicht nur dazu, «Sterbehilfe» zu leisten, sondern auch um Patienten auf eine andere Station verlegen zu lassen. Auf die Frage des Sachverständigen, ob Ärzte und Schwestern von ihrem Handeln gewusst hätten, gab Waltraud W. an, das nicht zu wissen. Es hätten zwar viele davon gewusst, aber alle, also die ganze Station, mit Sicherheit nicht. Auch sie selbst habe teilweise mit Kolleginnen, etwa auch mit den drei anderen Täterinnen, über ihre Taten gesprochen. Hinsichtlich der sogenannten «Mundpflege» gab Waltraud W. dem Sachverständigen gegenüber nur wortkarg und widerstrebend Auskunft: «... es stimmt nicht, dass ich es becherweise hineingeschüttet hätte ... es war ja nur ein kleines Schluckerl, es war ja nur ein kleines Schluckerl ..., sie waren ja so verschleimt.» Waltraud W. war es im Zuge ihrer Vernehmungen immer wichtig zu betonen, dass es sich bei ihren Opfern um moribunde Patienten gehandelt habe, die nur noch wenige Stunden zu leben gehabt hätten – zumindest ihrer Wahrnehmung nach. Im Laufe der Zeit habe man ihrer Ansicht nach gesehen, ob ein Patient sterbend war oder nicht. Vor allem ein starkes Stöhnen sei für sie ein Indiz für einen baldigen Tod gewesen. «Der Hauptsinn war der, wir wollten sie erlösen. Die Leute haben immer so gekämpft.»[40]

Maria G. meinte, sie habe sicherlich nur bei zwei Patienten «etwas» gemacht. Beim ersten Mal habe es sich um einen alten Mann mit entsetzlichen Schmerzen gehandelt. Sie beschrieb sein Leiden als unerträglich; er habe den ganzen Tag furchtbar geschrien und ihr besonders leid getan. Maria G. erzählte, Waltraud W. habe ihr in dieser Situation vorgeschlagen, ihm doch etwas zu spritzen. Es sei dann dazu gekommen, dass Waltraud W. Maria G. die Injektion aufgezogen habe und Maria G. diese dem Patienten, obwohl bei ihr anfangs noch Zweifel bestanden, verabreicht habe. Um welche Injektion es sich gehandelt habe, habe sich ihrer Kenntnis entzogen; auch über die genaue Wirkung von Rohypnol habe sie zu diesem Zeitpunkt nicht Bescheid gewusst. Auf alle Fälle sei der Patient daraufhin ruhiger geworden und drei Tage später verstorben. Für Maria G., so in ihren Angaben dem Sachverständigen gegenüber, habe es keinen direkten Zusammenhang zwischen der Injektion und dem Tod des Patienten gegeben. Beim zweiten Vorfall habe sie sich vorweg auf dem Beipackzettel informiert, um welches Medikament es sich handelte und wie es wirke. Dann habe sie dieses in einem ähnlichen Fall, wie beim ersten Mal, in Form einer Injektion verabreicht. Ihrer Ansicht nach könnte man die Menschen nicht so leiden lassen. Als sie nach diesem Vorfall am übernächsten Tag in den Dienst kam, teilte man ihr mit, dass der Patient in der Zwischenzeit gestorben war. Erst nach diesen beiden Ereignissen habe sie durch Erzählungen von der «Mundpflege» der Waltraud W. erfahren. Auch den Aussagen der Maria G. zufolge hätten die Schwestern untereinander darüber geredet. Maria G. habe aber damit nichts zu tun haben wollen. Dem Sachverständigen gegenüber beteuerte sie, bei den «Mundpflegen» niemals anwesend gewesen zu sein. Sie habe diese nie gesehen und auch nicht gewusst, dass das in dieser Art möglich sei. Sie habe sich nie getraut, etwas zu sagen, vor allem aufgrund der Tatsache, dass sie ja selbst unter Anleitung von Waltraud W. etwas gemacht habe. Dies sei der Grund gewesen, warum sie in den folgenden Jahren geschwiegen habe.

Auch Stefanija M. schilderte ihre erste Beteiligung an einer Tötung sehr eindringlich. Es sei ebenfalls zusammen mit Waltraud W. gewesen. Diese habe ihr aufgetragen, zu einem Patienten mitzukommen. Stefanija M. habe am Bettrand gestanden, während Waltraud W. die «Mundspülung» vorgenommen habe: «... da hab ich erst gesehen, was die Waltraud W. kann. Ich hab noch nie in meinem Leben so etwas gesehen, wie sie das Wasser hineingeschüttet hat ...» Der Patient habe gegurgelt. Ob es schließlich die «Mundpflege» gewesen sei, die zum Tode geführt habe, konnte sie nicht sagen. In den Gesprächen mit dem Sachverständigen warf sich Stefanija M. vor, dass sie nicht öfter darüber geredet hätte, aber die Solidaritätsgefühle seien viel zu groß gewesen. Sie betonte, dass sie gegen diese «Mundspülungen» gewesen sei, vor allem aufgrund der Tatsache, dass sie als Kind fast ertrunken wäre. Angesprochen auf eine russische Patientin, deren Tod ihr angelastet wurde, gab Stefanija M. an, dass es sich bei dieser um eine ganz entsetzlich heruntergekommene schwere Alkoholikerin gehandelt habe. Man habe ihr die Kleidung vom Leibe schneiden müssen. Die Patientin habe zudem noch an epileptischen Anfällen gelitten und sei an das Bett gebunden gewesen. Stefanija M. schilderte, dass sie die Rückenlehne nach vorne geschoben habe, damit die Patientin sitzen konnte und plötzlich sei ihr der Kopf nach vorne gefallen. Der Patientin sei Schaum aus dem Mund gelaufen und wenige Sekunden später sei sie verstorben. Ob das durch ihre Manipulation am Bett oder als Folge des epileptischen Anfalles erfolgt sei, könne sie nicht sagen.[41]

Irene L. meinte, sie habe 1982 das erste Mal gesehen, dass Waltraud W. durch die Verabreichung von Rohypnol «Sterbehilfe» leistete. Ein paar Mal sei sie dabei gewesen. Von Insulin habe sie nichts gewusst. Irene L. gestand schließlich, auch selbst Patienten Rohypnol gespritzt zu haben. Laut ihren Angaben hat sie seit 1987 von den «Mundspülungen» gewusst und war auch dabei. Sie beteuerte aber, nie selbst eine «Mundspülung» durchgeführt zu haben; bzw. wenn, dann nur in richtiger Art und Weise, also als professionelle, pflegerische Maßnahme. In einem gemeinsamen Dienst mit Waltraud W. habe sie diese aufgefordert, mit ihr zu kommen, da sie bei einem Patienten eine «Mundspülung» machen würde. Waltraud W. habe die Zunge des Patienten mit dem Spatel nach unten gedrückt und das Wasser eingeflößt. Irene erzählte, dass der Patient daraufhin begonnen hätte zu röcheln. «Meiner Meinung nach hat Waltraud in den letzten Jahren mindestens 100 Patienten jährlich auf diese Weise getötet.»[42] Über Waltraud W. meinte Irene L., dass sie als eine Art Todesengel angesehen wurde. Ihrer Ansicht nach würde Waltraud W. bei allen Todesfällen, die von ihr in das Sterbebuch eingetragen wurden, Schuld tragen. Angesprochen auf ihre eigenen Taten, gab Irene L. dem Sachverständigen gegenüber ganz offen zu, zwei Patienten Rohypnol gespritzt zu haben. Einer davon hatte einen derartigen Dekubitus, dass er den ganzen Tag vor Schmerzen gewimmert habe. «Die drei Ampullen gab ich ohne überlegen … die Wirkung war mir bewusst.»[43]

Leichenschau

Die nach dem Tod durch die Ärzte erfolgte Leichenschau sei häufig defizitär gewesen. «Meistens haben die Ärzte den eingetretenen Tod ohne Untersuchung des Patienten diagnostiziert und weder Puls getastet noch Pupillenreflexe überprüft.» Laut Aussagen einiger Schwestern seien die Untersuchungen der verstorbenen Patienten mitunter auch vollständig unterblieben. «Eigentlich hat jeder Arzt irgendwann einmal einen Patienten nicht beschaut.»[44]

Auffälligkeiten im Vorfeld

«Die Waltraud war im Dienst und es war ein Exitus und es hieß allgemein, ‹die Waltraud ist im Dienst›.»
«Es war schon irgendwie komisch, die Waltraud hatte halt mehr Exitusse wie andere, aber man hat so Phasen, da sterben sie bei einem und dann ist wieder eine Ruh'.»[45]
«Du gehst mir auf die Nerven, jedesmal wenn ich im Dienst bin, fahr ich in den Keller.» (Aussage einer Schwester über den Dienst mit einer der Täterinnen. Mit «Keller» war der Raum für die Aufbewahrung der Leichen gemeint).
«Es ist richtig, dass uns aufgefallen ist, dass bei Schwester W. die meisten Todesfälle waren, doch bin ich nie auf den Gedanken gekommen, dass hier ein Verbrechen dahinterstecken könnte.»[46]
«Wir sind fleißig gewesen, wir fahren in den Keller hinunter.»
«Bei dieser Begegnung hat D. glaublich erwähnt, dass bei der Waltraud W. besonders viele Patienten sterben und dass sie glaubt, dass die Waltraud etwas macht. Ich sagte zu ihr: ‹Das kann ich nicht glauben›, und D. sagte, dass sie Angst habe, dass da tatsächlich etwas sein konnte.»[47]

Die vielen Todesfälle, vor allem im Dienst von Waltraud W., sind den Kollegen, sprich dem Pflegepersonal und den Ärzten, durchaus aufgefallen. Angenommen werden kann, dass Gerüchte darüber bereits seit Mitte der Achtzigerjahre kursierten. Angeblich habe sogar ein Arzt gefragt, ob Waltraud W. Dienst hatte, als er vom Tod eines Patienten erfuhr. Auch die Eintragungen im Exitusbuch waren ein entsprechendes Indiz dafür, da der Tod eines Patienten von der diensthabenden Schwester eingetragen werden musste. Im Zusammenhang mit den vielen Todesfällen konnte im Gerichtsverfahren festgestellt werden, dass die Sterberate in den Jahren 1987–1989 bei einer Schwester bei 37 Todesfällen, bei einer anderen bei 40 lag und im Vergleich dazu bei Waltraud W. bei 222. Trotz der vielen Sterbefälle ist man nicht auf den Gedanken gekommen, dass ein Fremdverschulden vorliegen könnte. Die Station war mit alten Menschen besetzt – Sterben war somit nichts Ungewöhnliches. Darüber hinaus beriefen sich viele der Pflegenden in ihren Aussagen darauf, dass jeder Todesfall von einem Arzt beschaut worden sei. Ein Fremdverschulden am Tod von Patienten sei auch aus diesem Grund nicht in Erwägung gezogen worden. Es ist somit festzustellen, dass die Häufung der Todesfälle auf der Station zwar wahrgenommen wurde, letztlich aber nicht weiter hinterfragt worden ist. Den Aussagen der Kollegen zufolge habe Waltraud W. einigen eher leidgetan, da bei ihr so viele Todesfälle passierten und damit viel Arbeit verbunden war. Diverse Anspielungen und die teils zynischen Äußerungen der Kollegen wie: «Jetzt ist ja die Waltraud da, jetzt kann er sterben» oder «Nimm die Waltraud mit, dann geht's schneller», seien nur im Scherz erfolgt; man habe sich nichts dabei gedacht. Von einigen Kollegen sei Waltraud W. auch als «Hexe» bezeichnet worden.[48] Dies deshalb, da fast immer, wenn sie Dienst hatte, ein Todesfall zu verzeichnen war. Über die vielen Todesfälle sei gesprochen worden, auch mit Waltraud W. selbst. Sie habe daraufhin gemeint, sie müsste sich vielleicht mal auspendeln lassen. Sie habe teilweise schon Angst, in den Dienst zu gehen, sie brauche nur daneben stehen und es sterbe wieder einer.[20]

Wer waren die Täterinnen? Ein Blick auf ihre Persönlichkeiten

«Über Schwester Waltraud und die anderen kann ich nur sagen, dass es ausgezeichnete Schwestern waren und dass sie zu den Patienten höflich und zuvorkommend waren.»[49]
«Zu Schwester Waltraud kann ich sagen, dass sie sehr lustig, freundlich und kollegial war … ich konnte mich immer um einen Rat an Schwester Waltraud wenden.»[50]
«Waltraud W. war immer lustig und doch hatte sie etwas Eigenartiges, für das ich keine Erklärung habe. Alle sagten, dass sie eine Hexe sei und dass immer, wenn sie Dienst versah, ein Exitus auf der Station war.»[51]
«Zu den Schwestern kann ich nur sagen, dass sie freundlich waren, mich nett aufgenommen haben und mir an ihnen nichts bedenklich vorgekommen ist.»[52]
«Alle vier verhafteten Schwestern galten immer als pflichtgetreue, arbeitsame und gute Schwestern und ich habe nie Negatives über sie gehört.»[53]

Liest man die Vernehmungen der Ärzte und anderer Kollegen, muss man feststellen, dass die vier Frauen grundsätzlich beliebt waren. Der eine oder andere kam vielleicht mit einer der vier nicht besonders gut aus oder fand sie nicht so sympathisch, aber überwiegend sind die Aussagen positiver Natur. Alle vier Täterinnen galten als gute Arbeiterinnen. Besonders Waltraud W. wurde als sehr tüchtig beschrieben. Sie sei auf der Station beliebt und für ihren Einsatz und für ihre aufopfernde Betreuung der Patienten bekannt gewesen. Was ihr fachliches Wissen betraf, habe sie unter den vier Frauen als die Beste gegolten, dies bestätigten auch einige Ärzte. Andere hätten sie häufig um Rat gefragt. Vor allem in Notsituationen habe sie stets rasch und richtig reagiert. Der ärztliche Abteilungsvorstand meinte über Waltraud W.: «Die Schwester Waltraud war für mich kein Durchschnittsmensch, sie ist mir vom

Aussehen her, von ihrer Profilierung her als durchschnittlich aufgefallen. Vom Gefühl her, habe ich Schwester Waltraud sowohl im Positiven als auch im Negativen Außergewöhnliches zugetraut.»[54] Stefanija M. wurde als etwas resoluter beschrieben, aber keineswegs bösartig. Manchmal habe sie einen raueren Umgangston gehabt. Ein Arzt beschrieb sie als eher schlicht. Irene L. galt als nett und freundlich. Manche meinten, sie sei unauffällig gewesen, einige trauten ihr die Taten überhaupt nicht zu. Maria G. habe ihren Dienst ebenfalls anstandslos erledigt. Sie habe Humor gehabt und sei mit den Patienten auch gut ausgekommen. Alle vier Täterinnen wurden mehrheitlich als freundlich und engagiert geschildert. Beschwerden habe es so gut wie keine gegeben. Für alle Kollegen war es vollkommen unverständlich, was die Frauen zu diesen Taten bewogen haben könnte.

Im Laufe des Gerichtsverfahrens wurden Waltraud W., Stefanija M., Maria G. und Irene L. mehrmals durch Sachverständige neuro-psychiatrisch untersucht. Die ersten gutachterlichen Vernehmungen erfolgten im Juni 1989. Die Gespräche mit den vier Frauen brachten folgende Ergebnisse:

Waltraud W.

Waltraud W. wurde 1958 im österreichischen Bundesland Niederösterreich geboren. Der Vater war Landwirt und verstarb mit 68 Jahren an einem Schlaganfall. Die Mutter war Hausfrau. Die Familie lebte von der Landwirtschaft. Waltraud W. schilderte dem Sachverständigen gegenüber, dass dies ein genügendes Auskommen für die gesamte Familie gewesen sei; es habe ihr an nichts gefehlt. Waltraud W. hatte fünf Geschwister, vier Brüder und eine Schwester. Sie befand sich genau in der Mitte der Geschwisterreihe. Die Beziehung zu ihren Eltern und Geschwistern wurde von Waltraud W. als gut geschildert; auch die Großeltern lebten im gemeinsamen Haushalt. Sie hatte keinerlei ernsthafte Vorerkrankungen, manchmal litt sie an Kopfschmerzen. Waltraud W.

war unverheiratet und wohnte gemeinsam mit ihrer Schwester im 17. Wiener Gemeindebezirk.

Motive für die Berufswahl: Angesprochen auf die Entscheidung, den Beruf der Krankenschwester zu erlernen, gab Waltraud W. an, dass dieser Wunsch von ihr selbst gekommen sei. In ihrer Kindheit habe sie immer den offenen Fuß der Großmutter verbunden. Später litt diese an altersbedingten Erkrankungen (etwa Demenz) und war sehr lange bettlägerig. Das Dahinsiechen der Großmutter wurde von Waltraud W. dem Sachverständigen gegenüber als einprägsames und belastendes Kindheitserlebnis geschildert. Sie habe in einer guten Beziehung zu der Großmutter gestanden und sie sehr geliebt; ihr Leiden habe sie sehr mitgenommen. Wenn sie damals die Möglichkeit gehabt hätte, dieses Leiden zu lindern, hätte sie dies getan – so Waltraud W. in ihren Angaben. Sie versicherte zwar, dass sie selbst der Großmutter keinerlei Sterbehilfe geleistet habe. Der Arzt jedoch habe der Großmutter Morphium gespritzt, um dieser das Sterben zu erleichtern. Durch dieses Erlebnis habe Waltraud W. erfahren, wie erlösend eine Injektion sein könne. Angesprochen auf die Sterbehilfe, gab Waltraud W. an, dass diese grundsätzlich nicht erlaubt sein solle. Euthanasie sei mit großer Verantwortung belastet; andererseits würde es ihr sehr schwer fallen, einen geliebten Menschen leiden zu sehen, dem man diese Qualen eigentlich ersparen möchte.

Ausbildung: Waltraud W. besuchte die Volksschule (fünf Jahre, weil sie die erste Klasse wiederholen musste), die Hauptschule und im Anschluss die zweijährige Schwesternschule in ihrer Heimatgemeinde. Sie erlangte kein Diplom, da sie in Anatomie durchfiel. Obgleich die Möglichkeit bestanden hätte, diese Prüfung nachzumachen, tat sie es nicht. Ihre Erinnerungen an die Schule bzw. die Zeit der Ausbildung waren negativer Natur, vor allem weil die Klosterschwestern laut Waltraud W. sehr streng gewesen seien. Trotzdem blieb sie bei diesem Beruf, da sie ihn schon immer ausüben wollte, er ihr gefiel und Spaß machte.

Obwohl sie kein Diplom hatte, wurde Waltraud W. 1975 sofort in Lainz auf der Lungenabteilung eingestellt. Ab 1982 war sie im Pavillon V in der I. Medizinischen Abteilung als Hilfsschwester tätig. Dort hat sie die gleichen Arbeiten verrichtet wie eine diplomierte Schwester.

Beziehung zu den Kollegen: Zu den meisten Schwestern hatte Waltraud W. eine gute Beziehung, zu manchen war sie etwas distanzierter. Mit Irene L. ergab sich im Laufe der Jahre eine richtige Freundschaft. Auf die Frage des Sachverständigen, warum sie von den Kollegen als «Hexe» bezeichnet wurde, meinte sie, dass sie das nicht wisse; das müsse man wohl die anderen fragen.

Zu ihrer Verantwortung: Angesprochen auf die ersten polizeilichen Vernehmungen und die von ihr erstellte Liste mit der namentlichen Angabe von 39 von ihr getöteten Patienten und der jeweiligen Tötungsmethode (nicht angeordnete Verabreichung von Rohypnol oder «Mundpflege»), gab Waltraud W. an, dass ihr zu diesem Zeitpunkt alles egal gewesen sei. Sie sei gerade erst aus dem Nachtdienst gekommen, da habe man ihr alles einreden können. Sie habe die Namen der Patienten nur angegeben, um endlich Ruhe zu haben. Sie habe unter Druck gestanden. «... aber jetzt, wenn ich so nachdenke, weiß ich, es waren nicht mehr als elf ...» Waltraud W. hatte das Gefühl, dass ihr mehr Tötungen untergeschoben würden und sich die anderen zu ihren Lasten herausgeredet hätten. Ihrer Ansicht nach seien die Taten sicher nicht richtig gewesen; niemand habe das Recht, so etwas zu tun. Ihre Intention sei aber gewesen, den Leuten zu helfen, weil die immer so gekämpft hätten. «Ich war damals, als ich es gemacht habe, der Meinung, dass es vielleicht richtig war, jetzt weiß ich, es war nicht richtig ...» Waltraud W. betonte, dass sie immer nur aus Mitleid und stets nur sterbende Personen getötet habe. Immer wieder gab sie an, dass ihr die Taten leidtäten.

Resümee: Die Befragungen von Waltraud W. durch den Sachverständigen fanden im Zuge des anhängigen Gerichtsverfahrens mehrmals mit zeitlichen Abständen statt. Laut Einschätzung des

Sachverständigen hat sich Waltraud W. im Verlauf der Gespräche völlig verändert. Beim ersten Kontakt war sie noch aufgeschlossen und durchaus bereit zu erzählen. Später wirkte sie zurückhaltend, weinte häufig und war sehr betroffen. Der Sachverständige schloss daraus, dass sie sich während der Haft intensiv mit ihren Problemen auseinandergesetzt habe. Zugleich stellte er fest, dass ihr Erinnerungsvermögen teilweise sehr schlecht war. Waltraud W. wurde als kooperationsbereite, freundliche Persönlichkeit geschildert, die dennoch ängstlich, verzweifelt und deprimiert wirkte. Es konnte weder eine kognitive Störung noch eine intellektuelle Beeinträchtigung festgestellt werden. Der durchgeführte Intelligenztest zeigte eine knapp durchschnittliche Begabung sowie Hinweise auf eine geringfügige Lernverwahrlosung. Nach Ansicht des Sachverständigen hätte Waltraud W. mit ihrer Begabung mehr erreichen können. Psychopathologisch waren bei Waltraud W. alle Befunde im Rahmen der Norm. Sie war für ihre Taten voll und ganz verantwortlich zu machen; es lag keine Zurechnungsunfähigkeit im Sinne des § 11 StGB (österreichisches Strafgesetzbuch) vor.[55]

Stefanija M.

Stefanija M. wurde 1939 in Slowenien geboren. Der Vater war Maurer und verstarb im 52. Lebensjahr, die Mutter war Hausfrau und verstarb ebenfalls ungefähr in diesem Alter. Sie hatte zwei Brüder und eine Schwester. In erster Ehe war Stefanija M. mit einem Tischler verheiratet, mit dem sie ein Kind hatte. Laut Stefanija M. sei dieser extrem eifersüchtig gewesen; er habe sie beispielsweise durch andere beobachten lassen. Als Stefanija M. nach Wien übersiedelte, ließ sie ihren Mann zurück. In Wien lernte sie in den Jahren 1969/70 schließlich ihren zweiten Mann kennen, mit dem sie eine Tochter bekam. Er war Autolackierer und Hausarbeiter. Sie und ihr Mann haben sich immer gut verstanden. Bei ihm fand sie Ruhe und Ausgeglichenheit. Stefanija M. war nie in nervenärztlicher Behandlung und hatte nie ein Anfallsleiden.

Motive für die Berufswahl: Stefanija M. erfuhr durch Zufall von der Möglichkeit, Krankenschwester zu werden. Dem Sachverständigen gegenüber erzählte sie, dass sie schon immer ein gewisses Interesse an der Pflege und Sorge für andere gehabt habe. Ihre Mutter litt an starkem Asthma, konnte bereits neun Monate vor ihrem Tod nicht mehr sprechen und starb schließlich an den Folgen eines Schlaganfalls. Die Krankheit der Mutter wurde von Stefanija M. als schrecklich beschrieben; ihr Vater und sie selbst hätten am Bett der Mutter gesessen und mitbekommen, wie sie röchelte. Im Zuge der Gespräche mit dem Sachverständigen kamen auch einige Vorfälle aus der Kindheit zur Sprache. So schilderte Stefanija M., dass sie mit fünf Jahren, anlässlich eines Partisaneneinsatzes, mit ihrer Mutter und anderen zum Erschießen an die Wand gestellt worden sei. Ein weiteres von ihr erwähntes Ereignis: Ihr erster Mann habe ihr verboten, am Begräbnis ihres Vaters teilzunehmen. Darüber war Stefanija M. äußerst betroffen, da sie ihren Vater sehr gerne gehabt hatte. Mit 18 Jahren wurde sie zufällig während ihrer Ausbildung Zeugin einer Obduktion. Das Aufschneiden der Leiche habe sie sehr schockiert. Prägend war auch, dass sie als Kind in Isola einmal fast ertrunken wäre. Sie erinnerte sich an die panische Angst, als sie unterging und Wasser aspirierte.

Ausbildung: Stefanija M. besuchte die Volksschule und die Hauptschule. Dann übersiedelte die Familie nach Isola. Eine Zeit lang war Stefanija M. dort als Kindermädchen tätig, danach arbeitete sie in einer Fabrik für Fischkonserven.

1967 kam sie nach Wien. Während dieser Anfangszeit brachte sie ihr Kind zu ihrem Bruder nach Slowenien. Sie war zunächst als Bedienerin angestellt und arbeitete im Zuge dieser Beschäftigung mit behinderten und kranken Kindern. Dem Sachverständigen gegenüber erwähnte sie, dass ihr diese Arbeit viel Freude gemacht habe. Gleichzeitig lernte sie auch die deutsche Sprache, da sie zunächst kein einziges Wort sprach. Den Schwesternberuf erlernte sie dann in den Jahren 1969 und 1970 in Mödling. Das Diplom erlangte sie aufgrund von Sprachschwierigkeiten nicht; so wurde sie lediglich Stationsgehilfin. Im Jahr 1972 kam Stefanija M. nach Lainz, zuerst auf die Chirurgie und 1978 in den Pavillon V.

Beziehung zu den Kollegen: Die Beziehungen zu ihren Kollegen beschrieb Stefanija M. selbst als eher distanziert. Für sie sei die berufliche Kommunikation Nebensache gewesen, wichtiger sei ihr immer ihr Mann gewesen, mit dem sie sich sehr gut verstanden habe. «Gott sei Dank war ich gut verheiratet, denn das Klima war schrecklich, ich konnte mich daher nur zu Hause erholen.» Laut Stefanija M. sei Waltraud W. etwa ein Jahr nach ihr auf die Station gekommen. Auch Stefanija M. schilderte deren großen Einfluss. «Sie beherrschte alle.» Stefanija M. meinte, Waltraud W. habe sich in der Arbeit sehr gut ausgekannt und sei auch die Tüchtigste, Gescheiteste, Geschickteste und am besten Ausgebildete von ihnen gewesen. Sie habe aber immer «groß» getan; «kleine Sachen in der Pflege hat die Waltraud nie gemacht. Ich hatte auch Angst vor der Waltraud, sie war so explosiv.»

Zu ihrer Verantwortung: Stefanija M. schilderte dem Sachverständigen, dass sie bei ihren ersten Vernehmungen schrecklich behandelt worden sei. Man habe sie angeschrien und in ihrer Angst hätte sie zunächst einmal gestanden. Erst später sei ihr eingefallen, dass man bei Vernehmungen bei der Wahrheit bleiben müsse. Stefanija M. bezeichnete es als großen Fehler, so lange nichts über die Geschehnisse in der Station berichtet zu haben. «Ich habe fast zehn Jahre mitgehalten. Es ist schrecklich. Ich bin schuldig, weil ich das Ganze nicht gemeldet habe. Ich habe befürchtet, dann komm ich auf eine andere Abteilung. Ich bin Mitwisserin, aber ich habe keinen einzigen Menschen umgebracht.» Vom Rohypnol habe sie nichts gewusst.

Resümee: Stefanija M. wurde in den Gesprächen mit den Sachverständigen als kooperativ beschrieben. Sie war willig und nicht abweisend und versuchte stets, die Fragen detailgerecht zu beantworten. Ihr Gedankenablauf war geordnet, ihre Intelligenzleistungen lagen im Durchschnitt. Es fand sich bei ihr kein einziges psychopathologisches oder neurologisches Symptom. Die Sachverständigen stellten somit volle Zurechnungsfähigkeit fest.[56]

Irene L.

Irene L. wurde 1961 in Wien geboren. Sie wuchs im 6. Wiener Gemeindebezirk auf. Sie hatte eine jüngere Schwester. Der Vater war bereits im Alter von 47 Jahren gestorben. Er litt an einem Parotis-Sarkom – einer Art Speicheldrüsenkrebs. Gegen diese Krankheit konnte man nicht viel tun, sie ließ den Vater zu einem Pflegefall werden und führte langsam zu einem qualvollen Tod. Auf seinen Wunsch hin erfolgte die Pflege zu Hause durch Irene L. Sie erzählte dem Sachverständigen, dass ihr Vater sie mehrfach gebeten habe, die abgestorbenen nekrotischen oberflächlichen Teile seines Tumors wegzuschneiden, was sie in der Folge auch getan habe. Dazu meinte sie in ihren Aussagen: «Zuerst hat es die Mutti versucht, aber die Mutti hat es nicht können.» Einerseits habe es sie furchtbar geekelt, andererseits habe sie aber auch bemerkt, wie sehr dies ihrem Vater geholfen habe. Dennoch habe sie seelisch sehr mit ihrem Vater mitgelitten. Zum Schluss sei er nur noch mit einer Sonde ernährt worden. Befragt durch den Sachverständigen, wie sie denn alle diese schrecklichen Ereignisse als junger Mensch ertragen konnte, meinte sie, sie habe «einfach abgeschaltet». Den Tod ihres Vaters habe sie nur schwer verwinden können. Bald darauf seien auch der Onkel und die Großmutter gestorben, beides Personen, die sie sehr gemocht habe. Innerhalb der Familie sei sie das Papa-Kind gewesen. Finanzielle Sorgen habe es in der Familie nie gegeben. Beide Elternteile hätten gut verdient.

Bereits im Alter von 19 Jahren brachte Irene L. ein außereheliches Kind zur Welt. Da sie Angst hatte, sich die Mutterschaft finanziell nicht leisten zu können, gab sie ihr Kind zur Adoption frei. Laut ihren eigenen Angaben habe sie diese Tatsache in keinerlei Weise seelisch belastet. Später heiratete sie einen Angestellten der Gemeinde Wien.

Motive für die Berufswahl: Krankenschwester zu werden sei schon immer ihr Wunsch gewesen. Schon als Kind habe sie einen gewissen Pflegeinstinkt gehabt. So erzählte sie dem Sachverständigen: «Wenn wir ‹krank› gespielt haben, dann habe ich die Leute gepflegt» oder «Wenn die Mutti krank war, habe ich sie ganz einfach ins Bett verbannt und habe für sie gekocht.» Wenn jemand stürzte, war sie es, die Wunden verband und oft die ganze Familie betreute. Sie pflegte sowohl die Großmutter als auch einen Onkel mit Parkinson'scher Krankheit.

Ausbildung: Irene L. besuchte jeweils vier Klassen Volksschule und Hauptschule in Wien, im Anschluss daran einen einjährigen polytechnischen Kurs und danach die dreijährige Schwesternschule. Während ihrer Ausbildung hospitierte sie auch eine Zeit lang auf einer internen Abteilung. Irene L. schloss die Schule jedoch nicht ab, da sie in Chirurgie und Gynäkologie durchfiel. Trotz fehlenden Diploms habe man ihr dann angeboten, Stationsgehilfin zu werden. So kam sie 1979 gleich nach der Schule auf die I. Medizinische Abteilung in Lainz in den Pavillon V.

Beziehung zu Kollegen: Irene L. gab an, dass sie sich mit einigen Kolleginnen privat sehr gut verstanden habe. Waltraud W. sei eine richtige Freundin gewesen. Zu Stefanija M. und Maria G. sei die Beziehung lediglich kollegial gewesen. Laut Irene L. wurde Waltraud W. von den Kollegen deshalb als «Hexe» bezeichnet, da nach ihrem Dienst fast immer ein paar Tote zu verzeichnen waren. Aus diesen Gründen habe es über Waltraud W. auch Witze gegeben, etwa: «Die Waltraud hat wieder Dienst, da stirbt wieder wer.»

Zu ihrer Verantwortung: Irene L. meinte dem Sachverständigen gegenüber, dass sie bei den ersten polizeilichen Vernehmungen so geschockt gewesen sei, dass sie gar nicht mehr wisse, was sie dort alles gesagt habe. Ihre Taten waren in ihren Augen keine Morde, sondern Sterbehilfe. Sie betonte mehrfach, dass sie den Patienten nur das Sterben hätte erleichtern wollen und es nicht ihre Absicht gewesen wäre, jemanden umzubringen. Laut ihrer Aussage würden Außenstehende nicht wissen, was es bedeutet, wenn Menschen im Sterben liegen, aber nicht sterben können. Durch ihren Vater hätte sie gewusst, wie Menschen leiden können; ihr hätten die Kranken einfach furchtbar leidgetan. «Die waren total aufgelegen und ich habe mir gedacht, ich kann ihnen das irgendwie erleichtern.» Sie beteuerte, dass diese Patienten ohnehin bald gestorben wären und das Leben nur um ein paar Stunden verkürzt worden sei. Zum Zeitpunkt des Handelns habe sie das Gefühl gehabt, menschlich richtig zu handeln. Von den Taten von Waltraud W. habe sie zwar gewusst, da sie aber eine Freundin war, habe sie nichts gesagt, sondern habe solidarisch sein wollen. Irene L. gab an, Waltraud W. als eine Art Todesengel betrachtet zu haben. Sie meinte auch, dass sie sich schon immer leicht von anderen habe beeinflussen lassen. Sie bereute ihre Taten, beteuerte aber, nichts Böses im Sinn gehabt zu haben.

Resümee: Im Zuge der Gespräche mit Irene L. stellte der Sachverständige fest, dass es sich bei ihr um eine psychisch völlig unauffällige Persönlichkeit handelte. Sie war gesprächsbereit, verhielt sich stimmig und machte den Eindruck, emotional ausgeglichen zu sein. Sie wirkte wie eine aufgeweckte, zielstrebige junge Frau, aufgeschlossen und interessiert. Irene L. wies eine normale Intelligenz auf. Es fand sich kein Symptom einer neurologischen oder psychiatrischen Erkrankung oder Störung. Das einzige Bemerkenswerte war das Erlebnis mit dem sterbenden Vater. Laut Sachverständigem war das sicherlich ein schweres, schockierendes psychisches Ereignis, das ihr ganzes weiteres Leben belastet habe. Eine gewisse Verdrängungstätigkeit konnte Irene L. zugebilligt werden. In forensischer Hinsicht war Irene L. für ihre Taten voll verantwortlich.[57]

Maria G.

Maria G. wurde 1963 in Niederösterreich geboren, wo sie auch aufwuchs. Der Vater war Polizist, die Mutter Hausfrau. Der Vater starb bereits mit 49 Jahren an Magenkrebs. Maria G. war eines von fünf Kindern. Sie hatte zwei Schwestern und zwei Brüder. Ihr erster Freund wurde von der Familie nicht akzeptiert. Daraus resultierten immer wieder Probleme und Streitereien. Maria G. lebte mit ihrem Lebensgefährten und dem gemeinsamen Sohn zusammen, der gerade zwei Jahre alt war.

Motive für die Berufswahl: Maria G. gab an, den Beruf der Krankenschwester zu erlernen, sei sowohl ihr eigener Wunsch als auch der ihrer Mutter gewesen. Darüber hinaus war diese Entscheidung durch freundschaftliche Beziehungen geprägt: Die Schwester einer guten Freundin hatte diese Schule ebenfalls besucht und sie in den schönsten Farben geschildert. Zudem habe sie schon immer gerne anderen Menschen geholfen; dies stellte für sie ein hohes Ideal dar.

Maria G. besuchte vier Jahre die Volksschule, danach die Hauptschule. Sie hatte große Lernprobleme und war nur eine mittelmäßige Schülerin. Nach einem weiteren Jahr in der Haushaltsschule kam sie schließlich in die Pflegeschule nach Lainz. Die Schule wurde von ihr jedoch nicht abgeschlossen, zum einen, weil es zu jener Zeit zu einem Zerwürfnis mit ihrem Freund kam, andererseits aber, weil sie nach wie vor große Lernschwierigkeiten hatte. Besonders das Fach Terminologie bereitete ihr Probleme. Schließlich absolvierte sie über den zweiten Bildungsweg den Stationsgehilfinnenkurs. Danach arbeitete sie im Sanatorium Liebhartsthal. Maria G. schilderte die Arbeitsverhältnisse dort als angenehmer als in Lainz. Sie hatte nur 36 Stunden Dienst und war dort auch nicht mit sterbenden Patienten konfrontiert.

Mit 18 Jahren kam Maria G. schließlich in der Funktion als Stationsgehilfin nach Lainz auf die I. Medizinische Abteilung. Sie war überwiegend mit Arbeiten der Patientenpflege betraut, sprich

Umbetten, Säubern, allgemeine Pflegedienste, Füttern, Waschen usw. Im Laufe der Zeit verabreichte sie auch Injektionen, vor allem im Nachtdienst. Dabei handelte es sich teilweise auch um intravenöse Injektionen. Auch Maria G. schilderte, dass die Schwestern oftmals von den Ärzten angewiesen worden seien, die Injektionen selbst zu verabreichen. Habe man darauf hingewiesen, dass der Vorstand der Abteilung dies ausdrücklich verboten habe, sei man ausgelacht worden. Sie habe diese Aufgaben dann einfach übernommen, um auch nicht zum Außenseiter unter den Kollegen zu werden.

Beziehung zu den Kollegen: Für Maria G. beschränkte sich der Kontakt zu den Kollegen auf die Arbeit. Zwar habe eine große Solidarität untereinander geherrscht, von einer freundschaftlichen Beziehung konnte ihrer Ansicht nach jedoch nicht die Rede sein. Für sie habe die Berufstätigkeit primär dazu gedient, Geld zu verdienen. Waltraud W. war laut Maria G. die Dominierende in der Gruppe. Sie sei auch immer diejenige gewesen, die Ratschläge erteilt und den anderen häufig Arbeit angewiesen habe.

Zu ihrer Verantwortung: Maria G. gestand, in zwei Fällen Rohypnol gespritzt zu haben. Dabei habe sie damals gar nicht genau gewusst, wie das Medikament wirke, und sie habe auch nie die Absicht gehabt zu töten. Sie habe immer gerne mit alten Menschen gearbeitet und sich gut mit ihnen verstanden, aber mit diesen schreienden und sich vor Schmerzen krümmenden Menschen habe sie sich nicht zurechtfinden können. Dem Sachverständigen erzählte Maria G., dass sie das alles gar nicht fassen könne. Sie habe ja nur helfen wollen und «auf einmal heißt's, ich hab diese Menschen umgebracht». Es sei furchtbar, dass man sage, sie habe zwei Menschen umgebracht. Sie habe sich halt von Waltraud W. beeinflussen lassen; ohne sie wäre sie nie auf eine solche Idee gekommen. «Eine Tötung wäre mir nie eingefallen.» Maria G. betonte aber auch, dass es nicht nur die Schuld von Waltraud W. gewesen sei, denn «ich hätte auch nein sagen können, aber leider hab ich es nicht getan». Von Sterbehilfe halte sie nichts. Angesprochen auf ihre unterschiedlichen Aussagen im Laufe des Verfahrens, gab Maria G. an, dass sie einen Schock erlitten habe. Die Vernehmungen, vor allem die ersten, seien schlimm gewesen.

Resümee: Die Sachverständigen kamen zu dem Ergebnis, dass Maria G. von psychiatrischer Seite in keiner Weise Auffälligkeiten zeigte. Sie war ausgeglichen, kontaktfähig, versuchte sich an alles zu erinnern und ging auf das Gespräch ein. Sie wirkte stimmig, ihr Gedankenablauf war geordnet. Es konnten keine pathologischen psychischen Symptome festgestellt werden, lediglich eine erhöhte Neigung zu Selbstkritik. Der Sachverständige schilderte Maria G. als einfach strukturierten Menschen, aus einfachem Milieu stammend. Lebenszusammenhänge beurteilte sie einfältig, in der Beurteilung von anderen Menschen war sie etwas ungeschickt. Allerdings waren Gedächtnislücken festzustellen. Aufgrund der Situation, in der sich Maria G. befand, seien diese durchaus verständlich, eine normale Verdrängung unangenehmer Erlebnisinhalte. Für ihre Handlungen sei sie voll verantwortlich. Es bestanden keinerlei Anzeichen einer psychischen Krankheit oder eines psychischen Defektes.[58]

Zusammenfassend lassen sich für alle vier Täterinnen aus den Gutachten nur wenige Besonderheiten feststellen. Alle vier Frauen hatten außerhalb des Berufes ein mehr oder weniger erfülltes Privatleben; zwei der Täterinnen waren verheiratet, eine lebte mit ihrer Schwester zusammen, die vierte in einer Lebensgemeinschaft. Drei von ihnen hatten Kinder. Auch was den familiären Hintergrund betraf, ergaben sich keine Auffälligkeiten. Die einzige ausdrückliche Gemeinsamkeit bestand im Miterleben und Pflegen kranker oder sterbender Angehöriger. Waltraud W. erlebte das Dahinsiechen ihrer Großmutter mit, Stefanija M. das starke Asthma und Siechtum ihrer Mutter, der Vater von Irene L. verstarb an einer Art Speicheldrüsenkrebs und auch Maria G. verlor ihren Vater mit 49 an Magenkrebs. Alle vier haben kindliche und spätere Erlebnisse mit Tod und schwerer Krankheit geschildert. Laut Gutachten haben sie mit Sicherheit ihr ganzes weiteres Leben belastet. Charakterlich seien die Täterinnen aber kaum von anderen Menschen zu unterscheiden gewesen: psychisch völlig unauffällige Persönlichkeiten. Eine Zurechnungsunfähigkeit war bei keiner der vier Frauen gegeben.

Die Tatmotive

«Ich werde neuerlich für ein Motiv dieser Handlungen befragt, so gebe ich wiederholt an, dass ich wirklich diese armen Leute von ihren Leiden erlösen wollte. Ich gebe zu, dass es später auch schon zu einer Art Gewohnheit geworden ist, jedoch war immer noch der Hauptgrund die Erlösung von den Leiden.»

«Dazu muss ich aber sagen, dass wir das Rohypnol ausschließlich den schlechten, vom Tod gezeichneten Patienten verabreichten.»

«Ich hoffte, dass sie dadurch sterben kann und hörte bei meinem nächsten Dienstantritt, dass sie verstorben ist.»

«In einigen, wenigen Fällen taten mir die Menschen so leid, dass ich ihnen auf die beschriebene Art das Sterben erleichterte. Ich tat dies keineswegs aus dem Grund, weil ich Freude oder sonst ein hässliches Gefühl entwickelte, sondern wirklich nur aus Mitleid.»

«Ich hatte nur solchen Patienten injiziert, welche sowieso zum Sterben waren.»[59]

«Auch wenn es schwer fällt, dies mir selbst gegenüber einzugestehen, so muss ich zugeben, dass es mir klar war, dass drei unverdünnte Ampullen Rohypnol zum Tode führen. Ich habe aber die Spritzen verabreicht, damit die Männer sterben. Zu dem Zeitpunkt, als ich ihnen die Spritzen gab, waren sie bereits bewusstlos.»

«Es ist richtig, dass mich niemals irgendein Patient ausdrücklich ersuchte, ihm Sterbehilfe zu leisten.»[60]

«Wir wollten uns daraufhin dieser Patientin entledigen und beratschlagten, was wir tun können.»[61]

Die Täterinnen erhofften sich keinerlei finanzielle Vorteile von ihren Taten. Sie leisteten ihrer Ansicht nach «Sterbehilfe» und sahen sich nicht als Mörderinnen. Waltraud W. berichtete, sie habe beobachtet, wie Ärzte Morphium spritzten. Die Schwestern hätten nicht verstanden, warum in manchen Fällen etwas gegeben wurde, in anderen hingegen nicht. Dieses Unverständnis sei der Anlass gewesen, dass man sich mit den Kolleginnen über den Zustand der Patienten ausgetauscht habe. Man sprach darüber, wie arm diese Leute seien, wie stark ihre Schmerzen seien und was man dagegen tun könne. Sie hätten ausschließlich solche Patienten getötet, die bereits, zumindest ihrer Ansicht nach, in einem sehr schlechten Zustand gewesen seien, überdies ein Alter von 80 Jahren erreicht hätten und ohnehin bald gestorben wären. Das Hauptmotiv für die Taten sei gewesen, das Leiden zu verkürzen bzw. die Patienten vom Leiden zu erlösen. Die Täterinnen gaben an, aus Mitleid gehandelt zu haben, mit dem Ziel, Schmerzen zu lindern, keineswegs jedoch, um sich Arbeit zu ersparen. Zum Zeitpunkt ihres Tuns waren sie davon überzeugt gewesen, menschlich korrekt zu handeln; ihrer Auffassung nach waren es auch nur wenige Stunden, um die man das Leben der Patienten verkürzt habe.

Resümee eines exemplarischen Pflegeskandals

Der Strafprozess des Pflegeskandals von Lainz endete mit dem Urteil am 29. März 1991. Endgültige Klarheit brachte dieses Urteil aber nicht. Fakt ist: Alle vier Täterinnen legten unmittelbar nach ihren Verhaftungen umfangreiche Geständnisse vor der Polizei ab. Stefanija M. erzählte bereits auf der Fahrt ins Polizeirevier von der sogenannten «Mundpflege». Erst durch die späteren Aussagen verstanden die Polizisten, was darunter im Jargon der Schwestern zu verstehen war. Waltraud W. erstellte anhand des Sterbebuches bei ihren ersten Vernehmungen eine Liste mit 39 namentlich genannten Patienten und gab sogar die jeweilige Tötungsart («Mundpflege» oder Verabreichung von Rohypnol) an. Für die vernehmenden Beamten machte sie dabei weder einen unsicheren noch zögernden Eindruck. Später vor dem Untersuchungsrichter widerrief sie diese Aussage. Sie sprach von sogenannten «sicheren» und «zweifelhaften» Fällen und restlichen Fällen, mit denen sie sicher nichts zu tun habe. Ihre Aussage schränkte sie auch insofern ein, als sie meinte, sich nicht mehr an alle Opfer erinnern zu können. Ähnlich war es bei Irene L., Stefanija M. und Maria G. Auch sie legten zunächst Geständnisse ab, korrigierten sich jedoch teilweise in nachfolgenden Vernehmungen. Im Laufe des Verfahrens redeten sich die vier Täterinnen darauf hinaus, sich nicht mehr an alle Details erinnern zu können. Laut den Sachverständigen seien bei allen vier Täterinnen keine Hinweise zu finden gewesen, wonach die geständigen Aussagen nicht auf Eigenerlebnissen beruht hätten. Es stellt sich auch die Frage, warum Menschen zunächst Morde gestehen sollten, wenn sie sie nicht begangen haben. Es ist davon auszugehen, dass sich alle vier Täterinnen mit ihren Anwälten besprochen haben. Immer wieder betonen die vier Frauen, sie hätten nicht mit Tötungsvorsatz gehandelt; lediglich die Schmerzen hätten sie lindern wollen. Auch das erscheint mehr als Teil der Verteidigungsstrategie und angesichts der grausamen Tötungsmethode, vor allem im Fall der «Mundpflege», wenig glaubwürdig. Die Staatsanwaltschaft ließ das Mitleidsmotiv nicht gelten und schenkte den späteren Aussagen der Täterinnen keinen Glauben. Die Anklageschrift forderte eine Überführung aller vier Täterinnen entsprechend ihrer ursprünglichen Geständnisse. Dies ist dem Gericht mangels hinreichender Beweise nicht gänzlich gelungen. Einige der fraglichen Opfer waren feuerbestattet worden, bei anderen war die Exhumierung aufgrund der bereits fortgeschrittenen Verwesung nicht mehr möglich. Diese Umstände machten es den Sachverständigen schwer, genaue Erkenntnisse und sichere Ergebnisse zu liefern. Teilweise war nicht mehr eindeutig feststellbar, ob ein Fremdverschulden oder eine natürliche Todesursache vorlag. Mangels Erinnerung bzw. hinreichender Angaben der Täterinnen war eine genaue Eingrenzung der Opfer ebenfalls nicht möglich. Den Täterinnen konnten daher nicht alle Anklagepunkte nachgewiesen werden. Die exakte Zahl der Opfer wird demnach für immer im Ungewissen bleiben. Anhand der ursprünglichen Geständnisse der vier Frauen, vor allem der Aussage von Waltraud W., ist wohl davon auszugehen, dass die tatsächliche Zahl der Opfer noch höher ist.[62]

Nicht nur die Zahl der Opfer bleibt offen, sondern auch Fragen, inwieweit sich die vier Täterinnen bei ihren Taten abgesprochen und seit wann sie tatsächlich von den Taten der anderen gewusst haben. Auch die Persönlichkeiten der vier Frauen lassen Fragen offen. Immer wieder wird gesagt, sie seien «normal» gewesen. Unserer Ansicht nach dürften sie dennoch labile Persönlichkeiten gewesen sein. Keine von ihnen hatte die pflegerische dreijährige Ausbildung abgeschlossen, wobei die Prüfung ohne weiteres zu wiederholen gewesen wäre. Waltraud W. galt noch als die kompetenteste unter den vier Pflegerinnen. Sie hatte den Ruf einer guten Schwester; sie wurde von Ärzten und Schwestern respektiert und in fachlicher Hinsicht sehr geschätzt. Im Zusammenhang mit den Morden kommt ihr eine tragende Rolle zu. Von ihr erfuhren die anderen von der Möglichkeit der Rohypnolinjektionen und der besonderen Anwendung der «Mundpflege». Durch Gespräche mit den anderen drei Täterinnen hat sie den Anstoß zur intravenösen Verabreichung von Medikamenten gegeben. Dieser Umstand wurde seitens des Gerichts bei der Strafbemessung als erschwerend bewertet. Es kann davon ausgegangen werden, dass die Faktoren Anerkennung und Macht von wesentlicher Bedeutung für Waltraud W. waren. Den Vernehmungen zufolge dürften die drei anderen Täterinnen eine gewisse Bewunderung für Waltraud W., besonders im Hinblick auf ihr fachliches Können, empfunden haben. Das Gericht ging daher von einer nicht zu unterschätzenden Beeinflussung der drei anderen Frauen durch Waltraud W. aus. Diese Beeinflussung wurde bei der Strafbemessung als mildernder Umstand gewertet. Das Urteil gegen die vier

Frauen gründete sich auf den Wahrspruch der Geschworenen. Als mildernd beurteilte das Gericht die Geständnisse und den bisherigen ordentlichen Lebenswandel der vier Frauen. Als erschwerend wurde die besonders heimtückische und raffinierte Vorgehensweise der Tötungen angesehen, die besonders bei Waltraud W. sehr hohe Anzahl der Straftaten über lange Zeiträume, der Missbrauch des Vertrauensverhältnisses zu den Patienten und deren Hilflosigkeit. Die von den Täterinnen zu bewältigenden Arbeitsumstände wurden seitens des Gerichtes als mildernd beurteilt.[63] Auch der Staatsanwalt führte in seiner Anklageschrift aus, dass der ständige Umgang mit sterbenden Patienten vor allem von dem weniger qualifizierten Personal, sprich den Stationsgehilfinnen, zu denen auch die vier Täterinnen zählten, schlechter verkraftet worden sein dürfte als von den diplomierten Schwestern.[64] Es erweckt demnach den Anschein, dass die vier Täterinnen den Herausforderungen ihres Berufes weder in fachlicher noch moralischer Hinsicht gewachsen gewesen waren.

Lainz ist aber nicht nur eine Geschichte über furchtbare Taten von vier Frauen, sondern auch die Geschichte eines nicht funktionierenden Krankenhauses und eines Pflegesystems mit einer Führung, die versagt hat. Neben der zweifellos bestehenden Individualschuld der Täterinnen weist der Fall Lainz ein hohes Organisationsverschulden auf, das kaum geahndet wurde. Die Führung des Krankenhauses Lainz war als kollegiale Führung im Sinne des § 11 Wiener Krankenanstalten Gesetz (Wr. KAG), LGBl. für Wien, Nr. 23/1987, ausgestaltet. Kollegiale Führung bezeichnet in Österreich die abgestimmte Führung und Organisation eines Krankenhauses auf oberster Leitungsebene – bestehend aus ärztlichem Direktor, Direktor des Pflegedienstes, Verwaltungsdirektor und technischem Direktor. Die jeweiligen Bereiche einer kollegialen Führung haben sich gegenseitig zu informieren, anzuhören und sind zur gemeinsamen Beratung verpflichtet. Entsprechend der gemeinsam entschiedenen Angelegenheiten haben die jeweiligen Führungskräfte in ihrem Aufgabenbereich für die

Umsetzung der Entscheidungen Sorge zu tragen. Die Gestalt der kollegialen Führung kann mitunter zu Konflikten und Spannungen führen, vor allem dann, wenn sie von den jeweiligen Berufsgruppen nicht gelebt wird. Vor allem zwischen den Ärzten und dem Pflegepersonal ist dies besonders häufig der Fall.[72, 73] Damit die Zusammenarbeit reibungslos funktioniert, bedarf es einer guten Organisation und Arbeitsteilung. Weitere Voraussetzung ist, dass entsprechendes Personal zur Verfügung steht – alles Faktoren, die in Lainz gefehlt haben. Die kollegiale Führung in Lainz hat demnach versagt und dazu geführt, dass Verantwortlichkeiten abgewälzt wurden.

Dies wurde auch durch eine Entscheidung des österreichischen Verwaltungsgerichtshofs bestätigt: Nach dem Bekanntwerden der Ereignisse auf der I. Medizinischen Abteilung in Lainz wurde vor allem die Verantwortung des Vorstands in Frage gestellt. Mit Bescheid der Disziplinarkommission der Stadt Wien vom 22. Mai 1989 wurde seine Suspendierung verfügt, und zwar mit der Begründung, er habe bei Ausübung seiner beruflichen Tätigkeit mehrere Dienstpflichtverletzungen begangen. Angelastet wurden ihm zahlreiche schwere Versäumnisse. Nach Vorliegen der ersten Verdachtsmomente habe der Vorstand es unterlassen, sowohl die Polizei als auch den ärztlichen Direktor des Krankenhauses, den amtsführenden Stadtrat, die Direktorin des Pflegedienstes, das leitende Pflegepersonal, also Oberschwester und Stationsschwestern, der Abteilung von diesen Verdächtigungen in Kenntnis zu setzen. Dadurch seien auch weitere organisatorische Maßnahmen wie unangekündigte Kontrollen in der Nacht, die Überprüfung im Verdacht stehender Mitarbeiter oder die Überwachung besonders gefährdeter Patienten unterblieben. Es sei deshalb zu keiner generellen Umstellung der Diensteinteilungen beim Pflegepersonal gekommen. Die Kontrollen durch den Vorstand seien unzureichend gewesen.

Angelastet wurden auch die Kompetenzüberschreitungen der Stationsgehilfinnen. Diese seien allgemein bekannt und geduldet worden. Die Ärzte und das leitende Pflegepersonal seien zu wenig angehalten worden, eine Unterscheidung der beiden Berufsgruppen vorzunehmen und dafür Sorge zu tragen, dass durch Stationsgehilfinnen keine Injektionen oder andere außerhalb ihres Kompetenzbereiches liegende Aufgaben ausgeführt wurden. Vorgeworfen wurde dem Vorstand auch eine unzureichende Verwahrung und Kontrolle der Arzneimittel und Suchtgifte. Darüber hinaus habe es zu wenige Zusammenkünfte zwischen Ärzten und Pflegepersonal gegeben; der Informationsaustausch sei somit unzureichend gewesen.

Gegen diesen erstinstanzlichen Bescheid brachte der Vorstand ein umfassendes Berufungsschreiben vor, in dem er viele der Vorwürfe vehement zurückwies. Vor allem sprach er sich gegen seine alleinige Verantwortung für die Umstände auf der I. Medizinischen Abteilung aus – und zwar mit Berufung auf die getrennten Führungsstrukturen, besonders jene des ärztlichen Leiters für den ärztlichen Dienst und jene des Leiters des Pflegedienstes für die Überwachung desselben. Seiner Ansicht nach könne man ihm nicht sämtliche Versäumnisse, die die Organe des Pflegebereiches zu vertreten haben, anlasten. Die Disziplinarkommission der Stadt Wien bestätigte den erstinstanzlichen Bescheid. Gegen diesen Bescheid richtete sich schließlich die Beschwerde an den Verwaltungsgerichtshof. Dieser hob den angefochtenen Bescheid auf, einerseits mangels ausreichender Sachverhaltsfeststellungen. Andererseits habe man sich mit dem Berufungsvorbringen des Vorstandes zu wenig auseinandergesetzt. In seinen Ausführungen ging der Verwaltungsgerichtshof jedoch vor allem auf die kollegiale Führung des Krankenhauses Lainz ein. Demnach hätten ärztlicher Leiter, der Leiter der wirtschaftlichen und administrativen Angelegenheiten des Krankenhauses, der Leiter der technischen Angelegenheiten und der Leiter des Pflegedienstes allgemeine und grundsätzliche Angelegenheiten gemeinsam zu besprechen und kollektiv Entscheidungen zu treffen. Den ärztlichen Dienst im Sinne des § 12 Wr. KAG legte der Verwaltungsgerichtshof dahingehend aus, dass die Behandlung der Patienten unter ärztlicher Letztverantwortung zu erfolgen habe und unter nachgeordneter pflegerischer Assistenz. Zudem müsse laut § 22 Wr. KAG jede Krankenanstalt mit bettenführenden Abteilungen eine diplomierte Krankenpflegeperson als verantwortlichen Leiter des Pflegedienstes bestellen. Für den Verwaltungsgerichtshof erschien es daher nicht nachvollziehbar, warum der Vorstand, als Leiter einer medizinischen Abteilung, für alle Mängel der Dienstaufsicht verantwortlich sein soll, sprich etwa auch für personalrechtliche Aufsicht über die mangelnde Pflichterfüllung einiger Bediensteter des Pflegepersonals. Wir teilen diese Meinung. Neben der Verantwortlichkeit des Vorstandes sind ebenso das leitende Pflegepersonal (Stationsschwester, Oberschwester, Direktorin des Pflegedienstes) und die Ärzte in die Pflicht zu nehmen. Alle drei Ebenen – Ärzte, Direktorin und leitendes Pflegepersonal – wären angehalten gewesen, frühzeitig Maßnahmen gegen die Missstände auf der Station einzuleiten; dies ist nur teilweise versucht worden. Das Arbeitsklima verschlechterte sich dadurch zusehends. Immer stärker entstand ein Klima der Sorglosigkeit; im Pflegeteam kam es zu Cliquenbildungen. Konsequenzen daraus waren: Mängel in der Pflege, Unachtsamkeit im Umgang mit Medikamenten und Diensterleichterungen auf Kosten der Patienten. Die Arbeitsgruppe des Magistrates der Stadt Wien, die mit dem Fall Lainz befasst war, schlug aus diesen Gründen Disziplinaruntersuchungen gegen diesen Personenkreis vor. Inwieweit tatsächlich auch weitere Personen zur Rechenschaft gezogen wurden, ist aus den Akten nicht ersichtlich.[65]

Der Fall Lainz zeigt unserer Ansicht nach die teilweise Entmenschlichung im Pflegeberuf. Wie stark die Beziehung zwischen Pflegenden und Pflegebedürftigen gestört sein kann, wird durch die erschreckenden Taten der vier Frauen deutlich. Sichtbar wird aber auch, dass vor allem strukturelle und organisatorische Faktoren die Taten begünstigt haben: personelle Unterbesetzung, ständige Überbelastung und Stress des Pflegepersonals, fehlende

Unterstützungs- und Hilfsangebote, Kompetenzüberschreitungen und unzureichende Konsequenzen, falscher Umgang mit Krankheit und Leid, Sterben und Tod von Patienten, Fehlverhalten von Führungskräften, Störungen in der Kommunikation, Konflikte im Team etc.

Auch der Staatsanwalt beschönigte diese Umstände nicht, sondern gestand in seiner Anklageschrift zu, dass die Arbeitsanforderungen an das Personal aufgrund der erhöhten Sterblichkeitsrate der Patienten und der außerordentlich hohen Bettenauslastung, verglichen mit anderen Krankenhäusern, erschwert waren. Aufgrund der Überzahl der nicht diplomierten Schwestern entstanden immer wieder Diensteinteilungen mit nicht diplomiertem Pflegepersonal. Dies führte dazu, dass praktisch keine Unterscheidung vorgenommen wurde zwischen diesen Berufsgruppen und auch den Ärzten oft der Ausbildungsgrad der Schwestern nicht bekannt war. All diese Umstände begünstigten die Begehung der Morde durch die vier Täterinnen. In Kapitel 5 werden wir auf diese und weitere gewaltursächlichen Faktoren noch näher eingehen. Klar wird aber, dass mehrere Faktoren und nicht nur ein Umstand verantwortlich für die Gewalt in Lainz waren – auch wenn die Hauptschuld ohne Zweifel die Täterinnen zu tragen haben.

Allgemeine Charakteristika von Patiententötungen

Der Fall Lainz steht keineswegs alleine da. Patiententötungen sind auch keine österreichische Spezialität. Jüngst noch Furore gemacht hat der bereits in Kapitel 1 erwähnte Fall des deutschen Krankenpflegers Niels H. Er tötete Patienten durch das Verabreichen des Medikaments Gilurytmal.[66] Im Februar 2015 wurde Niels H. zu einer lebenslangen Freiheitsstrafe verurteilt. Die genaue Zahl seiner Opfer ist noch unklar; viele wurden erst im Zuge des Prozesses bekannt. Niels H. wird sich daher noch in weiteren Verfahren zu verantworten haben.[21, 22] Im Hinblick auf den Tatort, die Opfer, das Täterprofil sowie die Tötungsmethoden kristallisieren sich gewisse Gemeinsamkeiten heraus.[67]

Der Tatort

Der Tatort ist in allen Fällen zugleich der direkte Arbeitsplatz des Täters. Da wir nur den intramuralen Bereich[68] abdecken, handelt es sich um Krankenhäuser (in der überwiegenden Anzahl der Fälle) oder Altenheime. Es sind Orte, die als gewaltfrei interpretiert werden. Jeder Mensch erwartet dort Schutz und vor allem medizinische/pflegerische Hilfe im Krankheits- und/oder Notfall. Herbert Maisch spricht ein weiteres Merkmal der Tatorte an, indem er sie als Orte beschreibt, «in denen Sterben und Tod zum Alltag gehören». Das Sterben innerhalb dieses Settings stellt nichts Ungewöhnliches dar. Im Gegenteil, oft wird der Tod bzw. das Sterben der Patienten von Seiten der Pflegenden, der Ärzte und der Angehörigen bereits erwartet und schließlich aufgrund des schlechten Gesundheitszustandes der Opfer als ein natürliches Ableben interpretiert. Die Tatorte sind somit Örtlichkeiten, die sowohl den pflegebedürftigen Menschen als auch den Pflegenden an seine Grenzen bringt, wenn auch auf ganz unterschiedliche Art und Weise. Beide werden konfrontiert mit Situationen zwischen Leben und Tod und sind somit außergewöhnlichen Belastungen ausgesetzt.[20, 23]

Eine überdurchschnittlich hohe Arbeitsbelastung auf der betroffenen Station bzw. in der jeweiligen Pflegeeinrichtung ist kein eindeutiger Auslöser für Patiententötungen. Diese Erkenntnis geht auf die Arbeit von Beine zurück, der feststellte, dass Tötungen an Kranken sowohl an Orten passierten, wo die Arbeitsbelastung als sehr hoch eingestuft wurde, als auch dort, wo das nicht der Fall war und den Mitarbeitern kein übermäßiges Arbeitspensum abverlangt wurde. Auch in Lainz hatten die Täterinnen nicht mehr Dienste als andere zu verzeichnen. In manchen Fällen von Patiententötungen dürfte eine erhebliche Überbelastung zwar die Taten begünstigt haben, so auch in Lainz, aber die Arbeitsbelastung selbst ist kein alleiniges Indiz. Wesentlichen Einfluss dürfte hingegen das jeweilige Arbeitsklima bzw. Betriebsklima haben. An vielen der untersuchten Tatorte waren Konflikte und Ungereimtheiten an der Tagesordnung, die nicht gelöst oder in sonstiger konstruktiver Art und Weise bearbeitet wurden. Widersprüche im gegenseitigen Umgang und Schwierigkeiten im Team führten zur Unterdrückung von Aggression und anderer negativer Gefühle; Grenzverluste wurden dadurch erleichtert. Grauzonen, in denen es zu erheblichen Kompetenzüberschreitungen kam, bestanden auf vielen Stationen und Einrichtungen, die zu Tatorten wurden und wodurch ein Klima der Gleichgültigkeit begünstigt wurde. Auch in Lainz war das generelle Arbeitsklima nicht besonders gut. Von Konflikten, Kompetenzstreitigkeiten und unklaren Anordnungen war die Rede. In einigen Gerichtsverfahren konnte zudem festgestellt werden, dass die Leichenschau sehr mangelhaft bzw. lediglich oberflächlich durchgeführt wurde oder überhaupt unterblieb. Auch von anderen Missständen wurde berichtet, beispielsweise der vielerorts mangelhaft kontrollierte Medikamentenverbrauch.[20, 23]

Opfereigenschaften

Die Opfer waren überwiegend hochaltrige, vielfach multimorbide Personen, nicht jedoch unbedingt sterbende Menschen, also Personen, die im Endstadium ihrer Krankheit angelangt waren. Häufig waren bei den Opfern intensivmedizinische Maßnahmen notwendig; vermehrt wurden Patienten künstlich ernährt und/oder beatmet. Einige der Opfer waren nicht mehr ansprechbar und konnten nicht mehr kommunizieren. Manchmal wurden die Opfer von den Tätern absichtlich in einen komaähnlichen Zustand versetzt. Der Gesundheitszustand der Opfer war mithin zum größten Teil aufgrund des Vorliegens diverser Erkrankungen als eher schlecht einzustufen, aber auch nicht so, dass der Tod unmittelbar erwartet wurde. Im Gegenteil, es gab Fälle, in denen die Opfer kurz vor ihrem Tod noch Besuch von Angehörigen hatten, die deren Zustand als gut beschrieben. Ein spezifisches Opfermerkmal lässt sich kaum feststellen, ein hoher Grad an Pflegebedürftigkeit dürfte jedoch tatbegünstigend gewesen sein.[20, 23, 74]

Länger andauernde Pflege- und Betreuungsverhältnisse waren die Ausnahme; oft kannten die Täter ihre Opfer erst ein paar Stunden. Die Tötungen erfolgten vielfach relativ knapp nach der Aufnahme des Patienten, vielfach noch am Aufnahmetag. Das Vorhandensein einer starken emotionalen Beziehung zwischen dem getöteten Pflegebedürftigen und den Pflegenden war daher mehrheitlich zu verneinen.[23] In Lainz dürften Patienten, die besonders «lästig» und «unangenehm» waren, zusätzlich einem besonderen Risiko ausgesetzt gewesen sein. Allgemein betrachtet war ein erhöhter Pflegeaufwand aber kein ausschlaggebender Grund für die Tötungen. Manchmal wurden nämlich auch Patienten getötet, die unauffällig und angepasst und nicht besonders pflegeintensiv waren. Aus der subjektiven Sichtweise der vier Täterinnen in Lainz handelte es sich bei den Opfern stets um Patienten, die bereits dem Tode geweiht und in einem äußerst schlechten, bemitleidenswerten Zustand waren. Die vier Frauen handelten ihrer Ansicht nach in der Annahme, durch ihre Taten das Sterben zu «erleichtern» und die Patienten von ihren Schmerzen zu erlösen.[20, 24]

Die Zahl der Opfer ist in den von Beine untersuchten Fällen großen Schwankungen unterworfen; es waren zwischen zwei und 50. Oftmals gelang es den Gerichten nicht, den Tätern alle Tötungen hinreichend nachzuweisen. Die Zahl der vermuteten Tötungsfälle wich in der Regel beträchtlich von den tatsächlich im Zuge der Verfahren nachgewiesenen ab. Im Hinblick auf die Häufigkeit der Tötungen (Tötungsfrequenz) konnte festgestellt werden, dass einige Täter an einem Tag mehr als ein Opfer zu verzeichnen hatten. Kurz vor den Verhaftungen der Täter häuften sich die Tötungen; dies trifft jedoch nicht auf alle Fälle zu. Meistens sank nach der ersten Tat die Hemmschwelle der Täter und die Bereitschaft zu weiteren Taten stieg.[20]

Art und Weise der Tötungen

Die häufigste Tötungsart bei seriellen Tötungen im Gesundheitsbereich ist die Verabreichung von Medikamenten in Form von Injektionen (z. B. Insulin, Rohypnol etc.), gefolgt von Ersticken, Vergiften, Ertränken und Malträtieren mit Gegenständen. Im geographischen Vergleich ergab sich, dass Täter in Europa vielfach Morphine verwenden. Die Medikamente waren nicht verordnet und wurden von den Tätern eigenmächtig verabreicht; vielfach unterblieb die Dokumentation der Entnahme und der entsprechenden Dosis. In den meisten Fällen, in denen es zu Tötungen durch Luftembolie, Clonidin oder Ersticken durch weiche Bedeckung[69] kam, ist, wie im Nachhinein festgestellt werden konnte, stets ein natürlicher Tod bescheinigt worden.[20, 24]

Die Tötungsmethoden erwecken auf den ersten Blick den Anschein übliche, grundpflegerische Handlungen zu sein, die dem direkten Wohl des Patienten dienen. Selten gibt es äußerlich sichtbare Spuren von Gewalteinwirkungen; die Taten wirken als routinemäßige, alltägliche Verrichtungen, die zum Arbeitsalltag der Täter zu gehören scheinen. Aus diesem Grund ziehen die Taten auch keinerlei Aufmerksamkeit der ärztlichen und pflegerischen Kollegen auf sich. Die Taten erfolgen unauffällig, überwiegend am Abend oder in der Nacht. Einige Täter hatten zuvor den Verdacht auf sich gezogen, am Ableben von Patienten mitgewirkt zu haben. Nachdem ihre Anstellung im betreffenden Krankenhaus beendet worden war, töteten sie in anderen Beschäftigungsverhältnissen weiter.[20, 23]

Patiententötungen stellen häufig keine Einmaltaten dar, sondern Serientötungen. Die Täter zählen zu den Serien-Gesinnungsmördern: Die Motive für Taten dieser Art sind politischer, religiöser oder ethischer/ideologischer Natur; Letzteres betrifft Patiententötungen. Es sind somit Beweggründe, die nur schwer nachvollziehbar sind, im Gegensatz etwa zu Taten, bei denen der Täter sich unmittelbar bereichern möchte, sprich aus Habgier handelt. Kennzeichnend für Gesinnungsmörder ist, dass sie weder aus einem sexuellen Lustgefühl noch aus Geldgier handeln. Die Serientat bzw. der Tätertypus des Serienmörders erregt im Vergleich zu anderen Gewalttaten und Täterprofilen eine hohe Aufmerksamkeit: zum einen wegen der hohen Opferzahl, zum anderen aufgrund der Gefühlskälte der Täter.[25]

In der Literatur finden sich zahlreiche Ansätze, um die Serientötung zu erklären. Vielfach wird diese Tat als verspätete Auswirkung einer frühkindlichen Traumatisierung verstanden. Die Tat wird häufig auf körperlichen und sexuellen Missbrauch zurückgeführt, auf Absonderung in emotionaler und sozialer Hinsicht (Marginalität) und auch auf die Angst, verlassen zu werden. In den Taten drückt sich ein Macht- und Kontrollbedürfnis aus, das auf Minderwertigkeitsgefühle in der Person der Täter und auf eine über mehrere Jahre andauernde Frustration in beruflicher und privater Hinsicht zurückgeht. Als tatbegünstigend werden darüber hinaus soziale und kulturelle Entwicklungen angesehen. Auch hirnorganische Anomalien (Unregelmäßigkeiten) und die laufende Konfrontation mit Gewalt in und durch die Medien werden als mitursächliche Faktoren vermutet.[25] Eine Rolle spielen auch die vielfach widersprüchlichen Entwicklungen der modernen Medizin, die Arbeitsumstände des Pflegepersonals, die gesellschaftliche Einstellung zu Sterben und Tod sowie demographische Entwicklungen.[23]

Die Täter

Es handelt sich meistens um Einzeltäter. Der Fall Lainz, in dem die Täterinnen auch teilweise mit einer der anderen zusammenwirkten, scheint hier eine Ausnahme darzustellen. Im Hinblick auf serielle Tötungen im Gesundheitssektor im Generellen sind die Täter Mitarbeiter aus dem Gesundheitsbereich. Die Mehrheit ist der pflegerischen Berufsgruppe zuzuordnen, gefolgt von Ärzten und Angehörigen der medizintechnischen Assistenz. Die Mehrzahl der untersuchten Tötungen erfolgte in Ländern mit hohem technischem Fortschritt im Gesundheitsbereich. Allerdings sind in nicht so hoch entwickelten Ländern die Standards und Möglichkeiten zur Feststellung solcher Ereignisse auch begrenzt. Von 90 Tätern, die in der Studie von Yorker et al. herangezogen wurden, wurden 45 mehrfacher Morde schuldig gesprochen und vier des versuchten Mordes; 25 waren zum Zeitpunkt der Erhebungen des mehrfachen Mordes angeklagt und erwarteten das Gerichtsverfahren. Der rechtliche Ausgang der restlichen zwölf untersuchten Fälle war unterschiedlich; in acht waren die mutmaßlichen Täter des mehrfachen Mordes angeklagt, aber es waren zu wenige Beweise vorhanden.[24] In den von Beine untersuchten 36 Tötungsfällen lag der Anteil der männlichen Täter bei 22 (58 Prozent), jener der Frauen bei 16 (42 Prozent). Das Durchschnittsalter betrug etwa 34 bzw. 36 Jahre. Mehrheitlich wurden die Täter nach der Festnahme forensisch-psychiatrisch untersucht; lediglich in einem Fall konnte eine psychische Krankheit mit Krankheitswert festgestellt werden. Die übrigen Täter waren per definitionem nicht psychisch krank. Typisch für die Person der Täter ist laut Beines Ergebnissen eine tief verwurzelte Selbstunsicherheit. In Bezug auf frühkindliche Erfahrungen oder auch im Hinblick auf die Lebenssituation waren jedoch kaum Besonderheiten festzustellen. Die Täter wurden vielfach als ausgezeichnete, fachlich kompetente und motivierte Mitarbeiter beschrieben, beliebt bei den Kollegen, fleißig und unauffällig.[20]

Im Fall Lainz zeigten sich ähnliche Muster: Die Sachverständigen beschrieben die vier Frauen als kooperativ und freundlich. Auf der Beziehungs- und Arbeitsebene konnten keine instabilen Verhältnisse festgestellt werden. Alle schienen sozial und beruflich integriert gewesen zu sein. Im Team hatte keine der vier eine Außenseiterrolle, zumindest ließ sich das aus keiner der Aussagen erkennen. Waltraud W. war sicherlich dominant innerhalb der Gruppe. Die vier Täterinnen in Lainz waren keine Berufsneulinge, sondern bereits viele Jahre als Pflegende tätig. Den Aussagen der Ärzte und Schwestern zufolge handelte es sich um engagierte

Schwestern. Sie hätten sich höflich und zuvorkommend um die Patienten gekümmert; nichts Nachteiliges war über sie bekannt.

Die Motive

Das von den Tätern angegebene Tötungsmotiv lautet in nahezu allen Fällen gleich: Mitleid den Patienten gegenüber. Auch in Lainz gaben die Täterinnen an, der Hauptbeweggrund für ihre Taten habe darin bestanden, Leiden zu verkürzen bzw. die Patienten vom Leiden zu erlösen. Die Tötungen wurden damit gerechtfertigt, aus Mitleid das Sterben erleichtern zu wollen.

Aber handelt es sich tatsächlich um Mitleid? Mitleid mit einem anderen Menschen zu haben bedeutet, dass man an seiner Situation Anteil nimmt. Man möchte seine Befindlichkeit verbessern, indem man einen Teil seines Leidens mitträgt. Mitleid setzt voraus, dass man die Wünsche des Gegenübers kennt und nicht gegen seinen Willen handelt.[20, 74]

Nicht Mitleid also, vielmehr die Unfähigkeit der Täter, das Leid der Patienten zu ertragen und sich davon professionell zu distanzieren, dürfte laut Beine die Ausgangslage ihrer Taten sein. Die ständige Konfrontation mit Tod und Krankheit im pflegerischen Alltag fördert diese Distanzlosigkeit. Beine spricht in diesem Zusammenhang vom Begriff des «verschobenen Selbstmitleids». Das Leid des Pflegenden und das Leid der Patienten verschmelzen miteinander und lassen sich nicht mehr voneinander abgrenzen. Es führt schließlich dazu, dass der Pflegende das empfundene Leiden des Patienten als unerträglich, ausweglos und viel stärker wahrnimmt, als es tatsächlich ist. Er fühlt sich hilflos, der Situation und dem Leiden des Pflegebedürftigen ohnmächtig ausgeliefert. Im Fokus steht somit der Pflegende selbst mit seinem Empfinden und nicht der Patient und dessen Leid. Beim Pflegenden tritt eine zunehmende, deprimierte Verstimmung ein, die durch das Leiden des Patienten und die eigenen beschränkten Handlungs- und Hilfsmöglichkeiten dominiert wird. Er interpretiert die Situation zusehends als hoffnungs- und trostlos und empfindet in der Folge das Leid des Patienten in verstärkter, oft übertriebener Art und Weise. In dieser Situation lässt sich das Selbstmitleid auf Seiten des Pflegenden vom Mitleid dem Patienten gegenüber nicht mehr trennen. Der Pflegende will sich von diesem Leid und seiner eigenen damit verbundenen Ohnmacht befreien; es entsteht die Bereitschaft zu Gewalttaten und gar Tötungen.[20] Besonders deutlich wurde dies in Lainz etwa durch die Äußerung von Irene L.: «Waltraud W. war kein böser Mensch und sie habe sich immer aufopfernd um die Patienten bemüht, und wenn eben diese Aufopferung zu nix geführt hat, dann hat sie geglaubt, mit einer Sterbehilfe den Patienten etwas Gutes zu tun.»[70]

Durch seine erste Tat erlangt der Täter wieder Kontrolle und Macht über die Situation – zumindest kurzzeitig fühlt er sich besser. Er empfindet im ersten Moment Erleichterung, da er die Ohnmacht, wenn auch nur temporär, besiegt hat und wieder Herr der Lage ist. Relativ bald nach der Tat weichen die ersten «Hochgefühle» jedoch wieder Emotionen negativer Natur. Der Täter wird sich seines strafbaren Handelns bewusst. Nun muss er alles daransetzen, dass die Taten unentdeckt bleiben und die Kollegen keinen Verdacht schöpfen. Dies ist energieraubend; erschwerend kommt hinzu, dass sich durch die Tat nichts am pflegerischen Alltag ändert. Die dauernde Konfrontation mit sterbenden und schwer kranken Patienten hält unvermindert an. Die Stimmung des Täters bleibt somit weiterhin gedrückt. Es entstehen immer wieder neue Ohnmachtssituationen, die er in keiner anderen Art und Weise zu überwinden weiß, als noch weitere Patienten zu töten. In seiner subjektiven Sichtweise handelt der Täter immer noch aus Mitleid den Patienten gegenüber und rechtfertigt seine Taten mit dem Argument, lediglich vom Leiden erlösen zu wollen. Die Sicht des Patienten wird nicht berücksichtigt. Um seine Empfindungen, sprich Bedürfnisse und Wünsche, geht es im Grunde nicht. Die Täter kennen ihre Opfer vielfach erst ein paar Stunden, haben meist keine Kenntnis von deren Wertvorstellungen und können daher nicht einschätzen, wie sie selbst ihre Situation empfinden.

Sie befassen sich mit dem betreffenden Patienten, seinem Gesundheitszustand und seinen Aussichten auch nicht wirklich, vielmehr setzen sie sich über dessen Empfindungen hinweg. Durch die Taten wollen sie sich von ihrem eigenen Leid befreien; dieses steht im Mittelpunkt und nicht etwa das der Opfer. Es entsteht das bereits angesprochene «verschobene Selbstmitleid». Sie zielen durch ihr Handeln auf eine Verbesserung ihrer momentanen Gemütslage ab. Dieser Abwehrmechanismus wird als «identifikatorischer Grenzverlust» bezeichnet, ein aus der Psychologie stammender Begriff.[20] Darunter ist die Unfähigkeit eines Menschen zu verstehen, eigene Wahrnehmungen, Befindlichkeiten und Gefühle sicher und scharf von jenen der Mitmenschen zu trennen und zu unterscheiden. Das Leiden und die Missempfindung, als Teile des eigenen Ichs, werden sodann auf andere Menschen übertragen. Man nennt diesen Vorgang «projektive Identifikation». Fortan werden die auf einen anderen Menschen übertragenen Aspekte der eigenen Gemütslage als Teile von dessen Empfinden gesehen. Tatsächlich sind es aber Teile des Selbst der Täter.[71]

Aus den dargelegten Gründen kann dem Mitleidsmotiv unserer Ansicht nach keine Berechtigung zuerkannt werden. Dagegen spricht auch die vielfach sehr grausame und qualvolle Art und Weise der Tötungen.

Neben dem vorrangig angegebenen Motiv des Mitleids wurden von den Tätern weitere Beweggründe angeführt. Einige sahen sich als die barmherzigen Retter der «armen» Patienten, andere sprachen vom Empfinden eines gewissen Lustgefühls und sexueller Befriedigung, dem Gefühl, sich selbst etwas zu beweisen, oder auch dem Bedürfnis, mehr Aufmerksamkeit zu erhalten. Bei manchen Vorfällen wurde vermutet, dass die Täter bewusst Notsituationen herbeiführten, um in der Folge als Retter dazustehen. Ihnen geht es in erster Linie nicht um die Tötung des Patienten, sondern um mehr Anerkennung und Wertschätzung. Zusätzlich scheint ein möglicher Grund für die Tötungen auch darin zu bestehen, dass die Täter «lästige» oder auch sehr pflegeintensive

Patienten «loswerden wollten». Abgesehen vom Mitleid, das bei der Rechtfertigung der Täter fast durchgängig eine Rolle spielt, lässt sich kein einheitliches Motiv für Patiententötungen ausmachen.[20, 74]

Welche Lehren lassen sich aus dem Fall Lainz ziehen?

Die Vorfälle in Lainz liegen mittlerweile fast 30 Jahre zurück. Seit dieser Zeit hat sich die pflegerische und auch medizinische Versorgung weiterentwickelt. Nichtsdestotrotz ist die grundsätzliche Problematik nach wie vor aktuell. Lainz war, auch wenn vielfach so dargelegt, kein Einzelfall. Die Pflege muss sich dessen bewusst sein, dass vorsätzliche und gewollte Tötungen von Patienten durch Mitarbeiter der pflegerischen Berufsgruppe im Rahmen des Möglichen liegen. Es ist notwendig, dafür in Krankenhäusern und Pflegeeinrichtungen eine besondere Aufmerksamkeit zu entwickeln. Dieser Appell richtet sich an Patienten und Pflegebedürftige, soweit es ihnen aufgrund ihres Gesundheitszustandes möglich ist, an deren Angehörige und vor allem an alle Personen, die innerhalb der pflegerischen Versorgung tätig sind.

Serientötungen in der Pflege sind schwer aufzudecken. Trotz interner Verdachtsmomente unter Kollegen und Vorgesetzten verstreicht bis zur tatsächlichen Verhaftung der mutmaßlichen Täter vielfach eine relativ lange Zeit (teilweise bis zu mehrere Jahre). Beine spricht von sogenannten langen Latenzzeiten; innerhalb dieser Zeiträume erfolgen oft weitere Tötungen. Schuld daran tragen Aufdeckungsbarrieren, die eine Entdeckung der Taten erschweren. Diese Barrieren finden sich im unmittelbaren Kollegium, bei den Vorgesetzten und Trägern der jeweiligen Institutionen. Auch Frühwarnsignale werden oft nicht als solche erkannt und wahrgenommen. Mitarbeiter müssen dahingehend sensibilisiert werden.[20, 23]

Mögliche Aufdeckungsbarrieren und Frühwarnsignale

Patiententötungen sind unvereinbar mit dem heilberuflichen Leitgedanken und der berufsethischen Verpflichtung der Pflegenden. Dieser Personengruppe, deren ursprüngliche Intention die Hilfe und Unterstützung von Mitmenschen ist, traut man derartige Taten am allerwenigsten zu. Die gravierende Verletzung des Vertrauens zwischen Pflegenden und Pflegebedürftigen steht im völligen Widerspruch zu den pflegetheoretischen und pflegepraktischen Idealen und läuft somit dem Ursprungsgedanken der Pflege zuwider. Aber nicht nur die Zugehörigkeit der Täter zu dieser Berufsgruppe trägt zu dem Umstand bei, dass die betreffenden Taten lange unentdeckt bleiben, sondern auch die Tatorte; diese werden nicht mit Gewalt in Verbindung gesetzt, schon gar nicht mit Tötungen. Ein Mensch, der in eine Pflegeeinrichtung übersiedelt oder im Krankenhaus als Patient aufgenommen wird, geht davon aus, dort die nötige Unterstützung und Hilfestellung bzw. die medizinisch/pflegerisch notwendigen Maßnahmen zu erhalten. Da solche Taten unter diesen Gegebenheiten außerhalb der menschlichen Vorstellung liegen, dauert es oft sehr lange Zeit, bis sie ans Tageslicht kommen und die Täter überführt werden.[20, 23]

Aufkommenden Verdachtsmomenten oder dem Gefühl, dass etwas nicht in Ordnung sein könnte, wird innerhalb des Kollegenkreises vielfach kein bzw. zu wenig Glauben geschenkt. Auch in Lainz war dies der Fall. Erstmals starb im Jahr 1988 eine Patientin aufgrund vorerst unklarer Todesursache. Der Verdacht eines Fremdverschuldens durch medikamentösen Einfluss stand im Raum. Die anschließende gerichtliche Obduktion ergab jedoch keinen Hinweis auf eine unerlaubte Arzneimittelapplikation. Nach diesem Vorfall wurde eine routinemäßige Blutabnahme mit toxikologischem Screening vorgeschrieben, aber es verging dennoch ein ganzes Jahr, bis es schließlich 1989 zur Strafanzeige durch den zuständigen ärztlichen Abteilungsvorstand kam. Innerhalb dieser Zeitspanne erfolgten weitere Tötungen.[20]

Eine Rolle spielt in diesem Zusammenhang die Angst der Mitarbeiter, im Falle eines zu Unrecht erhobenen Verdachts denunziert zu werden. Gewisse Umstände wie eine erhöhte Ablebensrate und/oder ein enormer Medikamentenverbrauch können ihren Grund in strafbaren Handlungen haben, müssen es aber nicht. Es erfordert Mut, Verdächtigungen gegen einen Kollegen anzusprechen. Es könnte sich auch um ein Missverständnis oder einen falschen Verdacht handeln. Der Grat zwischen der Erhebung falscher Vorwürfe und der Gefährdung von Pflegebedürftigen ist schmal. Bei den Patiententötungen der Vergangenheit trug dieser Umstand dazu bei, dass aufkommende Verdachtsmomente vielfach bereits im Keim erstickt wurden. An einigen Stationen oder Einrichtungen, die zu Tatorten wurden, ließ sich beobachten, dass ein kollektives Wegschauen erfolgte – sowohl bei Kollegen als auch bei Vorgesetzten, getreu dem Motto: «Es kann nicht sein, was nicht sein darf.» Auf Verdachtsmomente wurde mit Abwehrhaltung reagiert und die Möglichkeit solcher Taten geleugnet. Wer würde schon annehmen, dass auf «seiner» Station derartige Vorkommnisse möglich wären! Befürchtete Imageschäden von Führungspersönlichkeiten sind in diesem Kontext ebenfalls zu erwähnen.[20, 23]

Ein unerwartetes, vermehrtes Sterben von Patienten kann ein mögliches Warnsignal sein. Auch in Lainz ist das gehäufte Auftreten von Todesfällen während des Dienstes der späteren Haupttäterin von allen bemerkt, aber nicht hinterfragt worden. In diesem Zusammenhang ist zu betonen, dass vielfach nicht der Tod der Patienten bzw. die Vielzahl der Sterbefälle an sich auffällig ist, sondern eher der Zeitpunkt des Todes. Es handelt sich in der Regel um Patienten, deren Sterben noch nicht oder zumindest nicht zu diesem Zeitpunkt erwartet wurde.[20, 23]

Aber nicht nur vermehrte Sterbefälle wurden an den Tatorten festgestellt, sondern auch ein Anstieg von Notfällen. Einige Täter führten selbst absichtlich Notsituationen herbei, um in der Folge besonders rasch und vorbildmäßig darauf zu reagieren. Dahinter wird das Bedürfnis nach Anerkennung und Wertschätzung vermutet.[20]

Warnsignale sind mitunter auch in der Kommunikation der Mitarbeiter untereinander zu finden. Fälle von vergangenen Patiententötungen zeigten, dass die Täter schon lange vor ihrer Verhaftung im Kollegenkreis auffällige Spitznamen erhalten haben. Im Fall Lainz etwa wurde die spätere Haupttäterin von einigen Kollegen als «Hexe» bezeichnet. Andere Täter waren als «Vollstrecker», «angel of death» etc. bekannt. Auffälligkeiten sprachlicher Natur zeigten sich auch in einer zunehmenden Verrohung der Sprache, vor allem bei denjenigen, die später als Täter enttarnt wurden. In Lainz etwa sei vielfach, wenn ein Patient verstarb, nicht mehr von «Sterben» geredet worden, sondern davon, dass «wieder einer eingepackt wurde». Laut den Akten war dies ein geflügelter Ausdruck, da über verstorbene Patienten ein Leichentuch geschlagen wurde. An anderen Tatorten war die Rede von «Abkratzen» oder «den Löffel abgeben». Beachtung geschenkt wurde diesen Äußerungen im Vorfeld meist nicht. Dies dürfte wohl auch in der Tatsache begründet sein, dass im medizinischen Bereich eine zynische und lockere Ausdrucksweise vielfach «üblich» ist. Sie dient als selbstschützende Abwehrreaktion, aber auch zum Überspielen der eigenen Verunsicherung. Erst nach Überführung der Täter kam es zu der Feststellung der Auffälligkeit derartiger Äußerungen und dass sie über das «normale» Ausmaß hinausgingen. Rückblickend ließ sich in solchen Bemerkungen eine gewisse Ankündigung von Tötungshandlungen erkennen.[20, 23]

Vermehrt kam es auch zu auffälligen Prognosen bezüglich des Todes von Patienten, die ebenfalls erst nach Aufdeckung der Taten richtig gedeutet wurden. Es handelte sich um verdeckte, unmittelbare Vorhersagen der Taten bzw. des Todes gewisser Patienten, beispielsweise: «Der stirbt wohl, ich bin ja jetzt da.» Beine wertet solche Äußerungen als verdeckte Selbstanzeigen und nimmt an, dass die Täter mit diesen Bemerkungen die stillschweigende Zustimmung für ihr Handeln seitens der Kollegen einfordern wollten und dadurch, dass keine Reaktionen kamen, sich in ihrem Handeln bestätigt fühlten.[20]

Ein überdurchschnittlich hoher Verbrauch an Medikamenten bzw. Medikamentenfehlbestände kann ein Indiz für die Verabreichung nicht verordneter Medikamente sein. Das Auffinden leerer Ampullen kann ein Warnsignal sein. In den von Beine untersuchten Fällen wurde die Vergabe und der Bestand von Medikamenten unzureichend kontrolliert. In Lainz konnte eine große Menge von Rohypnol und Insulin unbemerkt entnommen werden und in der Folge zur Anwendung gelangen, ohne dass jemand wirklich Verdacht schöpfte.[20, 23]

Nur in einem Fall führte die Leichenschau zur Einleitung von Ermittlungen. Häufig war die Leichenschau mangelhaft und trug dazu bei, dass die Taten unentdeckt blieben. In Lainz beispielsweise wurde die Leichenschau entweder zu ungenau durchgeführt oder unterblieb gänzlich. Die Wichtigkeit einer sorgfältigen und ordnungsgemäßen Leichenschau ist an dieser Stelle zu betonen.[20, 60]

Im Hinblick auf die Institutionen und den unmittelbaren Kollegenkreis sind folgende Warnzeichen zu beachten:

- Vermehrte Todesfälle während der Schicht eines bestimmten Pflegenden
- Mängel in der ersten Leichenschau, Ausbleiben der zweiten Leichenschau
- Hoher Verbrauch von Medikamenten bzw. Fehlbestände (Auffinden leerer Ampullen etc.)
- Auffälligkeiten in der Sprache und der gegenseitigen Kommunikation (z. B. Verwendung von Spitznamen, makabre und ironisierende Wendungen, zynischer Umgangston etc.)
- Konflikte und Ungereimtheiten im Team
- Beschwerden von Angehörigen oder Betroffenen über Mitarbeiter (z. B.: Der und der ist besonders grob, rüde und/oder wenig einfühlsam)

- Festgestellte Nachlässigkeiten bei der Verrichtung von Pflegemaßnahmen
- Unangemessene Reaktionen von Vorgesetzten: Auf die Kritik von Kollegen, die bereits Verdacht schöpfen, wird entweder gar nicht reagiert oder gar mit der Aufforderung, die Kritik unterbleiben zu lassen. Ignorieren von Regelverstößen durch Vorgesetzte (trägt zur Verschlechterung des Arbeitsklimas bei und führt dazu, dass Mitarbeiter von einem gewissen Desinteresse der Vorgesetzten ausgehen)[20]

Warnsignale finden sich aber nicht nur im unmittelbaren Arbeitsumfeld, sondern auch im Persönlichkeitsprofil der Täter. Zwar lässt sich, wie Beine betont, aus den frühkindlichen Erfahrungen und den konkreten Lebensumständen der Täter kein allgemeines, generell gültiges Erklärungsmuster herleiten. Fast alle wiesen aber eine hohe Selbstunsicherheit auf, die zumindest unterbewusst die Entscheidung, einen Pflegeberuf zu ergreifen, mitbeeinflusst haben dürfte. Selten besteht im Rahmen einer beruflichen Beziehung eine derartige Abhängigkeit zwischen zwei Personen wie in der Pflege. Pflegebedürftige und Patienten sind in vielerlei Hinsicht auf den Pflegenden angewiesen. Als vorrangige Motivation, den Pflegeberuf zu erlernen, wird in der Regel die direkte Arbeit mit Menschen genannt. Bei einigen dürfte aber auch das Bedürfnis nach mehr Anerkennung und Wertschätzung eine Rolle gespielt haben. Zum Risikoprofil der Täter gehört die Sorge um den eigenen Selbstwert statt der eigentlich erforderlichen Orientierung an den Bedürfnissen der Patienten.[20] Gefahren können sich in diesem Kontext ergeben, wenn der Drang nach Aufmerksamkeit zur Aufwertung des eigenen Selbst erfolgt und dieser Aspekt bereits, wenn auch unterbewusst, die Berufswahl mitbestimmt hat. Es kann sich um Menschen handeln, die sich durch ihre Hilfeleistungen entgangene Zuneigung und Beachtung zurückzuholen versuchen. Fremdprojektionen auf die Person des Pflegebedürftigen sind möglich. Welche weiteren Gefahren mit derartigen Persönlichkeitszügen verbunden sein können, wird in späteren Kapiteln noch deutlich werden. Es ist wichtig, dass Pflegende eine stabile Identitätsbildung hinter sich haben und nicht eigene Belange auf jene Personen übertragen, die ihrer Fürsorge unterstehen.[75, 76]

Unserer Erfahrung nach weisen Pflegende keine einheitliche Persönlichkeitsstruktur auf. Dennoch kann die Frage nach der Motivation derjenigen, die diesen Beruf ergreifen bzw. ausüben, unter Umständen präventiven Charakter haben. Jedenfalls sollte bei der Auswahl unter potenziellen Bewerbern Anzeichen erhöhter Selbstunsicherheit Berücksichtigung finden.

Mögliche täterspezifische Warnsignale:

- Vermehrt auftretende Todesfälle während des Dienstes des betreffenden Pflegenden
- Häufung der Anwesenheit eines Mitarbeiters bei Notfällen
- Hoher Verbrauch von Medikamenten bzw. Fehlbestände (Hinweis auf die Verabreichung von nicht verordneten Medikamenten)
- Verabreichung von nicht verordneten Medikamenten
- Verrohung der Sprache (zynische Anmerkungen und Kommentare, makabre und respektlose Witze und Äußerungen)
- Vorhersagen des Todes von Patienten (verdeckte Selbstanzeigen)
- Auffallende Persönlichkeitsveränderungen bei einem Mitarbeiter (distanziert, Rückzug etc.)
- Überzogener Drang nach Aufmerksamkeit und Anerkennung
- Veränderung in der Dokumentation von Pflegemaßnahmen (z. B. detaillierter oder stark defensiv)
- Ein besonders bemühtes Verhältnis zu Vorgesetzten[20]

Die uns bekannten Fälle von Patiententötungen machten deutlich, dass es das Frühwarnsignal schlechthin nicht gibt. Meistens wird erst durch das Zusammenwirken mehrerer Warnzeichen ein erhöhtes Risikobewusstsein geschaffen. Die Aufmerksamkeit auf Risikokonstellationen zu lenken, ist ein erster präventiver Schritt, um Tötungen zu verhindern. Situationen und Vorkommnisse, die im ersten Moment als völlig unbedeutend interpretiert werden, sind genauer zu beleuchten; erst bei näherem Hinschauen können sich Zusammenhänge zwischen gewissen Ereignissen und gemachten Beobachtungen ergeben, die zunächst nicht zusammenpassten. Mitarbeiter von Krankenhäusern und Pflegeeinrichtungen bedürfen der Kenntnis jener Risikokonstellationen, die Gewalttaten und Tötungen begünstigen können.[20, 23]

Wird in einer konkreten Situation ein Verdacht geäußert, ist damit allerdings sehr vorsichtig umzugehen. Das Risiko eines zu Unrecht erhobenen Vorwurfes gegen einen Kollegen ist nicht zu unterschätzen. Dem lässt sich durch einen offenen Umgang mit geäußerten Verdachtsmomenten entgegenwirken. Wird im Falle eines begründeten Verdachts hingegen geschwiegen, trägt das womöglich zur Deckung des Täters bei und in der Folge auch dazu, dass weitere Personen getötet werden. Verdächtigungen müssen abgeklärt werden, Hinweissignale sind ernst zu nehmen. Auch die Leitung eines Krankenhauses ist hier in der Pflicht. Ärztliche Direktion, Pflegedirektion und Verwaltungsdirektion sind mit einzubinden und sollten dementsprechend zusammenarbeiten. Mitarbeiter und Betroffene müssen die Möglichkeit haben, Verdachtsfälle anonym zu melden, mit der Garantie, dass diesen mit der gehörigen Sorgfalt nachgegangen wird.[20, 23]

Besonderes Augenmerk ist auch auffälligen Veränderungen von Mitarbeitern und der konkreten Ausgestaltung der Pflegeteams zu schenken. An vielen Tatorten war zu beobachten, dass Regelverstöße ignoriert wurden. Dies förderte eine gewisse Gleichgültigkeit unter den Mitarbeitern, da keine Konsequenzen zu erwarten waren. Es ist daher wichtig, das Arbeitsklima zu beobachten. Negative Entwicklungen wie eine zunehmende Verrohung der Sprache oder ein respektloser Umgang mit Pflegebedürftigen dürfen nicht ungeahndet bleiben. Hier ist vor allem an Vorgesetzte und leitende Mitarbeiter zu appellieren, angesichts derartiger Vorkommnisse unverzüglich und ohne Toleranz einzugreifen.[20]

Auch was die Ausbildung Pflegender betrifft, sollte man aus der Vergangenheit gelernt haben. Das Thema der Patiententötungen darf nicht weiterhin tabuisiert werden. Bildungsmaßnahmen müssen gewährleisten, dass allen Pflegenden mögliche Warnzeichen zur Erkennung solcher Taten bekannt sind. Es bedarf des Bewusstseins, dass niemand davor gefeit ist, in Einrichtungen zu arbeiten, die zu Tatorten werden können.[20]

Eine sorgfältige Aufbewahrung und eine genaue, nachvollziehbare Medikamentenkontrolle sind notwendige Voraussetzungen dafür, dass Unregelmäßigkeiten sofort auffallen. Es darf weder eine unkontrollierte noch eine unbemerkte Entnahme von Medikamenten möglich sein.[20]

Eine ordnungsgemäße und sorgfältige Leichenschau kann ebenfalls dazu beitragen, dass Patiententötungen und andere Gewalttaten an pflegebedürftigen Personen nicht unentdeckt bleiben. In den untersuchten Fällen von Patiententötungen erfolgte die Leichenschau teilweise vorschnell; mitunter wurden falsche Todesursachen dokumentiert. Dadurch blieben Spuren einer Fremdeinwirkung unentdeckt. Im Zweifelsfall sollten immer polizeiliche Untersuchungen eingeleitet werden, die zur gerichtlich angeordneten Obduktion der betreffenden Leiche führen. Erst durch gerichtsmedizinische Untersuchungen können gewaltsame Übergriffe definitiv ausgeschlossen werden. In diesem Kontext ist zu erwähnen, dass sich die Rechtsmedizin, auch Forensische Medizin oder Gerichtsmedizin genannt, beileibe nicht nur mit toten Menschen, sondern auch mit Opfern von Gewalttaten oder anderen Straftaten wie Schlägereien, Sexualdelikten etc. befasst. So werden etwa auch alte Menschen, die Opfer von Gewalt geworden sind, untersucht.[19, 20, 77]

Auf alle weiteren präventiven Maßnahmen zur Bewältigung und Verhinderung von Gewalttaten, nicht nur von Patiententötungen (z. B. ausreichende Fort- und Weiterbildungen, richtiger Umgang mit dem Leid von Patienten etc.), gehen wir in Kapitel 6 noch näher ein.

Resümee

Patiententötungen werden bagatellisiert. Das beschriebene Mitleidsmotiv ist nicht nur unter den Tätern präsent – auch die Öffentlichkeit lässt dieses Motiv durchaus gelten. Unsere Gesellschaft neigt dazu, bis zu einem gewissen Grad Verständnis für die Täter aufzubringen. Die Täter maßen sich an zu wissen, was das Beste für den anderen ist und wann ein Leben noch lebenswert ist oder nicht. Täter werden auch als Opfer gesehen – Opfer von inhumanen Arbeitsbedingungen und medizinischem Fortschritt.[20]

Angesichts der herrschenden Gegebenheiten in vielen Pflegeeinrichtungen und Krankenhäusern, zumindest im deutschsprachigen Raum, ist dieser Faktor bis zu einem gewissen Grad nicht zu leugnen: Die pflegerische Versorgung ist gekennzeichnet durch latente Überbelastung der Mitarbeiter, Personaleinsparungen an allen Ecken und Enden, ständigen Zeitdruck und vergleichsweise niedrige Bezahlung.[78] Pflegende müssen in immer kürzer werdenden Zeiträumen komplexere Tätigkeiten an vielfach erkrankten Patienten leisten und dies bei einem, im Vergleich zu den vorherigen Dekaden, geringer qualifizierten Personalstand. Hinzu kommt die geringe Anerkennung durch die Vorgesetzten. Im Vergleich dazu ist die Wertschätzung von Pflegenden innerhalb der Bevölkerung überproportional hoch. Dies bestätigt eine Initiative des deutschen Berufsverbandes für Pflegeberufe (DBfK), in der deutlich wurde, dass die Bevölkerung Pflegenden hohes Vertrauen zuerkennt, die pflegerische Arbeit schätzt und sie unverzichtbar für das Gesundheitssystem hält.[79] So nimmt der Pflegeberuf innerhalb der letzten drei Jahre in Folge Rang 2 der angesehensten Berufe in Deutschland ein.[80] Nur, wie schlägt sich diese Meinung im täglichen Arbeitsprozess und in Euro und Cent nieder? Antwort: In der Regel gar nicht!

Es ist verständlich und nachvollziehbar, dass diese Umstände Pflegende nicht unberührt lassen. Durch Dauerkompensation kommt es zu physischen und psychischen Belastungen. So hat sich unter anderem gezeigt, dass im Falle unerträglicher Arbeitsbelastung suchtbezogene Effekte die logische Konsequenz sind.[81] Alles in allem führen diese Faktoren dazu, dass zunehmende Enttäuschung, Wut und geringe Freude an der Arbeit den Arbeitsprozess tagtäglich begleiten. Pflegende überschreiten häufig ihre Limits, sowohl in physischer als auch in psychischer Hinsicht.

Dennoch und bei allem Verständnis für die erheblichen Belastungen des Pflegeberufes und der schwierigen Umstände im Pflegealltag: Patiententötungen sind durch nichts gerechtfertigt.[18] Der österreichische Neurologe und Psychiater Viktor Frankl[72] meinte zutreffend: «Der Mensch ist nicht frei von Bedingungen, sondern nur frei, zu ihnen Stellung zu beziehen.» Diese Aussage hat auch für die pflegerische Versorgung unbedingte Gültigkeit. Frankl spricht hier die Tatsache an, dass Menschen auch angesichts widriger Umstände immer eine Wahl haben. Dies betrifft auch die Frage, ob Gewalt angewandt wird oder nicht. Menschen sehen sich vielfach als Opfer der Umstände, der Lebenssituation und als Opfer anderer Menschen und Systeme. Dabei vergessen und verdrängen sie, dass sie immer unter allen Umständen Entscheidungen treffen. In jeder Situation wählen sie aus einer Anzahl von Möglichkeiten aus. Noch einmal Frankl: «Weil was ist der Mensch? Er ist das Wesen, das immer entscheidet, was es ist.»[82]

Pflegende müssen sich daher stets der Frage stellen: Welcher pflegerische Auftrag wurde uns durch den Patienten übergeben und wie können wir diesen, ungeachtet der Umstände und der begrenzten Handlungsspielräume, bestmöglich erfüllen?

Kapitel 4 **Demographische Entwicklungen und epidemiologische Hintergründe**

Ein nachhaltiges, patientennahes, finanzierbares und damit auf solidem Management beruhendes Gesundheitswesen muss den demographischen Entwicklungen und den derzeitigen Umbrüchen der Gesellschaft Rechnung tragen. Die Lebenserwartung steigt ständig – die «Unterjüngung» der Bevölkerungspyramide ist ein Begleiter der nächsten Jahrzehnte. Diese Tatsache hat Auswirkungen auf alle Gesundheitssysteme in der industrialisierten Welt. Mit zunehmendem Lebensalter nimmt das Krankheitsrisiko jedes Einzelnen zu. In Folge der altersspezifischen Entwicklung steigt auch die Pflegebedürftigkeit. Den Herausforderungen, die mit diesem Anstieg von Erkrankungen und den Veränderungen in der Altersstruktur einhergehen, wird sich die gesamte medizinische und pflegerische Versorgung stellen und deshalb neu ausrichten müssen. Die Pflege und Betreuung von betagten, hochbetagten und langlebigen Menschen gewinnt zunehmend an Bedeutung. Der Auftrag an Pflege und Medizin ist eine patientenzentrierte und professionelle Betreuung der Menschen, die ein Altern bei gleichbleibender Lebensqualität und bei funktionierenden Aktivitäten des täglichen Lebens und somit auch in Würde gewährleistet. Hierfür bedarf es einer humanen, wirkungsvollen und leistbaren Pflege und nicht einer an ökonomischer Effizienz orientierten Restversorgung.[83, 84]

Es ist üblich, das Alter an gewissen Altersgrenzen festzumachen. Beispiele dafür finden sich vor allem im juristischen Bereich – Volljährigkeit, Rechts- und Geschäftsfähigkeit oder Strafmündigkeit und die damit verbundenen Konsequenzen werden an das Erreichen einer bestimmten Altersgrenze geknüpft. Neben diesen überwiegend formalen Altersgrenzen gibt es auch sogenannte informelle Altersgrenzen, die mit der subjektiven Wahrnehmung des Alters zusammenhängen. Sie sind durch Ansichten und Einstellungen der Gesellschaft geprägt.[85] Nach der Einteilung der Weltgesundheitsorganisation WHO werden folgende Kategorien alter Menschen unterschieden:

- «alternde Menschen» (50–60 Jahre)
- «ältere Menschen» (61–75 Jahre)
- «alte Menschen» (75–90 Jahre)
- «sehr alte Menschen» (über 90 Jahre)
- «langlebige Menschen» (100 und mehr Jahre)

Mit der steigenden Lebenserwartung ist auch die Gefahr verbunden, dass die Zahl alter Personen, die Opfer von Misshandlungen werden, zunimmt. Dieser Faktor hängt unmittelbar mit abnehmender Kraft, altersspezifischen und krankheitsbezogenen Veränderungen, etwa der Einschränkung des Sehens, des Hörens oder des Geruchssinns, wie auch mit abnehmenden sozialen Interaktionen zusammen. All dies führt dazu, dass die betreffenden Menschen in unserer Gesellschaft, abgesehen von altersspezifischen Märkten, kaum noch eine Lobby haben. Epidemiologische Zahlen der WHO zeigen, dass in allen Ländern der europäischen Region Gewalt und Misshandlung gegenüber alten Menschen ein Thema ist; Schätzungen zufolge sind pro Jahr etwa vier Millionen alte Menschen im europäischen Raum dem ausgesetzt. Das volle Ausmaß des Problems ist unbekannt.[46, 86]

Der Bericht der WHO – «European report on preventing elder maltreatment» – liefert aber erschreckende Zahlen, was die Gewalt gegen alte Menschen in den europäischen Mitgliedsstaaten betrifft:

- Rund 8500 Menschen, die 60 Jahre und älter sind, sterben jährlich aufgrund von Gewalt.
- Neun von zehn Tötungen passieren in Ländern mit niedrigen oder mittleren Einkommen («low- and middle-income countries»).[73]
- 30 Prozent der Gewalthandlungen führen zum Tod.
- 2,7 Prozent der alten Menschen haben laut Befragungen körperliche Gewalt erfahren. Dies entspricht vier Millionen Menschen, die 60 Jahre und älter sind.
- 0,7 Prozent der alten Menschen haben laut Befragung sexuelle Übergriffe erfahren. Das entspricht immerhin noch einer Million Betroffener.
- 19,4 Prozent (29 Millionen Menschen) geben an, psychische Gewalt erlebt zu haben.
- Bei 3,8 Prozent (6 Millionen) der Befragten wird finanzielle Ausbeutung vermutet.[46]

Der demographische Wandel – Ursachen und Einflussfaktoren

Die weltweite Alterspyramide für den Zeitraum 1950 bis 2100 zeigt deutlich die zunehmende Wirkung des demographischen Wandels. Vor allem innerhalb der letzten 100 Jahre hat sich das Bevölkerungsprofil stark verändert. Die durchschnittliche Lebenserwartung steigt immer weiter an. Der Anteil älterer und hochbetagter Menschen an der Gesamtbevölkerung nimmt ständig zu.[87, 88] Im Gegensatz dazu nimmt der Anteil junger, im Arbeitsprozess stehender Personen kontinuierlich ab. Eine logische Folge der alternden Bevölkerung ist das Ansteigen jener Krankheiten, die besonders im letzten Lebensdrittel auftreten – allen voran die Demenzerkrankung.[74] Im Zusammenhang mit Demenz prognostizieren Experten eine Verdreifachung der Erkrankung bis zum Jahr 2050. Aber auch chronische Erkrankungen (beispielsweise Diabetes) und Multimorbidität nehmen zu.[89]

Es handelt sich mittlerweile um ein globales Problem. Weltweit wächst die ältere Bevölkerung, sprich die Personengruppe der über Sechzigjährigen, schneller als die Gesamtbevölkerung. Ihr Anteil ist von 9,2 Prozent im Jahr 1990 auf 11,7 Prozent in 2013 gestiegen und wird im Jahr 2050 eine Größenordnung von 21,1 Prozent der Gesamtbevölkerung erreichen. Weltweit wird erwartet, dass sich die Altersgruppe der über Sechzigjährigen mehr als verdoppelt, von 841 Millionen Menschen im Jahr 2013 auf mehr als zwei Milliarden im Jahr 2050. Erstmals soll im Jahr 2047 die Zahl der alten Personen die Zahl der Kinder überschreiten. Aber auch die Gruppe der alten Menschen selbst wird immer älter. 2013 betrug der Anteil der Achtzigjährigen oder noch älteren Personen 14 Prozent; für das Jahr 2050 wird er auf 19 Prozent prognostiziert. Sollte dieser Fall tatsächlich eintreten, wird es 2050 392 Millionen Menschen im Alter von 80 Jahren oder älter geben, was dreimal so viel wäre wie heute.[88]

Nicht nur das Alter, auch die generelle Lebenserwartung von Männern und Frauen steigt weltweit. Während 1950 in den stärker entwickelten Ländern die Lebenserwartung bei 65 Jahren lag und in den weniger stark entwickelten Ländern lediglich bei 42 Jahren, wird sie in den Jahren 2010–2015 auf 78 bzw. 68 Jahre ansteigen. Erwartet wird, dass sich der Unterschied in den folgenden Jahren weiter verringert. In den Jahren 2045–2050 wird die Lebenserwartung auf 83 bzw. 75 Jahre geschätzt.[88]

Global gesehen haben Frauen mit 72,7 Jahren eine höhere durchschnittliche Lebenserwartung als Männer mit 68,1 Jahren (Prognose ausgehend vom Geburtsjahr 2012). Es wird davon ausgegangen, dass dieser Unterschied in etwa so bestehen bleibt. Aus diesem Grund sind die Älteren weltweit in der Mehrzahl Frauen.[90]

Die demographische Alterung und ihre Folgen

Eine Konsequenz der steigenden Hochaltrigkeit ist, dass die Wahrscheinlichkeit einer Pflegebedürftigkeit innerhalb dieser Bevölkerungsgruppe stetig wächst. Pflege- und Betreuungseinrichtungen gewinnen aus diesem Grund an Bedeutung. Viele alte Menschen sind entweder aufgrund eingetretener Erkrankung oder aufgrund von Altersschwäche nicht mehr in der Lage, sich um sich selbst zu kümmern, und sind auf fremde Hilfe angewiesen. Wie können die Aktivitäten des täglichen Lebens bewältigt, wie kann eine persönliche Betreuung realisiert werden?[83, 84]

Einziger Ausweg in derartigen Konstellationen ist häufig der Umzug in eine Einrichtung der Langzeitversorgung. Auch Veränderungen in den Lebensweisen und den nicht langfristig planbaren Familienstrukturen tragen dazu bei, dass immer mehr alte Menschen in Pflegeeinrichtungen übersiedeln. Früher lebten die Menschen im Familienverbund, häufig mehrere Generationen unter einem Dach. Heute besteht unverkennbar der Trend zur Kleinfamilie bzw. zu Singlehaushalten. Ein Rückgang der Eheschließungen, ein Anstieg der Scheidungsrate und die steigende Erwerbstätigkeit bei Frauen verändern die ursprünglichen typischen Familienformen. Vermehrt sind innerhalb der Familien keine Ressourcen vorhanden, um die Versorgung der älteren Generation zu gewährleisten. Die Betreuung ist mit einer Berufstätigkeit entweder gar nicht oder nur schwer vereinbar und oft auch aus finanziellen Gründen keine Option. Der Generationenvertrag, in dem Sinne verstanden, dass die Älteren von den Jüngeren gepflegt und versorgt werden, hat überwiegend keine Gültigkeit mehr.[86, 91]

Frau M. pflegte ihre Mutter selbstaufopfernd über mehrere Jahre. Die Mutter erlitt mit 77 einen Schlaganfall und war dadurch halbseitig gelähmt. Frau M. war Mitte 50, voll berufstätig, alleinstehend und hat es durch Hilfe von Laienpflegenden geschafft, ihre Mutter pflegerisch umfassend in häuslicher Umgebung zu versorgen. Als sich bei Frau M. eine chronische Erkrankung einstellte, musste sie sich schweren Herzens dazu entscheiden, die Mutter in ein Pflegeheim zu bringen. Auf die individuellen Bedürfnisse der Mutter konnte in der Institution keine Rücksicht mehr genommen werden, sie wurde apathisch und erlitt bereits nach wenigen Wochen an verschiedenen Körperstellen Druckgeschwüre (Dekubitalulcera).

Pflegebedürftigkeit tritt häufig als Folge einer plötzlichen schwerwiegenden Erkrankung ein. Der Umzug in die Langzeitversorgung geht in diesen Fällen relativ rasch vonstatten. Für den Betroffenen ist damit eine starke Veränderung seiner Lebenssituation und eine Reduktion an Autonomie verbunden. Idealerweise würde sich der Betroffene selbst dazu entschließen, in eine Langzeiteinrichtung zu übersiedeln, solange er noch im Besitz seiner Kräfte ist. So kann er sich im Vorfeld auf die neue Situation einstellen, sich emotional vorbereiten und die notwendigen Maßnahmen noch in Eigenregie angehen. Alte Menschen neigen dazu, niemandem zur Last fallen zu wollen. Vielfach stimmen sie dem Umzug in eine Betreuungseinrichtung zu, obwohl sie sich insgeheim wünschen, weiterhin im Familienverbund zu leben. Manchmal wird dem alten Menschen auch das Gefühl vermittelt, nicht mehr für sich selbst sorgen zu können. Trotz der Möglichkeit einer ambulanten bzw. häuslichen Betreuung entscheiden sich dann viele für eine Pflegeeinrichtung. Dabei kann auch die Angst vor Vereinsamung mit ausschlaggebend sein. Fest steht aber: Die meisten Menschen wünschen sich, so lange wie möglich zu Hause zu bleiben und für sich selbst zu sorgen. Der Umzug in eine Pflegeeinrichtung ist der letzte Ausweg, wenn man den Aktivitäten des täglichen Lebens nicht mehr eigenständig nachgehen kann.[1, 86, 92]

Mit dem Umzug des alten Menschen in ein Heim sind für den Betroffenen erhebliche Veränderungen und ein Abschied von der bis dahin bestehenden Normalität verbunden. Das gewohnte soziale und räumliche Umfeld wird verlassen und gegen eine neue Umgebung getauscht. Der gesamte Alltag verändert sich. Das Zusammenleben und der Kontakt mit anderen Heimbewohnern stellen für viele alte Menschen einen neuen Kontext dar. Zusätzlich sind die vorgegebenen Strukturen und der damit verbundene Eingriff in die Privatsphäre und in die Entscheidungsfähigkeit für jeden Einzelnen gewöhnungsbedürftig. In vielen Fällen stößt eine individuelle Gestaltung der Wohnbereiche auf organisatorische Grenzen oder ist prinzipiell nicht möglich. Spontane Wünsche oder besondere Umstände des Einzelfalles finden keine Berücksichtigung.[1, 86, 92]

Was bedeutet es konkret, pflegebedürftig zu werden?

Zur Beantwortung dieser Frage greifen wir auf die Arbeit der amerikanischen Pflegetheoretikerin Virginia Henderson zurück, die bereits Anfang der Dreißigerjahre des letzten Jahrhunderts die Grundlage zu einer Theorie der Pflege schuf. Henderson war es besonders wichtig, den Blick weg von den medizinischen Therapien auf den spezifischen Gegenstand der Pflege zu lenken. Die Krankenpflege und deren Ziele definierte sie folgendermaßen: «Die einzigartige Funktion der Pflege besteht darin, dem Menschen, ob krank oder gesund, bei Handlungen zu helfen, die zur Gesundheit oder deren Wiedererlangung beitragen (oder zu einem friedlichen Tod) und die er auch ohne Hilfe ausführen würde, wenn er die notwendige Kraft, den Willen oder das Wissen hätte. Und das ist so zu machen, dass er so schnell wie möglich wieder unabhängig wird.»[93, 94]

Der Patient ist nach Henderson ein Individuum, das auf die Hilfe und Unterstützung anderer angewiesen ist, um wieder gesund und unabhängig zu werden oder auch in Frieden sterben zu können. Henderson spricht von den 14 Grundbedürfnissen des Patienten bzw. Pflegebedürftigen, die sämtliche Aufgaben in der Pflege abdecken und daher als Bestandteile der Krankenpflege anzusehen sind. Auch die Sterbebegleitung ist Teil und Aufgabe der Pflege. Sie muss auch dort tätig werden, wo eine Erhaltung oder Wiederherstellung der Gesundheit nicht mehr möglich ist.[95, 96, 97]

Pflegebedürftigkeit eines Menschen liegt demnach dann vor, wenn er nicht mehr in der Lage ist, Handlungen, die seiner Gesundheit oder deren Wiedererlangung dienen, selbst auszuführen, sondern dafür auf fremde Hilfe und Unterstützung durch entsprechende Fachkräfte oder auch auf familiären Beistand angewiesen ist.[95, 96]

Vor Pflegebedürftigkeit ist niemand gefeit; sie kann jeden Mann und jede Frau treffen, unabhängig vom konkreten Alter. Durch Krankheit oder Unfall kann jeder Mensch, auch der junge, zum Pflegefall werden. Pflegebedürftigkeit kann zeitlich begrenzt sein und nur einige Wochen oder Monate andauern. Meistens trifft sie aber alte Menschen, die langfristig und dauerhaft Hilfe benötigen.[95, 96]

Zur Pflege gehört Verständnis für die besondere Lebenslage des Pflegebedürftigen und ein professionelles Eingehen auf seine individuelle Situation und seine Bedürfnisse. Abhängig vom Ausmaß der Pflegebedürftigkeit ist die Selbstbestimmung des Betroffenen so weit wie möglich zu wahren. Die Herausforderung besteht wohl darin, einen praktikablen Mittelweg für beide Seiten zu finden, also sowohl die Interessen des Betroffenen als auch jene der Einrichtungen und der Pflegenden zu wahren.[83]

Wie wird Pflegebedürftigkeit festgestellt?

Auf Grundlage der 14 von Henderson erarbeiteten Grundbedürfnisse wurde 1996 zur definitiven Feststellung der Pflegebedürftigkeit einer Person in den Niederlanden die Pflegebedürftigkeitsskala von Dijkstra, Buist und Dassen entwickelt.[98] Dabei wird mit Hilfe von 15 Items, die auf Aspekte wie Essen und Trinken, Körperhaltung, Mobilität und Kommunikation abstellen, der Allgemeinzustand des Betroffenen gemessen. Durch die Klärung aller

15 Punkte auf einer Antwortskala von «völlig abhängig» bis zu «völlig unabhängig» wird geklärt, inwieweit die betroffene Person pflegebedürftig ist.[96]

Informationen zur individuellen Ausprägung der Pflegebedürftigkeit sind für alle jene wichtig, die mit alten Menschen arbeiten. Im Rahmen der jeweiligen Betreuung kann durch gezielte Maßnahmen auf die konkrete Abhängigkeit des Patienten eingegangen und seine Unabhängigkeit gefördert werden. Dies ist eine wesentliche Voraussetzung dafür, eine angemessene und auf den Bedürfnissen des Patienten beruhende Pflege zu gewährleisten. Überall dort nämlich, wo kein Raum für die Unabhängigkeit des Einzelnen besteht, erhöht sich die Bedürftigkeit. Eine Konsequenz daraus ist neben der Mehrbelastung des Pflegepersonals auch ein Abbau der Selbständigkeit des alten Menschen, welcher wiederum zu einer steigenden Unzufriedenheit und Frustration beitragen kann.[96]

Der alte Mensch als Patient

Durch den immer höher werdenden Anteil alter Menschen innerhalb der Bevölkerung steigen nicht nur die Fälle von Pflegebedürftigkeit, sondern es wächst auch der Anteil alter Patienten im Krankenhaus. Dies ist insbesondere eine Folge zunehmender Multimorbidität und chronischer Erkrankungen. So hat sich beispielsweise die Alterszusammensetzung von Patienten, die die Unfallchirurgie aufsuchen – ehemals eine Domäne der Jungen – drastisch verändert. Im Wesentlichen kommt bei alten Menschen ein Krankenhausaufenthalt entweder aufgrund medizinischer Gründe oder durch die Zuspitzung von Versorgungsproblemen in Betracht. Zu den medizinischen Faktoren zählen Krankheiten, die zu einem früheren Zeitpunkt begonnen haben und zu chronischen Krankheiten werden, also primäre Alterskrankheiten und/oder Krankheiten im Alter, die nicht altersbedingt bzw. typisch sein müssen, aber die sich dennoch auf den alten Menschen auswirken. Versorgungsprobleme führen dann zu Krankenhausaufenthalten, wenn bisherige Pflegepersonen ausfallen, ein plötzlicher höherer Hilfebedarf eintritt oder das soziale Netz des Betroffenen überlastet ist. In diesen Fällen ist die Ursache für die Aufnahme in das Krankenhaus zwar meistens eine Erkrankung, aber Begleitfaktoren sind auch soziale Gründe.[99]

Vergleichbar der Übersiedlung in eine Pflegeeinrichtung bedeutet auch die Aufnahme in ein Krankenhaus für den alten Menschen Abschied von Gewohnheiten. Besonders bemerkbar werden Veränderungen am Tagesablauf in dem neuen Umfeld. Für den Betroffenen gehen damit Sicherheit und Vertrautheit verloren. Der individuelle, bisher übliche Aktionsradius wird stark eingeschränkt. Die Aufnahme in das Krankenhaus stellt sowohl eine Ausnahme- als auch eine erhebliche Belastungssituation für den Patienten dar. Sie ist mit Ängsten und Ungewissheit verbunden. Es kommt zu einem Einschnitt in die Selbständigkeit und die bisherige Lebensführung. Damit geht jeder Einzelne anders um.[99]

Es ist gut möglich, dass der alte Mensch kognitive Leistungsschwächen im Krankenhaus nicht mehr so gut kompensieren kann wie in seinem vertrauten Umfeld. Dann kommt es zu Desorientiertheit und sich daraus ergebenden Konsequenzen. Das ist zu bedenken, bevor man als Pflegender vorschnelle Etikettierungen vornimmt, etwa eine Fehlinterpretation von aggressivem Verhalten, mit Folgen sowohl für die medizinische als auch für die pflegerische Versorgung des Betroffenen. Ein weiteres Phänomen eines Krankenhausaufenthaltes ist eine Form erlernter Hilflosigkeit. Insbesondere alte Menschen gefallen sich in der Patientenrolle und neigen zu passivem Verhalten auch dort, wo sie das eigentlich nicht müssten. Der Betroffene nimmt die erzwungene Rolle eines Patienten sozusagen dankbar an. Das verstärkt das Ungleichgewicht zwischen ihm und den Ärzten und Pflegenden. Sicher, seine Einflussmöglichkeit ist in der Tat gering; in vielerlei Hinsicht ist er der Krankenhaussituation ausgeliefert. Häufig aber wird die Abhängigkeit noch zusätzlich dadurch verstärkt, dass der Patient über den Ablauf und die weiteren Schritte seiner Behandlung nicht oder lediglich unzureichend informiert wird. Teilweise wird er sogar vor vollendete Tatsachen gestellt. Vielfach wird immer noch davon ausgegangen, dass Krankheit und Alter stets miteinander zusammenhängen; so wird dem alten Menschen unterstellt, er könne seine Lage ohnehin nicht mehr umfassend beurteilen.[99]

Pflegende haben besonders bei alten Patienten auch aus forensischen Gründen die Furcht, diese könnten sich verletzen. Es entsteht ein erhöhtes Sicherheitsverhalten, welches die Autonomie des Patienten beschneidet. Die Selbständigkeit des Betroffenen wird zusätzlich noch durch die herrschenden Strukturen im Krankenhaus, wie vorgegebener Tagesablauf, Weckzeiten etc., eingeschränkt (Details dazu siehe Kapitel 2). Alle diese Faktoren führen dazu, dass nach der Aufnahme ins Krankenhaus bei vielen alten Menschen eine zunehmende Resignation und Niedergeschlagenheit festzustellen ist.[99]

Schließlich kann sich ein Krankenhausaufenthalt auch auf die Zeit danach negativ auswirken, etwa wenn sich der alte Mensch aufgrund seiner Erkrankung nicht mehr wie früher um sein Umfeld und seine sozialen Kontakte kümmern kann. Erschwerend kommt hinzu, dass der Patient poststationär, also in der erweiterten Rekonvaleszenzphase, vollständig auf sich allein gestellt ist.[99]

Die Einweisung in ein Krankenhaus und der anschließende Krankenhausaufenthalt sind für den alten Menschen daher einschneidende Erlebnisse. Dies muss auch den Ärzten und Pflegenden bewusst sein, besonders bei sogenannten «schwierigen» Patienten, deren Schwierigkeit häufig einfach daraus resultiert, dass sie den einschränkenden Maßnahmen stärker ausgeliefert sind.[99]

Zu diesen überwiegend individuellen Faktoren kommen strukturelle Bedingungen hinzu. In der strengen Hierarchie des Krankenhauses nimmt der Patient häufig die unterste Stufe ein. Das gilt insbesondere für den betagten und hochbetagten Patienten, da bei ihm, aufgrund des Vorliegens chronischer Erkrankungen oder von Multimorbidität, eine «Reparatur» oft ein nicht mehr erreichbares Ziel der Versorgung ist. Meistens wird nur noch eine Linderung der Beschwerden möglich sein, aber keine endgültige Heilung mehr. Auch aus ökonomischen Gründen ist der alte Mensch als Patient nicht sonderlich interessant. Entlassungsstrategien zielen dann darauf ab, den Betroffenen möglichst rasch wieder aus dem Krankenhaus zu bekommen, etwa indem

- es zu Vereinbarungen mit Organisationen kommt oder der Patient gleich im Vorfeld an ein anderes Krankenhaus überwiesen wird;
- der Betroffene gar nicht aufgenommen wird, falls der Verdacht besteht, die Aufnahme diene lediglich dazu, Versorgungsprobleme zu überbrücken;
- der Betroffene bei Aufnahme in das Krankenhaus bereits für ein Pflegeheim angemeldet wird (mit dem Ziel, eine gute budgetäre Lösung für das Krankenhaus, aber nicht primär für den alten Menschen zu erzielen); oder
- es zu einer frühzeitigen Entlassung kommt.

Diese Vorgehensweisen orientieren sich, wohl auch aufgrund des bestehenden Kostendrucks in den Krankenhäusern, leider meist erst sekundär an den Bedürfnissen des Patienten; primär stehen die Erlösinteressen des jeweiligen Krankenhauses im Vordergrund.[99]

Das gesellschaftliche Altersbild im Wandel der Zeit

Neben der demographischen Alterung und den sich daraus ergebenden Folgen für die Pflege und Betreuung alter Menschen sind auch gesellschaftliche Veränderungen hinsichtlich des Altersbildes festzustellen, die Auswirkungen auf die Pflege haben. Welches Bild eine Gesellschaft vom alten Menschen hat, beeinflusst die Einstellung der Pflegenden als Teil dieser Gesellschaft. Ein Pflegender, der dem alten Menschen seine Daseinsberechtigung zuerkennt und ihn mit Respekt und Würde behandelt, wird zu ihm eine bessere Beziehung aufbauen können als einer, der alte Menschen als Last empfindet und dem Alter lediglich negative Eigenschaften beimisst.[1, 69]

Festzustellen ist, dass das Altersbild bzw. die allgemein vorherrschenden Bilder vom Altern, die uns durch die Medien vermittelt werden, nicht unbedingt der Wirklichkeit entsprechen. Umso wichtiger ist es, sich mit diesen falschen Vorstellungen zu beschäftigen, weil sie die Beziehungen zu alten Menschen und auch das Verhalten der älteren Menschen selbst beeinflussen. Ziel ist es unter anderem, die Altersbilder unserer Gesellschaft mit dem tatsächlichen Leben im Alter abzugleichen.[85, 100]

Was es bedeutet, «alt» zu sein

Neben dem Geschlecht und der Hautfarbe eines Menschen zählt das Alter zu den wichtigsten sozialen Kategorien. Bei dem Versuch, den Begriff des Alterns zu definieren, stellt man jedoch unweigerlich fest, dass es hierfür keine generell gültige Norm gibt. Altern muss als ein lebenslanger Prozess gesehen werden, der bei der Geburt des Menschen startet und grundsätzlich nicht an ein bestimmtes kalendarisches Lebensalter geknüpft ist. Menschen altern aufgrund genetischer und lebensstilbedingter Umstände unterschiedlich schnell. Der Vorgang des Alterns wird durch verschiedenste sowohl individuelle als auch äußere Faktoren wie etwa Erbanlagen, Lebensbedingungen, das eigene persönliche Umfeld und die Umwelt beeinflusst. Kurz gesagt: Altern hat viele unterschiedliche Gesichter.[85, 100]

Auch das gesellschaftliche Altersbild hat sich im Laufe der Zeit gewandelt. Es gab durchaus Epochen, in denen Altsein positiv beurteilt wurde – man verband damit Lebensweisheit, Erfahrung und Reife. Mit dem Alter wurden die Zunahme und der Aufbau bestimmter Fähigkeiten wie Intelligenz, Können und sogar körperliche Kraft assoziiert. So stammt das Wort «altern» aus dem Indogermanischen («aldra») und bedeutet wachsen und nähren.[101]

In einigen Kulturkreisen, etwa asiatischen, in denen der Greis einen sehr hohen Stellenwert hat und Respekt innerhalb der Bevölkerung genießt, trifft das heute noch zu. Denkbar, dass der hohe Stellenwert des Alters an seine Seltenheit geknüpft ist. In der Regel geht unsere Hochschätzung von Dingen mit ihrer knappen Verfügbarkeit einher. In Zeiten und Gesellschaften, in denen die Lebenserwartung niedrig ist, sind hochbetagte Menschen sozusagen ein knappes Gut. Gerade das hat sich in unserer alternden Gesellschaft grundlegend gewandelt.[100] Es könnte auch erklären, warum innerhalb des westlichen Kulturkreises Alter und Altsein mittlerweile meist mit negativen Attributen behaftet sind. Damit verbunden werden in der Regel der Verlust von Körperkraft und der Abbau seelisch-geistiger Fähigkeiten, Einsamkeit und Isolation; darüber hinaus der Verlust sozialer Kontakte, etwa zu Freunden und Angehörigen, Pflegebedürftigkeit, Krankheit und Hilfsbedürftigkeit, die Einbuße an Lebensqualität und das Bewusstsein der Endlichkeit des eigenen Daseins.[100, 101]

Die fortschreitende Industrialisierung hat dazu beigetragen, dass der alte, unproduktive Mensch in den Hintergrund gedrängt wurde. In unserer meist auf Profitmaximierung ausgerichteten Leistungsgesellschaft verliert er zunehmend an Stellenwert und Wichtigkeit. Alte Menschen stehen überwiegend nicht mehr oder wenn, dann nur eingeschränkt, im Erwerbsleben und «leisten» daher tatsächlich weniger als der junge Mensch, der voll ins Berufsleben integriert ist. Infolgedessen fühlt sich auch der alte Mensch häufig weniger wert als der junge.[69, 85] Zudem ist er oft nicht mehr in der Lage, sich ausreichend um sich selbst zu kümmern. Hinzu kommt, dass er dauerhaft und bezogen auf viele Lebensbereiche auf fremde Hilfe angewiesen ist. Die damit verbundene Abhängigkeit von anderen Menschen wird in vielen Fällen als Hauptproblem des Alterns angesehen.[96]

Nicht nur die Faktoren, die den Alterungsprozess beeinflussen, sind von Person zu Person verschieden, dasselbe gilt auch für die

Wahrnehmung des Alters und das Erleben dieser Lebensphase. Das Altern ist daher vor allem ein individueller Prozess – jeder Mensch erlebt die Vorgänge und Anzeichen des Alterns in individueller Ausprägung und reagiert darauf völlig unterschiedlich. Dieses Erleben steht häufig im Widerspruch zum tatsächlichen biologischen Alter der betreffenden Person. Einige Menschen können den Alterungsprozess schwer akzeptieren – sie fühlen sich nutzlos und versuchen den Vorgang aufzuhalten bzw. hinauszuzögern, etwa durch Training und Sport, aber auch durch den Einsatz künstlicher und natürlicher Hilfsmittel, etwa auch Schönheitsoperationen oder anderer ästhetischer Eingriffe. Andere wiederum sehen dem Alterungsprozess gelassen entgegen und können dieser Lebensphase durchaus positive Aspekte abgewinnen.[101]

Resümee

Jeder Mensch hat das Recht, in Würde alt zu werden – frei von der gesellschaftlichen Vorstellung, dass man auch noch im Alter nützlich und brauchbar sein muss. Der Betagte und Hochbetagte befindet sich in einem Lebensabschnitt, in dem es erlaubt sein sollte zu leben um des Lebens willen, ohne etwas Konkretes, Nützliches leisten zu müssen. Dies sollte von den Betroffenen auch selbst so empfunden werden. Wenn der soziale Druck reduziert ist, erhält die Sinnstiftung des Individuums eine andere Bedeutung. Die Würde und der Wert eines jeden alten Menschen müssen vom derzeit vorherrschenden beruflichen und gesellschaftlichen Rollenbild und den daran geknüpften Vorstellungen losgelöst betrachtet werden. Auch die pflegerische Versorgung hat die Aufgabe, daran mitzuwirken. Die möglichen individuellen Schwierigkeiten, die mit dem Alter in Zusammenhang stehen können, sollten Pflegenden bewusst sein. Auf die konkreten Bedürfnisse und die jeweilige Lebenssituation der pflegebedürftigen Person muss entsprechend reagiert werden.[102]

Leben, Leiden, Sterben und Tod

So wie das Bild vom Alter wirkt sich auch die Einstellung des Pflegenden zu Sterben und Tod auf die Beziehung zum Pflegebedürftigen aus. Ein professioneller Umgang mit diesen Themen ist Voraussetzung für eine gute und gewaltfreie Beziehung zwischen Pflegenden und Pflegebedürftigen.[103]

Menschen wünschen sich mehrheitlich (etwa 80–90 Prozent), zu Hause sterben zu können – nur rund 20–30 Prozent «gelingt» dies tatsächlich.[104] Schätzungen zufolge sterben in Europa und Australien die meisten Menschen in Krankenhäusern (etwa 50 Prozent), gefolgt von den Pflegeheimen (mit rund 20 Prozent). Diese Zahl wird, zumindest was Europa betrifft, laut Umfragen und Hochrechnungen weiterhin steigen. In den USA sterben bereits 25 Prozent der Bevölkerung in Heimen.[105]

Sterben und Tod sind zwei Dimensionen, die heutzutage überwiegend verdrängt, teilweise sogar tabuisiert werden. Solange der Mensch gesund ist und weder durch Familie noch durch Freunde mit dem Tod unmittelbar in Berührung gerät, setzt er sich mit diesen überwiegend als unangenehm empfundenen Themenbereichen meist nicht näher auseinander. Der Leidens- und Sterbeprozess ist aber ein Teil des Lebens. Der Tod ist unausweichlich; lediglich der Zeitpunkt, zu dem er kommt, ist ungewiss.[103, 106]

Der Sterbeprozess im Wandel der Zeit

Der demographische Wandel und die Veränderungen in den Familienstrukturen haben zum Wandel des Sterbeprozesses beigetragen. Früher starben Menschen aufgrund von Altersschwäche innerhalb des Familienkreises. Dies ist heute zur Seltenheit geworden. Das Sterben wird zunehmend in außerfamiliäre Einrichtungen und Institutionen, quasi klinisch sauber, ausgelagert. Angehörige ziehen sich aus diesem Prozess zurück. Wie selbstverständlich wird der Sterbeprozess dem professionellen Pflegepersonal bzw. der Institution Krankenhaus und den Langzeitpflegeeinrichtungen überlassen.[103, 107]

Ähnlich wie die Geburt wird auch der Sterbevorgang inzwischen stark durch den Menschen beeinflusst. Dabei handelt es sich grundsätzlich um Abläufe, für die die Natur gewisse Vorkehrungen getroffen hat. Gian Domenico Borasio, Professor für Palliativmedizin, meint zu den Vorgängen des Sterbens und der Geburt: «Beide laufen in den meisten Fällen am besten ab, wenn sie durch ärztliche Eingriffe möglichst wenig gestört werden.» Durch den enormen medizinischen Fortschritt der vergangenen 20 Jahre haben sich die Gesichter von Sterben und Tod innerhalb der Gesellschaft verändert. Die erweiterten medizinisch-technischen Möglichkeiten zur Lebensverlängerung laufen unkontrolliert auf eine Lebenserhaltung um jeden Preis hinaus, nicht selten ohne ernsthaft die Frage zu stellen, welche Qualität das verlängerte Leben für den Patienten noch hat und ob die Eingriffe medizinisch auch tatsächlich indiziert sind.[108] Fest steht: Je höher der kurative, sprich ärztliche Aufwand in der Patientenbetreuung ist, desto stärker steigt meistens auch jener Teil der Pflegearbeit, der weisungsgebunden ausgeführt werden muss – etwa das komplexe Zusammenspiel zwischen medikamentöser Versorgung einerseits und Überwachungs-, Kontroll- und Maschinenarbeit andererseits. Kleiner wird dadurch gleichzeitig der autonom ausgeführte Anteil der Pflegearbeit.[109]

Liegt ein Mensch im Sterben oder sind die kurativen Möglichkeiten ausgeschöpft, nimmt die ärztliche Präsenz ab, die Arbeit Pflegender nimmt hingegen zu. Ihnen obliegt in diesen Situationen praktisch allein die Betreuung des Patienten. Das ist nicht nur eine hochproblematische, sondern auch eine medizinethisch nicht gerechtfertigte Arbeitsteilung, die Pflegende unter den augenblicklichen Arbeitsbedingungen im Krankenhaus schlichtweg kaum leisten können. Wenn personelle Mängel und Zeitnot dazu führen, dass in der Arbeitsausführung Prioritäten gesetzt werden müssen, haben die ärztlichen Prioritäten oftmals Vorrang vor jenen der Pflegenden. Pflegende müssen aufgrund ihrer Weisungsgebundenheit die ärztlichen Entscheidungen mittragen. Schwierigkeiten entstehen spätestens dann, wenn die ärztliche Beurteilung von der pflegerischen abweicht.[103, 107, 109]

Unterschiedliche Sichtweisen betreffen besonders häufig Fragen der kurativen Behandlung von Patienten – also ob und wie lange diese erfolgen soll. Für die Ärzte hat die Erhaltung des Lebens oberste Priorität. Pfleger hingegen plädieren häufiger für die Nutzung von palliativen Versorgungsmustern. Ein Grund dürfte im «24-Stunden-Privileg» der Pflege liegen und der dadurch entstehenden Nähe zum Patienten. Vom tatsächlichen Sterben eines Patienten betroffen sind jedoch Ärzte und Pflegende gleichermaßen. Umso wichtiger ist eine umfassende Auseinandersetzung mit den Werthaltungen beider Berufsgruppen. Erfolgt dies nicht und wird mehr oder weniger über die Köpfe der Pflegenden hinweg entschieden, sind Probleme in der Kommunikation vorprogrammiert, die sich in der Folge durchaus negativ auf die Betreuung des Patienten auswirken können. Wie in anderen Belangen zeigt sich auch im Hinblick auf das Sterben von Patienten ein divergierendes Selbstverständnis von Ärzten und Pflegenden – dabei sind beider Anliegen berechtigt. Im Mittelpunkt sollte daher nicht stehen, wer Recht hat. Vielmehr ist es nötig, einen für alle Beteiligten vertretbaren Umgang mit den auseinandergehenden Meinungen und Sichtweisen zu finden. Auch der Patient und seine Interessen sind dabei zu berücksichtigen.[103, 107, 109]

Innerhalb der letzten Jahre lässt sich im Hinblick auf den Sterbeprozess ein allmähliches Umdenken feststellen. Obwohl die überwiegende Anzahl der Menschen noch immer in Krankenhäusern stirbt, wird durch die Einrichtungen der Palliativ-Care ein Sterben in gewohnter Umgebung zunehmend wieder möglich. Diese Entwicklung trägt auch dem Bedürfnis naher Angehöriger und Freunde Rechnung, sich in Ruhe vom Sterbenden zu verabschieden.[108]

Auswirkungen von Tod und Sterben auf die Pflegebeziehung

In Einrichtungen der Langzeitversorgung gehören Sterben und Tod zum pflegerischen Alltag. Nichtsdestotrotz bzw. gerade deswegen werden in diesem Zusammenhang umfassende Erwartungen an das Pflegepersonal gestellt. Bei der Betreuung von sterbenden und todkranken Menschen sind Pflegende in ihrer gesamten Persönlichkeit gefordert.[103] Die Bedürfnisse des Sterbenden nach Sicherheit und Liebe, nach körperlichem Wohlbefinden und Selbstverwirklichung sind gegenüber «normalen», nicht sterbenden Patienten nochmals intensiviert. Pflegende müssen dafür Verständnis aufbringen, gleichzeitig über Einfühlungsvermögen und hohe Sozial- und Fachkompetenz verfügen.[110]

Die Betreuung von sterbenden und todkranken Menschen stellt für Pflegende mitunter eine starke psychische und auch physische Belastung dar. Durch den Tod der anderen wird auch die eigene Endlichkeit zum Thema und womöglich zum Problem. Oftmals empfinden Pflegende den Tod eines Patienten als persönliche Niederlage und Enttäuschung – schließlich ist man ja für die Behandlung und Pflege zuständig, nicht für das Sterben und den Tod.[103, 107, 111]

Sterben konfrontiert uns mit dem gelebten Leben. Zieht der Sterbende das Resümee, nicht das Leben gelebt zu haben, das er eigentlich leben wollte, bestimmen Unzufriedenheit und Trauer die letzte Lebensphase. Aber auch die Sorge um nahe Angehörige kann den Sterbenden quälen. Körperliche Beschwerden, wie beispielsweise starke Schmerzen oder Fatigue, können erschwerend hinzukommen. Alle diese Faktoren wirken sich auf die Beziehung zum Pflegenden aus. Eine zusätzliche Herausforderung in der Betreuung von sterbenden Menschen liegt darin, dass diese vielfach nicht mehr in der Lage sind, ihre Bedürfnisse adäquat zu kommunizieren.[107, 111]

Es wird deutlich, dass die Arbeit mit sterbenden und/oder todkranken Menschen stark von Gefühlen auf beiden Seiten geprägt ist. Pflegende müssen einen Weg finden, mit den Emotionen des Sterbenden professionell umzugehen – die richtige Balance zwischen Einfühlsamkeit und Distanz zu halten, sowohl menschlich als auch fachlich richtig zu reagieren. Damit wird Pflege zu einer Art theoriegeleiteter, aber praxisorientierter Dienstleistung, ähnlich wie die Medizin.[107] Inwieweit dies durchführbar ist und welche Hilfs- und Unterstützungsmöglichkeiten Pflegenden in diesem Zusammenhang zur Verfügung stehen, wird im Rahmen der präventiven Maßnahmen in Kapitel 6 näher behandelt.

Exkurs: Der Pflegeberuf im gesellschaftlichen Kontext

Die Frage nach der Professionalisierung der Pflege sorgt für beständige Diskussionen. Professionalisierung meint im weitesten Sinn die Weiterentwicklung der Krankenpflege und ihrer Qualifikationsprofile. Sie ist mit der Entwicklung der Medizin verbunden, die großen Einfluss auf die Entwicklung der Pflege, das Berufsbild und auch die Position der Krankenschwestern/Krankenpfleger hatte und hat.[112]

Pflege ist beides: Profession und Disziplin. Profession hinsichtlich ihrer Praxis, Disziplin als Wissensbereich. Innerhalb der Pflege als Disziplin steht die Erkenntnisgewinnung im Mittelpunkt, also die Entwicklung und Entfaltung der theoretischen und wissenschaftlichen Grundlagen. Im Gegensatz dazu widmet sich die Pflege als Profession der Anwendung und Umsetzung dieses Wissens mit dem Ziel, die Patientenpflege zu verbessern. Beide Aspekte sind untrennbar miteinander verbunden.[113]

Pflege als Profession ist abhängig von der Disziplin Pflege, die das Wissen schafft, welches in der Praxis umgesetzt wird. Andererseits liefern Erfahrungen in der Praxis aber auch Anhaltspunkte für die Weiterentwicklung des Wissens. Als Profession benötigt die Pflege schließlich ein über die Disziplin hinausgehendes Wissen. Durch die vielfältigen Veränderungen sowohl in den eigenen Arbeitsbereichen als auch im Gesundheitswesen, im Rahmen der

Ausbildung und im Allgemeinen entwickelt sich die Pflege als Profession und Disziplin fortlaufend weiter.[113]

Bis zur Mitte des 19. Jahrhunderts galt hinsichtlich Medizin und Pflege eine strikte geschlechterspezifische Arbeitsteilung. Die Medizin war «männlich» und herrschte, die Pflege hingegen «weiblich» und diente. Medizin war ein Männerberuf und sollte es bleiben. Mitte des 19. Jahrhunderts dann kam es zu komplexen sozialen und politischen Veränderungen, die zu einer verstärkten gesellschaftlichen Nachfrage nach Pflegerinnen führten. Es wurden Bildungsanstalten für Kinder, Altenheime für Alte, Erholungsheime für Arbeiter und Heilanstalten für Kranke errichtet. Die Frauen begannen sich zu organisieren und zu emanzipieren. Die Durchsetzung des Frauenstudiums an der Universität in Zürich war ein Meilenstein der Emanzipation. Doch leider ging gerade diese Entwicklung am Pflegeberuf vorbei. Die Pflegerinnen eroberten nicht zusammen mit den Ärztinnen die Universitäten – dies geschah in Europa erst 100 Jahre später.[114, 115]

Schon Florence Nightingale,[75] die Urmutter der akademischen Pflege, sah die Pflege als eine eigenständige Profession, die der Ärzteschaft nicht untergeordnet, sondern gleichgestellt ist. In der Gesellschaft galt und gilt die Pflege hingegen oftmals noch als Teilgebiet der Medizin und ihr untergeordnet.[116] Jacqueline Bridges hat in einer Studie gezeigt, dass insbesondere die Medien Pflegepersonen als Dienerinnen der Ärzteschaft darstellten und das herrschende Image der Pflege nicht dem tatsächlichen Berufsbild entspricht.[117] Pflegepersonen wurden und werden nicht als unabhängige Experten wahrgenommen. Bis heute ist der Öffentlichkeit oftmals nicht bewusst, dass es sich um einen theoriebasierten und wissenschaftlichen Beruf handelt. Die Medienforschung hat sechs Rollenbilder des weiblichen Pflegepersonals identifiziert:

- Engel der Barmherzigkeit (1854–1919)
- Mädchen für alles (1920–1929)
- Heldin (1930–1945)

- Mutter (1946–1965)
- Sexobjekt (1960–1982)
- KarrieremacherIn (1983–bis heute)[118, 119, 120]

Krankenschwestern wurden und werden in der Regel für ihre Tugend und nicht für ihr Wissen geschätzt.[121]

Die Ergebnisse verschiedener Studien zeigen, dass sich die Rollenbilder der Pflegerin über Jahrzehnte hinweg hartnäckig gehalten haben, obwohl es in den letzten 30 Jahren des 20. Jahrhunderts und der ersten Dekade des 21. Jahrhunderts zu einer enormen Entwicklung der Pflege gekommen ist – vor allem im Hinblick auf die Akademisierung und Professionalisierung des Berufes.[112] Die Pflege der Zukunft braucht Qualifikation und wissenschaftliche Grundlagen, um die Versorgungsqualität zu verbessern und den Bedarf an Pflegeleistungen zu decken. Komplexere Versorgungsnotwendigkeiten lassen sich nur durch ein theoriegeleitetes und praxisorientiertes Wissen bewältigen, wie an den Versorgungsstrukturen der Einrichtungen der Akut- und Langzeitversorgung deutlich wird.[122]

Anders als in den USA hat man in Europa erst relativ spät (seit Beginn der Neunzigerjahre) erkannt, dass die Bedeutung und der Stellenwert der Pflege und der Bedarf an gut ausgebildeten Pflegern zunehmen. Die europäischen Länder stehen vor der Herausforderung, eine Akademisierung der Pflege voranzutreiben, um nicht in einen noch größeren Rückstand zu geraten, als dies im internationalen Vergleich ohnehin schon der Fall ist.[122]

Kapitel 5 **Ursachen und Hintergründe von Gewalt in der Pflege**

Was sind nun die Auslöser und Ursachen von Gewalt in der Pflege? Zur Gewalt von Pflegenden gegen pflegebedürftige Menschen kommt es in der Regel nicht aus heiterem Himmel. Schon der Fall Lainz zeigte, dass Gewaltausübung stets eine Vorgeschichte hat. Deutlich wurde auch, dass nicht ein Umstand allein verantwortlich für die Taten war, sondern diese erst durch das Zusammenspiel mehrerer Faktoren möglich wurden. Ausschlaggebend waren im Wesentlichen persönlichkeitsspezifische Merkmale der Täterinnen, das strukturelle Umfeld im Krankenhaus Lainz und zum Teil auch Verhaltensweisen der Opfer, die Gefühle wie Frustration oder Aggression bei den Täterinnen begünstigt haben.

Der Pflegeskandal Lainz weist viele Parallelen zu anderen Fällen von Patiententötungen auf. Es ist daher davon auszugehen, dass den hier anzutreffenden Faktoren der Gewaltentstehung eine über den individuellen Fall hinausgehende Relevanz zukommt. Wir versuchen am Beispiel Lainz die unserer Ansicht nach wichtigsten Ursachen für gewalttätige Übergriffe innerhalb der Pflegebeziehung aufzuzeigen.

Gewalt entsteht stets durch das Zusammenwirken verschiedenartiger komplexer Ursachen. Zudem beeinflussen sich die Ursachen wechselseitig; dieser Umstand macht es noch schwieriger, sie zu kontrollieren. Es ist daher notwendig, die einzelnen Ursachen und ihre Wirkungen immer in ihrer Gesamtheit zu betrachten und nicht isoliert voneinander. Ausgelöst wird die Gewalt ebenfalls durch unterschiedliche Faktoren. Ursache und Auslöser von Gewalt sind zu trennen.[1, 43, 123]

Erfahrungsgemäß gehen der Gewalthandlung Ereignisse voraus, die beim Pflegenden oder beim Pflegebedürftigen zu Frustration oder Enttäuschung geführt haben. Auch Angst kann zum Auslöser werden. Die aggressive Stimmung kann direkt aus der Pflegebeziehung resultieren; sie kann ihren Ursprung aber genauso außerhalb dieser Beziehung haben. Das bedeutet konkret: Frustration äußert sich in vielfältiger Weise und muss nicht auf den gerichtet sein, der sie verursacht hat. Die Aggressionen des Pflegenden und des Pflegebedürftigen können gewalttätiges und aggressives Verhalten hervorrufen, sich gegenseitig hochschaukeln und in einen Teufelskreis münden.[1, 56] Hat sich erst eine Spirale der Gewalt entwickelt, lässt sich häufig nicht mehr feststellen, wer eigentlich Opfer und wer Täter ist und wessen Verhalten den Anfang gemacht hat.[43] Die Patienten bzw. Pflegebedürftigen geben in der Regel der Situation die Schuld, die Pflegenden hingegen den ihnen anvertrauten Menschen.[124, 125]

Pflege – eine grenzüberschreitende Dienstleistung am Menschen

Bei der Pflege geht es um Menschen, in den von uns berücksichtigten Fällen um Menschen, die sich aufgrund chronischer Erkrankungen oder eines hohen Lebensalter in einer hilfsbedürftigen und mithin angespannten Situation befinden. Der Pflegebedürftige ist auf die Hilfe des Pflegenden angewiesen und somit abhängig. Seine Lage ist von einer gewissen Ohnmacht charakterisiert. Den Handlungen des Pflegenden muss er «blind» vertrauen; denken wir etwa an die Verabreichung von Medikamenten. Dem Pflegenden obliegt die Entscheidungsgewalt hinsichtlich der pflegerischen Maßnahmen. Der Pflegende weiß und spürt, dass er vom Pflegebedürftigen gebraucht wird – das verleiht ihm

Macht. Wie jede asymmetrische Beziehung begünstigt diese Abhängigkeit Machtmissbrauch, Aggression und Gewalt.[34, 37]

Die Pflegebeziehung ist eine Beziehung, die von den Betroffenen nicht frei gewählt wurde. Auch ist sie nicht, wie andere zwischenmenschliche Beziehungen, emotional gewachsen. Vielmehr ist sie mehr oder weniger zufällig entstanden. Kann sein, dass man sich sympathisch ist, kann aber auch sein, dass das nicht der Fall ist. Dieser Umstand kann für beide Seiten Schwierigkeiten mit sich bringen – denn Pflege ist nicht ohne körperliche Nähe möglich. Diese Nähe entsteht bei fast allen Maßnahmen im Pflegealltag.[1, 37, 56] Pflege ist äußerst intim, fast zu intim – sie dringt in Bereiche vor, die im «normalen» Leben nur die Person selbst betreffen, etwa die Reinigung des Intimbereichs oder den Toilettengang. Die Intimität, die bei der Pflegearbeit zwangsläufig entsteht, geht über die Intimität einer sexuellen Beziehung hinaus, so Sowinski 1996. Das ist kaum vorstellbar für all jene, die sich noch nie in einer vergleichbaren Lebenslage befunden haben. Der pflegebedürftige Mensch ist völlig ungeschützt in seiner körperlichen Privatsphäre. Die persönliche Intimitätsgrenze wird überschritten und dadurch die seelische Integrität des Betroffenen häufig verletzt.[126, 127]

Pflege stellt etwas mit den Menschen an – sowohl mit denjenigen, die ihrer bedürftig sind, als auch mit jenen, die sie ausführen. Bei der Frage nach den Ursachen von Gewalt in der Pflege müssen stets die Gesichtspunkte beider Personen Berücksichtigung finden. Pflegebedürftige und Pflegende reagieren unterschiedlich auf die Pflegeumstände. Ihre Reaktionen können Frustration und Provokation beim jeweils anderen hervorrufen. Diese Verhaltensweisen können in Gewaltspiralen münden.[127, 128]

Deutlich wird schon hier, dass die Pflegebeziehung an und für sich bereits eine sehr sensible und gleichzeitig konflikthafte Beziehung ist. Durch die Belastungen, die sie für beide Seiten mit sich bringt, kommt es leichter als in anderen Lebensbereichen zur Eskalation. Die belastenden Umstände tragen in ihrer Gesamtheit zur Überforderung Pflegender bei. Beginnen sich Stressfaktoren in einer konkreten Situation zu häufen, steigt automatisch auch das Aggressionspotenzial und damit die Wahrscheinlichkeit aggressiver Reaktionen.[1, 34]

Ursachen von Gewalt innerhalb der Pflegebeziehung

Die Intimität der Pflege als Belastung

Die extreme körperliche Nähe und Intimität der Pflege ist schwierig zu handhaben und auszuhalten – für Pflegende wie für Pflegebedürftige. Einige Pflegebedürftige geben ohne Gegenwehr auf, resignieren und entwickeln eine zunehmende Gleichgültigkeit. Daraus kann sich «gelernte Hilflosigkeit» entwickeln, die dann entsteht, wenn Pflegebedürftige sich wiederholt in einem Zustand des Kontrollverlustes und des Ausgeliefertseins befinden. In einer solchen Lage kann der Pflegebedürftige seine Belange nicht mehr angemessen durchsetzen, sondern versucht dies auf aggressive Art und Weise.[76] Andere Pflegebedürftige versuchen, auf Biegen und Brechen den letzten Rest ihrer Unabhängigkeit zu erhalten – selbst wenn diese nur darin besteht, dass sie verabreichte Nahrung wieder ausspucken oder sich gegen Maßnahmen der Körperpflege wehren. Pflegebedürftige Menschen fühlen sich durch Pflegemaßnahmen mitunter in ihrem Ehrgefühl gekränkt; etwa bei mangelnder Rücksichtnahme auf ihre Intim- und Privatsphäre, wenn Pflegende ohne Anklopfen plötzlich das Zimmer betreten oder die Intimpflege unsensibel oder in abfälliger Art und Weise erfolgt. Alte Menschen fühlen sich auch durch ein allfälliges Duzen erniedrigt bzw. degradiert und einem Kleinkind gleichgesetzt. Die beschriebenen Umstände verstärken das Gefühl der Abhängigkeit und des Ausgeliefertseins.[1, 129]

Die Intimität der Pflege stellt aber auch die Pflegenden vor Herausforderungen; oft fühlen sie sich angespannt, irritiert und unwohl. Verhaltensweisen von Pflegebedürftigen können von Pflegenden als ehr- bzw. schamverletzend empfunden werden, etwa wenn Patienten mit dem Kot Verunreinigungen herbeiführen oder diesen zu essen beginnen. Pflegende werden tagtäglich mit Situationen konfrontiert, die als äußerst ekelerregend empfunden werden können – intime Verrichtungen, Ausscheidungen, Berührungen von eitrigen Wunden und Genitalien. Diese Ekelgefühle lassen sich in drei Abstufungen unterteilen. Bei der ersten Stufe tritt Ekelgefühl auf, wenn gesellschaftliche Grenzen durch Pflegebedürftige übertreten werden. Etwa wenn Ausscheidungen statt in die Toilette im Bett erfolgen oder Pflegebedürftige mit kognitiven Veränderungen reduzierte Manieren besitzen und sich etwa in Vorhänge schnäuzen. Das Ekelgefühl nimmt zu, wenn der Pflegende etwa mit geschwürartigen Wunden oder Eiter konfrontiert wird. Am ekelerregendsten sind Verunreinigungen im Bereich des Mundes; beispielsweise den Mund von Kot oder Erbrochenem säubern zu müssen. Der Mund wird als besonders rein und sensibel wahrgenommen. Erfahrungsberichten zufolge erleben Pflegende Unreinheiten in diesem Bereich als besonders ekelhaft und somit als Belastung. Die Abneigung macht es schwer, Empathie für den Pflegebedürftigen zu entwickeln.[126, 130]

Die Intimität der Pflege hat auch in Lainz zu belastenden und für die Pflegenden schwer auszuhaltenden Situationen geführt. Eine Patientin wurde beispielsweise als äußerst verwahrlost geschildert. Laut der betreuenden Pflegenden sei es schrecklich gewesen, sie zu waschen und zu pflegen. Mitunter wurden Patienten als motorisch ungeschickt beschrieben; insbesondere ihr Essverhalten wäre unappetitlich anzuschauen gewesen. Auch von Schlägen seitens der Patienten wurde berichtet. Diese Umstände dürften sich negativ auf die Pflegebeziehung ausgewirkt und schließlich das Handeln der Pflegenden beeinflusst haben.

Belastung durch Alter und Tod, Krankheit und Leid

Erfahrungsgemäß stellt die Pflege von Betagten und Hochbetagten in Einrichtungen der Langzeitpflege eine Betreuung bis zu deren Tod dar. Dieser Umstand bringt Schwierigkeiten für die

Pflegenden wie für die Pflegebedürftigen mit sich. Anders als im Krankenhaus ist eine völlige Genesung und Wiederentlassung der betreuten Personen in der Regel unrealistisch; in der Langzeitpflege ist es auch nicht Ziel der Betreuung. In vielen Situationen stellen sich auf Seiten der Pflegenden Ohnmacht und Hilflosigkeit ein; auch deshalb, weil die Erwartungen über das tatsächlich Mögliche hinausgehen. Die erzielten Erfolge werden im Vergleich dazu als klein empfunden. Die Enttäuschung steigt weiter an, wenn Pflegende erkennen, nicht mehr viel für den alten Menschen tun zu können. Sie sind immer wieder aufs Neue gefordert, sich mit der Begrenztheit ihres Handelns abzufinden und den Tod als Teil ihrer Arbeit zu akzeptieren. Langzeitbetreuung wird durch Pflegende oftmals als Endlospflege empfunden. Sie kennt nur wenige Erfolgserlebnisse im herkömmlichen Sinn. Täglich mit Tod und Sterben zu tun zu haben, heißt auch, täglich an die eigene Vergänglichkeit erinnert zu werden. Die Allgegenwärtigkeit des Todes stellt eine psychische und auch physische Belastung dar.[1, 56, 76]

Tod, Krankheit und Leid, aber auch das Alter und das Verhalten von Patienten dürften in Lainz extreme Belastungen für die Pflegenden mit sich gebracht haben. Durch die hohe Sterberate war das Personal ständig mit dem Tod konfrontiert. Möglichkeiten, sich mit dem Sterben von Patienten vertieft auseinanderzusetzen, waren hingegen nicht vorhanden. Hilfs- und Entlastungsangebote wie Supervisionen gab es nicht. Der Gesundheitszustand der Patienten wurde als äußerst schlecht beschrieben, die meisten seien sehr pflegeintensiv gewesen. Zudem seien die Ärzte bei der Verabreichung von schmerzstillenden Mitteln zurückhaltend vorgegangen. Alle vier verurteilten Frauen beriefen sich auf das Motiv des Tötens aus Mitleid. Ihre Intention sei gewesen, die Patienten von den Schmerzen und somit von ihrem Leid zu erlösen. Aus dem häufig sehr starken Stöhnen oder auch Schreien von Patienten schlossen die Täterinnen, dass die Patienten erhebliche Schmerzen hätten. Es gab keinerlei Hilfestellungen, wie mit

Patienten umzugehen sei, die an starken Schmerzen litten. Die Pflegenden hätten sich hilflos und elend gefühlt.

Man kann davon ausgehen, dass der falsche Umgang mit den Leiden der Patienten ein mitursächlicher Faktor für die Taten in Lainz war. Wolfgang Schmidbauer hat den Zusammenhang analysiert: «Die geplagte, von allen Seiten unermesslichem Leid ausgesetzte und es auf ihre Weise mitfühlende Schwester verschmilzt mit dem hoffnungslos leidenden Patienten und befreit sich von ihrer eigenen Qual, indem sie dem Kranken den Tod gibt.»[76]

Den Aussagen der vier Täterinnen zufolge hätten die meisten der von ihnen getöteten Patienten eh nur noch ein paar Tage zu leben gehabt. Sie haben das Leben ihrer Opfer nicht mehr als lebenswert empfunden. Die Behauptung erweckt den Anschein, als ob alte Menschen weniger Daseinsberechtigung hätten als jüngere. Die Einstellung Pflegender zum Alter und zum alten Menschen generell scheint somit für die Möglichkeit von Gewaltentstehung nicht gänzlich unbedeutend zu sein. Tatsache ist, dass die Opfer zwar größtenteils sehr alt und multimorbide waren, aber nicht alle zwingend sterbend. Der Gesundheitszustand der Patienten dürfte von den Täterinnen schlechter und aussichtsloser eingeschätzt worden sein, als er tatsächlich war. Ein Opfer in Lainz, das einen Tötungsversuch überlebt hat, soll laut einem Angehörigen gesagt haben: «Wie schlecht muss es mir gehen, wenn mich schon wildfremde Menschen umbringen oder erlösen wollen.»

«Opfereigenschaften» als Ursache für Gewalt

Wie schon erwähnt, sind betagte und hochbetagte Menschen einem erhöhten Risiko ausgesetzt, Opfer von Gewalt in Pflegebeziehungen zu werden. Dies bestätigte die Weltgesundheitsorganisation WHO (World Health Organization). Auch bei den von Karl-H. Beine untersuchten Fällen wiesen die Opfer mehrheitlich ein sehr hohes Alter auf.[20, 46]

Speziell vom alten Menschen wird erwartet, dass er in die Rolle eines «guten» Patienten schlüpft und sich «ordentlich» benimmt.

Der «gute» Patient wird beschrieben als ein Mensch, der mehr oder weniger alles über sich ergehen lässt, keinen Widerstand leistet, gefügig ist und die Arbeit Pflegender nicht hinterfragt. Kurz gesagt der Patient, der mit allem und jedem zufrieden ist und sich gegen Pflegende nicht auflehnt. In einer Studie des Psychologen Jürgen Abresch gaben rund 75 Prozent der befragten Pflegenden an, dass Patienten, die gegen das erwartete Patientenverhalten verstoßen, eine andere Pflege und Betreuung erhielten.[131] Dies ist etwa der Fall, wenn sie an Pflegemaßnahmen zu wenig mitwirken oder durch unkooperatives und unzugängliches Verhalten die Pflegearbeit behindern oder erschweren; beispielsweise durch unnötiges Klingeln, ständiges Nörgeln etc. Pflegebedürftige dieser «Art» werden oft als «schwierige» Patienten bezeichnet, wobei es sehr subjektiv ist, was ein Mensch als «schwierig» empfindet. «Ihr Verhalten wird negativ beurteilt und kommt einem Verstoß gegen die Patientenrolle bzw. Gepflegtenrolle gleich.», so Meyer 1998.[1] Die «etwas andere» Behandlung jener Pflegebedürftigen zeigte sich etwa darin, dass mit ihnen weniger bis kaum gesprochen wurde, Pflegende ihnen gegenüber Ablehnung entwickelten, die Betroffenen im Vergleich zu den übrigen Pflegebedürftigen keine Sonderleistungen erhielten oder es zu einer mangelhaften Körperpflege bis hin zur Zufügung körperlicher Schäden kam.[131]

Auch in Lainz war seitens der Täterinnen von «schlechten Patienten» die Rede. Darunter wurden mehrheitlich jene Patienten verstanden, die sehr pflegeintensiv waren und somit viel Arbeit mit sich brachten. Andere galten als «lästig», «unangenehm» und/oder gar «bösartig». Mit diesen Adjektiven wurden überwiegend jene belegt, die ein besonders forderndes Verhalten an den Tag legten, erhöhte Aufmerksamkeit beanspruchten oder im Befehlston mit Pflegenden sprachen. Eine der Täterinnen in Lainz meinte über die Patienten: «Manchmal habe sie sich gedacht, dass sie diese nicht mehr aushalten würde.» Auch von Beschimpfungen und Schlägen seitens der Patienten wurde berichtet.[20]

Psychologische Faktoren der «Täter»

Schließlich können persönliche Erfahrungen und Kindheitserlebnisse in nachteiliger Weise Einfluss auf die pflegerische Beziehung nehmen und der Gewaltentstehung förderlich sein. Die Weltgesundheitsorganisation WHO bestätigt, dass die Täter häufig Bezugspersonen sind, die in engem Kontakt zu den Opfern stehen, beispielsweise der eigene Partner, Verwandte, allen voran die Kinder – und eben auch professionell Pflegende. Oft sind es Menschen, die selbst gesundheitliche Probleme haben oder an Depressionen leiden. Mitunter haben die Täter Gewalt oder Missbrauch am eigenen Leib erfahren.[38, 46] Übertragungsprozesse können sich besonders dann entfalten, wenn Pflegebedürftige bei Pflegenden negative Erinnerungen an Verwandte oder andere Personen aus dem privaten Umfeld auslösen. Solche Vorgänge sind Pflegenden meistens nicht bewusst. Es kommt zu einer Ablehnung bzw. einer voreingenommenen, negativen Grundhaltung gegenüber dem Pflegebedürftigen, ohne dass dieser aktiv etwas dazu beigetragen hätte.[1, 38] In Lainz fanden sich in den Biographien der vier Täterinnen Erfahrungen mit dem Tod und schwerer Krankheit. Es liegt nicht in unserem Ermessen zu beurteilen, inwieweit das Miterleben und die Pflege kranker und sterbender Angehöriger die Arbeit der Täterinnen beeinflusst hat bzw. ob sie diese Erlebnisse auf die ihnen anvertrauten Patienten übertragen haben. Laut gutachterlichen Aussagen haben ihre privaten Erfahrungen aber mit Sicherheit ihr gesamtes weiteres Leben beeinflusst.

Zusätzlich können die seelischen Probleme Pflegender Auswirkungen auf die pflegerische Beziehung haben. Wolfgang Schmidbauer hat in seinem Buch «Hilflose Helfer» die Psyche von Sozialberuflern analysiert. Bei vielen Mitgliedern dieser Berufsgruppe, zu denen auch Pflegende zählen, beobachtete er ein erhebliches Bedürfnis nach liebevoller Zuwendung und Aufmerksamkeit, welches seiner Ansicht nach die Spätfolge eines nie überwundenen Liebesentzugs darstellt. Schmidbauer spricht von der «narzisstischen Kränkung». Der Betroffene hat von klein auf das Gefühl vermittelt bekommen, nicht um seiner selbst willen, sondern nur dann geliebt zu werden, wenn er etwas Konkretes leistet. Die Angst vor erneuten Kränkungen bleibt bestehen und führt dazu, dass der Betroffene zwischenmenschlicher Nähe aus dem Weg geht. Auch eigene Gefühle und Bedürfnisse werden kaum zugestanden. Liegen diese Persönlichkeitszüge bei Pflegenden vor – Schmidbauer bezeichnet sie als «Helfer-Persönlichkeiten» –, birgt dies sowohl für die betroffenen Pflegenden als auch für die ihnen anvertrauten Menschen erhebliche Gefahren. Pflegende mit einem Helfersyndrom haben zu hohe Erwartungen an die eigene Arbeit. Sie tendieren dazu, sich selbst völlig aufzugeben, und beschränken sich auf die Aufopferung für andere. Die erhoffte Anerkennung durch das Gegenüber bleibt besonders in Pflegesituationen mit betagten und hochbetagten Menschen jedoch vermehrt aus. Aufgrund ihres Gesundheitszustandes sind Pflegebedürftige vielfach außerstande, Pflegenden die erwartete Wertschätzung und Dankbarkeit für das aufopfernde Verhalten entgegenzubringen. Ist das Helfersyndrom stark ausgebildet, resultiert daraus eine Unfähigkeit, mit Misserfolgen professionell umzugehen, diese also nicht persönlich zu nehmen. Der übertriebene Perfektionismus und erhöhte Anspruch an die eigene Leistung lässt sich oft nicht angemessen befriedigen. Auf lange Sicht erzeugt dieser Umstand Enttäuschung und Wut bei Pflegenden. Die Gefahr von Gewalt und Aggression steigt; ein Grenzverlust ist möglich.[75, 76] Nach Schmidbauer kann dieser im schlimmsten Fall in eine Tötung des Patienten münden, da der Pflegende um jeden Preis etwas für den leidenden Patienten tun möchte. Das Leid des Patienten wird zum eigenen Leid und der Pflegende sieht nur noch die Möglichkeit, sich und den Patienten von diesem Leiden zu befreien, indem er den Patienten umbringt. «Die Grenze zwischen Helfer und Schützling wird durchlässig, die Schwester meint, aus Mitleid mit dem Kranken zu töten, und tut es doch nur aus Mitleid mit sich selbst.»[76]

Missverhältnis zwischen seelischer Distanz und körperlicher Nähe

Pflegearbeit geschieht stets in der Interaktion mit anderen Menschen. Erst indem wir mit anderen Menschen sprechen und Informationen austauschen, kann ein gegenseitiges Verständnis entstehen und Beziehung gelebt werden.[132] Gute Pflege bedeutet, neben der Sorge um das körperliche Wohl, in eine zwischenmenschliche Beziehung zum Pflegebedürftigen zu treten. Beziehungsarbeit setzt Raum und Zeit für eine tatsächliche Akzeptanz der aktuellen Situation jedes pflegebedürftigen Menschen voraus. Sie umfasst die Möglichkeit, sich in Gesprächen auszutauschen, den Ängsten und Sorgen des Pflegebedürftigen Gehör zu schenken. Trotz der enormen Wichtigkeit sind die zeitlichen und personellen Ressourcen für diesen Aspekt der Pflege oft viel zu knapp bemessen. Aufgrund der immer kürzer werdenden Verweildauer sowohl im Pflegeheim als auch im Krankenhaus ist zudem die Kontaktzeit zum Bewohner respektive Patienten auf ein Minimum reduziert. Infolgedessen kommt es in vielen Pflegebeziehungen zu einem Missverhältnis zwischen seelischer Distanz und körperlicher Nähe. Dieser Umstand ist sowohl für Pflegende als auch Pflegebedürftige frustrierend. Die sozialen Kontaktmöglichkeiten Pflegebedürftiger sind in der Regel stark eingeschränkt, die Zusammenkünfte und Gespräche mit Pflegenden daher von besonderer Bedeutung. Eine unbefriedigende Kontaktsituation kann zu einer Belastung des alten Menschen führen; sein Bedürfnis nach sozialer, seelischer und zwischenmenschlicher Zuneigung bleibt vielfach unbefriedigt.[1, 56] Aufgrund der mehrheitlich schlechten körperlichen Verfassung und der bestehenden Abhängigkeit befinden sich pflegebedürftige Menschen in einer empfindsamen Lage. Gegebenenfalls reagieren sie sensibler auf an sie gerichtete Worte oder ein mangelhaftes Zuhören. Ein gutes Gesprächsklima zwischen Pflegenden und Pflegebedürftigen kann den Heilungsprozess hingegen sogar positiv beeinflussen. Ein gutes Beispiel dafür ist die Verabreichung von Mahlzeiten. Ausreichend zu essen ist ein Grundbedürfnis und trägt zur Genesung bei. Ob das Essen lediglich kommentarlos hingestellt wird oder ob man «einen guten Appetit» wünscht oder in anderer Weise Anteil an der Mahlzeit nimmt, etwa durch ein: «Lassen Sie es sich gut schmecken», macht einen erheblichen Unterschied. Pflegebedürftige Menschen mit wenig oder gar keinem Appetit können durch Zuspruch wieder zum Essen ermuntert werden.[133]

Für die Pflegenden ist die häufig festzustellende Diskrepanz zwischen seelischer und körperlicher Nähe ebenfalls wenig zufriedenstellend. Die Zeit ist vielfach zu knapp, um sich der Bedürfnisse des Pflegebedürftigen angemessen anzunehmen; die Arbeit kann demnach nicht den persönlichen Anforderungen und Vorstellungen entsprechend erledigt werden. Es hat den Anschein, viele andere Dinge seien wichtiger als die tatsächliche Beziehungsarbeit. Dieser Umstand stößt auf das Unverständnis Pflegender; Frustration und Wut sind die Folgen, die letztlich die Pflegebedürftigen abbekommen, obwohl sie ihnen eigentlich nicht gilt.[1, 38]

Die Arbeitsumstände in Lainz ließen kaum Zeit für eine individuelle Betreuung und Zuwendung zum Patienten. Der Patient war einer von vielen. Die konkreten Bedürfnisse, Sorgen oder Anliegen jedes Einzelnen waren dem Pflegepersonal überwiegend fremd und die Zeit, darauf einzugehen, knapp bemessen. Das Essen wurde vielfach lediglich hingestellt; viele Patienten bekamen ihre Mahlzeiten im Bett. Wenn nicht aufgegessen wurde, war keine Zeit vorhanden, den Patienten durch ein Gespräch zum Essen zu motivieren. An erster Stelle stand die körperliche Versorgung des Patienten – und nicht einmal für diesen Teil der Pflege waren ausreichend Ressourcen vorhanden.

Ursachen von Gewalt außerhalb der Pflegebeziehung

Nicht nur die pflegerische Beziehung selbst, sondern auch externe Umstände können Quelle von Frustration, Enttäuschung und

Angstgefühlen des Pflegenden wie des Pflegebedürftigen sein und Gewalt auslösen. Zu diesen äußeren Faktoren zählen besonders strukturelle Zwänge.[1] Auch in Lainz begünstigten strukturelle Gegebenheiten die Taten.

Totalitäre Institutionszüge als gewaltursächliche Faktoren
Altenheime und Krankenhäuser sind in der Regel durch rigide Strukturen geprägt. Erving Goffman, ein US-amerikanischer Soziologe, sah hier Parallelen zum Konzept der «totalen Institution». Goffman machte seine Untersuchungen in einer psychiatrischen Abteilung. Seine Erkenntnisse lassen sich auf andere, verwandte Einrichtungen wie etwa Altenheime, Gefängnisse, Erziehungsheime, Krankenhäuser etc. übertragen. In einer totalen Institution werden die Eigenständigkeit und Individualität des Einzelnen weitgehend zerstört. Der Einzelne wird vom Rest der Gesellschaft isoliert und legt dadurch seine alten Rollen ab. Ziel ist die Kontrolle über die Bewohner der Institution. Die täglichen Angelegenheiten werden unter Aufsicht ausgeführt. Folgen einer totalitären Einrichtung können bei den Bewohnern moralische Verwahrlosung und das Verlernen einer selbständigen Lebensweise sein. Goffman sprach vom «bürgerlichen Tod des Individuums». Kennzeichnend für die Organisationsform der totalitären Institution sind etwa eine einheitliche Kleidung sowie vorgegebene Rituale. Vielfach herrscht ein durchgeplanter Tagesablauf, mit Strukturen, die wenig bis keinen Raum für eine individuelle Gestaltung lassen. Züge totaler Institutionen in Krankenhäusern oder Altenheimen begünstigen die Frustrationsentstehung bei Pflegenden und Pflegebedürftigen. Vor allem strukturelle Zwänge erschweren die Zusammenarbeit. Je nachdem wie stark diese Züge ausgeprägt sind, weisen sie dem Pflegenden die Rolle eines Organs der Institution zu; die Bewohner oder pflegebedürftigen Menschen werden zu Objekten degradiert.[1, 38, 134]

Mit Aufnahme in das Krankenhaus oder in ein Altenheim hat der Pflegebedürftige bzw. der alte Mensch als Patient keine andere

Wahl, als sich den Gegebenheiten anzupassen; für Individualität und eigene Entfaltungsmöglichkeiten bleibt, abhängig vom Totalitätsgrad der jeweiligen Einrichtung, kaum Platz. Streng geplante Tagesabläufe mit vorgegebenen Schlaf- und Aufstehzeiten, fixe Zeitspannen für Besuche und Mahlzeiten, der Zwang des täglichen Waschens und die Tatsache, dass man wenige persönliche Dinge um sich hat, verschärfen die Situation. Zusätzlich belastend sind für viele Bewohner Einsamkeit sowie der bereits angesprochene Mangel an Empathie. Die Rahmenbedingungen in Betreuungseinrichtungen der Langzeitpflege bedeuten für den Pflegebedürftigen auch, seine persönlichen Kontakte nicht frei wählen zu können. Die Personen, mit denen man in der Folge zusammenlebt, kann sich der Pflegebedürftige im Vorfeld nicht aussuchen. Ein Aufenthalt mit anderen gleichaltrigen Personen bedeutet nicht automatisch, dass sich dadurch sinnstiftende Freundschaften entwickeln. Diese Umstände führen zu einer gewissen Hilflosigkeit des pflegebedürftigen Menschen und vermitteln das Gefühl, diese Gegebenheiten nur wenig beeinflussen und schon gar nicht beherrschen zu können.[1, 56, 83]

Die genannten Faktoren bedeuten strukturelle Gewalt für betroffene Pflegebedürftige; gleichzeitig erschweren sie häufig auch die Arbeit Pflegender. Die Zeit, die für formale Erfordernisse, vor allem für Dokumentationszwecke, aufgebracht werden muss, fehlt Pflegenden für den persönlichen Kontakt zum Pflegebedürftigen. Überreglementierung und der damit verbundene bürokratische Aufwand tragen zur Zermürbung bei. Die Erfüllung von Formvorschriften scheint wichtiger zu sein als die tatsächliche Beziehung zum Pflegebedürftigen.[35, 38]

Personelle Unterbesetzung

Personalmangel und ein eingeengter Pflegeschlüssel tragen zur Arbeitsbelastung und zum Stress Pflegender bei. Der ständige Druck, schneller und kostensparender zu arbeiten, ist Begleiter der täglichen Arbeit. In immer kürzer werdenden Zeiträumen müssen Pflegende komplexere Tätigkeiten bei vielfach erkrankten Patienten bzw. Pflegebedürftigen leisten. Sie sind gezwungen, ihre Arbeit auf das Notwendigste zu reduzieren. Das Arbeitspensum ist nur dadurch zu bewältigen, dass bei Verrichtung der Arbeit klare Prioritäten gesetzt und häufig Abstriche gemacht werden.[35]

Diese Diskrepanz zwischen der eigenen Leistung, an die gewisse Ansprüche geknüpft werden, und dem, was unter den konkreten Gegebenheiten tatsächlich zu leisten möglich ist, führt zu Unzufriedenheit und Verzweiflung. Zunehmende Enttäuschung und reduzierte Motivation sind die Folgen. Es kommt hinzu, dass Pflegende häufig ihre physischen und psychischen Limits überschreiten. Am Ende steht die Überforderung Pflegender: Gereiztheit, psychosomatische Störungen und Burn-out, die Nutzung von Suchtmitteln und im schlimmsten Fall die Anwendung von Gewalt im Rahmen der pflegerischen Handlung. Vor allem in Fällen von Versorgungsengpässen und in Notsituationen steigen der Druck, den Anforderungen entsprechen zu können, sowie gleichzeitig die Angst, Fehler zu machen. Aggression kann ein Ventil sein, Ängste und Unsicherheiten zu überwinden. Leidtragende dieser Zustände sind neben den Pflegenden insbesondere die Pflegebedürftigen, die diesen Gefühlen direkt ausgesetzt sind.[1, 81, 135]

Pflegenotstände sind ein jahrzehntealtes Thema. Es handelt sich um ein historisch gewachsenes Problem, das bis heute nicht gelöst wurde. Aufgrund der Veränderungen in der Versorgung wird es wieder zusehends aktuell. Erstmals in den Fünfzigerjahren gab es einen Mangel an ausgebildeten Fachkräften. Die Einführung des damals neuen Berufsstandes des Pflegehelfers brachte kurzzeitig Abhilfe. Zu Beginn der Siebzigerjahre dann war sogar ein Überangebot an Pflegenden zu verzeichnen. Dieses war jedoch nur von kurzer Dauer, da der Beruf des Pflegehelfers wieder abgeschafft wurde. Resultat: erneuter Personalmangel, der erstmals öffentlich als «Pflegenotstand» deklariert wurde, Mitte der Achtzigerjahre.[136] In ganz Deutschland kam es damals zu Demonstrationen über die widrigen Umstände in der Pflege. Im

Fokus der Kritik standen Personalmangel, belastende Arbeitsbedingungen, fehlende Weiterbildungen, die nicht angemessene Vergütung Pflegender und die Krankenhäuser als Arbeitgeber. Die Protestaktionen brachten kurzfristig Erfolge: Anfang der Neunzigerjahre kam es als Teil des Gesundheitsstrukturgesetzes zur Einführung der Pflegepersonal-Regelung (PPR). Sie diente der täglichen Bestimmung des Pflege- und Personalbedarfs in der stationären Krankenpflege. Zusätzlich konnten Verbesserungen in anderen Bereichen erzielt werden (Arbeitsorganisation, finanzielle Zulagen und Höhergruppierung innerhalb der Tarife etc.). Die Überlastungsanzeige wurde ins Leben gerufen. Die Heranziehung von Hilfspersonal aus dem ehemaligen Jugoslawien und Thailand sollte die Krise entschärfen. Eine weitere Folge der Proteste waren steigende Mitgliederzahlen der Berufsverbände, allen voran des DBfK. Große Hoffnungen wurden auf die 1991 gegründete Gewerkschaft Pflege gesetzt, aus der die Gewerkschaft für Beschäftigte im Gesundheitswesen (BIG) hervorging. Die Erfolge hielten jedoch nicht lange an. Die PPR wurde 1996 aufgrund ihrer realitätsfernen und aufwändigen Umsetzung wieder abgeschafft. Während der Jahre 1995 bis 2008 wurden rund 50 000 Vollzeitpflegekräfte in Deutschland wegrationalisiert. Gründe dafür waren Bettenreduzierungen und eine Neugestaltung der Finanzierung in den Krankenhäusern.[136, 137] 2009 wurde die Gewerkschaft für Beschäftigte im Gesundheitswesen mangels ausreichender Mitgliederzahl wieder aufgelöst. Im Gegensatz dazu schlossen sich die Ärzte in einer starken Gewerkschaft zusammen und begannen ihre Forderungen durchzusetzen. Das Ergebnis: Die Misere des Pflegenotstands setzte sich in den Folgejahren bis heute fort. Dafür nur zwei Beispiele: 2011 wurde die drastische Personalsituation Pflegender am Beispiel des Deutschen Herzzentrums München öffentlich gemacht.[136, 138] Nach zahlreichen Überlastungsanzeigen in der Berliner Charité kam es im Frühjahr 2015 zu einem einwöchigen Streik Pflegender, bei dem die schlechten Arbeitsbedingungen angeprangert wurden.[139]

Die I. Medizinische Abteilung in Lainz wies Züge einer totalen Institution auf. Der Pflegealltag war zeitlich streng durchgetaktet. Es gab feste Essenszeiten, Besuchszeiten und Zeiten, in denen Patienten gewaschen wurden; sie mussten strikt eingehalten werden. Die Arbeitssituation war geprägt durch einen jahrelangen Personalunterstand und einen mangelhaften Ausbildungsstand des Pflegepersonals. Es gab zu wenig qualifiziertes Personal, sprich Pflegende mit einem Diplom. Eine logische Konsequenz daraus war, dass nicht diplomierte Pflegende Aufgaben der diplomierten Kollegen übernahmen; andernfalls wäre die Arbeit nicht einmal annähernd zu schaffen gewesen. Die Pflegenden waren ständig überbelastet, bei einigen äußerten sich bereits körperliche Beschwerden. Für den Fall, dass jemand im Pflegepersonal erkrankte und ausfiel, musste der Dienst von den anderen mit übernommen werden. Die Pflegenden hatten dadurch oft keine Freizeit. Über die miserable Arbeitssituation beschwerten sich alle, zu Änderungen kam es jedoch nicht. Die negativen Auswirkungen des personellen Engpasses auf die Pflege waren aber offensichtlich: unzureichende Körperpflege der Patienten, Nachlässigkeiten bei der Dokumentation, z. B. der Fieberkurve, Abstecken von Bettklingeln, ein zu langes Liegenlassen der Patienten im Kot, fehlerhafte Lagerungen von Patienten, mangelhafte Durchführung von Therapien etc. In vielen Fällen wäre eine verstärkte Mobilisierung wünschenswert gewesen, aus Zeitgründen unterblieb sie jedoch.

Schwächen im Führungsverhalten

Es ist erwiesen, dass Fehler im Führungsverhalten Vorgesetzter einen starken Frustrationsfaktor für Mitarbeiter darstellen.[140] Durch gute Führung lässt sich die Leistungsfähigkeit, Motivation und Zufriedenheit von Mitarbeitern hingegen signifikant anheben.[141] Mitunter wirkt sie sich sogar positiv auf die Gesundheit der Mitarbeiter aus. Pflegende, die gerne arbeiten und sich wohlfühlen, sind auch weniger Burn-out-gefährdet.[38, 142] Aufgabe der Führungskräfte ist die Schaffung von Arbeitsbedingungen, die den gesetzlichen Bestimmungen zum Arbeitsschutz und menschengerechten Arbeitsbedingungen entsprechen. Stressverursachende Faktoren im Arbeitsumfeld sind zu reduzieren, dazu zählen etwa Zeitdruck, Rollenkonflikte oder emotionale Belastungen der Mitarbeiter. Mitarbeitern darf keine Verantwortung für Aufgaben übertragen werden, für die sie nicht verantwortlich sind und die sie nicht erfüllen können. Lern- und Entwicklungspotenziale der Mitarbeiter sind zu fördern. Dafür ist es wichtig, dass die Arbeitsleistung Anerkennung findet und Rückmeldungen seitens der Vorgesetzten erfolgen – sowohl Lob als auch begründete Kritik können sich positiv auf die Arbeitsleistung des Mitarbeiters auswirken.[143] Die Führungsebene von Krankenhäusern oder Altenheimen gibt auch vor, inwieweit jeder einzelne Mitarbeiter in Entscheidungen mit eingebunden wird, ihm Mitbestimmungsrechte zuerkannt werden und inwieweit seine Eigenverantwortung gestärkt wird. Je mehr das Führungsverhalten von autoritären Strukturen und mangelnder Rücksichtnahme geprägt ist, desto höher ist die Wahrscheinlichkeit, dass die Hemmschwelle für aggressives Verhalten seitens des pflegerischen Personals sinkt. Gefahr in Verzug ist immer dann, wenn Autoritäten Gehorsam einfordern und dieser noch über der eigenen Gewissensentscheidung des Pflegenden steht. Letztlich bekommen Pflegende das Gefühl, diesen Zuständen ausgeliefert zu sein und sie nicht mehr kontrollieren zu können.[1, 38]

Aufgabe der Führungspersönlichkeiten ist es auch, ein Betriebsklima zu schaffen, das durch gegenseitige Wertschätzung charakterisiert ist.[140] Um dies zu gewährleisten, bedürfen Führungskräfte nicht nur Fach-, sondern auch sozialer Kompetenzen, um auf Mitarbeiter entsprechend eingehen zu können.[144] Ein zufriedenes, durch gute Führung geprägtes Arbeitsklima führt letztlich zu weniger Konflikten und zu einer geringeren Mortalitätsrate bei den Pflegebedürftigen. Die Ausgestaltung der Beziehung zwischen Pflegenden als Mitarbeiter und den Führungspersönlichkeiten färbt auf die Pflegebeziehung ab. Nur wenn die Zusammenarbeit auf Respekt, Wertschätzung und gegenseitiger Anerkennung basiert, sind Pflegende in der Lage, sich auch in gleicher Art und Weise um die ihnen anvertrauten Menschen zu kümmern. Es ist allgemein bekannt, dass sich die Zufriedenheit pflegender Menschen wechselseitig auf das Wohlbefinden und Verhalten der Pflegebedürftigen auswirkt.[38, 142] Zwischen dem Führungsverhalten und dem Umgang mit Bewohnern bzw. Patienten besteht ein direkter Zusammenhang. Einfluss hat das Führungsverhalten auch auf die jeweilige Teamkultur des Unternehmens. Führungspersönlichkeiten haben die Aufgabe, die notwendigen Grundlagen für ein respektvolles Arbeiten auf Augenhöhe festzulegen. Ihre persönliche Haltung trägt zu der gelebten Kultur im Team und der jeweiligen Einrichtung bei. Auch über diese Verantwortung müssen sich Führungspersönlichkeiten im Klaren sein.[1, 35, 38]

Zu den Tätigkeiten von Führungskräften gehört auch die Analyse von Arbeitssituationen der Mitarbeiter. Im Falle von Problemen sind Überlegungen für eine sachbezogene und konstruktive Lösung anzustellen. Gut ausgebildete Führungspersönlichkeiten sollten in der Lage sein, personal- und strukturbedingte Probleme zu lösen. Dabei sind sie auf die notwendige Unterstützung der jeweiligen Unternehmensführung (Geschäftsführung) und des Personalmanagements angewiesen.[1, 143] Nicht zuletzt aufgrund des sich fortsetzenden Personalmangels werden die Anforderungen an Führungskräfte in Pflege- und Gesundheitseinrichtungen in Zukunft eher noch steigen.[140]

Zeichen schlechter Führung waren in Lainz in vielerlei Hinsicht vorhanden: Die Misere in personeller Hinsicht war allgemein bekannt. Ebenso verhielt es sich mit den fast üblichen Kompetenzüberschreitungen der nicht diplomierten Pflegenden. Diese Zustände wurden toleriert und akzeptiert. Eine eindeutige Rollenklarheit fehlte. Das Pflegepersonal beklagte wiederholt seine emotionale und körperliche Überbelastung. Die Aufnahme der Patienten wurde dennoch nicht gestoppt, stattdessen Gangbetten eingerichtet. Wirkliche Schritte zur Verbesserung der Situation wurden weder von der Stationsleitung noch vom Krankenhausdirektor bzw. dem Träger des Krankenhauses unternommen. Die Folgen: Das Pflegepersonal in Lainz fühlte sich durch die Führung im Stich gelassen. Beschwerden blieben erfolglos. Die Pflegenden erlebten weder soziale Unterstützung noch eine Wertschätzung ihrer Arbeit. Es gab kaum Unterstützungs- und Entlastungsangebote, um Probleme besser zu bewältigen und Erlebtes zu verarbeiten. Supervisionen waren nicht üblich; wenn dann nur außerhalb der Arbeitszeiten. Schulungen für den besseren Umgang mit Patienten gab es nicht. Die Zustände führten zu Überforderungen, die sich zusehends verstärkten.

Der Vorstand der Abteilung schien nur wenig Respekt genossen zu haben. Laut Aussagen habe er über Jahre hinweg mit einer Ärztin eine sexuelle Beziehung gepflegt; ihr angebliches Suchtproblem sei ignoriert worden. Dieser Umstand und auch andere Probleme und Konflikte wurden entweder gar nicht oder unzureichend gelöst. Kompetenzüberschreitungen blieben mehrheitlich ungeahndet. Es hat den Anschein, dass sich die Stationsgehilfinnen dadurch in ihrem Handeln bestätigt und bestärkt fühlten. Auch anderes Fehlverhalten blieb überwiegend ohne Folgen. Einmal habe es einen Unfall mit einem Patienten gegeben; dieser sei durch ein Gerüst erschlagen worden. Der zu Hilfe gerufene Arzt habe zunächst weitergeschlafen und sein verspätetes Einschreiten im Nachhinein damit gerechtfertigt, dass es ja kein Notfall gewesen sei. Dieser Vorfall und andere wurden einfach unter den Teppich gekehrt; den Akten zufolge hat es weder polizeiliche Ermittlungen noch interne Konsequenzen gegeben. Anzunehmen ist, dass das defizitäre Führungsverhalten in Lainz ein unkontrolliertes Fehlverhalten der Mitarbeiter förderte und schließlich negative Auswirkungen auf die Patientenpflege hatte. Mehrfach kam es zu Beschwerden wegen pflegerischen Missständen an den Ombudsmann, jedoch ohne Erfolg.

Darüber hinaus arbeitete die oberste Leitungsebene des Krankenhauses Lainz unzureichend zusammen. Aufgrund des Akteninhaltes ist anzunehmen, dass nicht alle Führungspersonen von den Verdächtigungen Kenntnis hatten; weder der ärztliche Direktor noch die leitenden Pflegepersonen (Stationsschwester, Oberschwester, Direktorin des Pflegedienstes) seien umfassend informiert gewesen. Daher unterblieben auch übergreifende bzw. genauere Kontrollen.

Konflikte im Team und Fehler in der Kommunikation

Konflikte innerhalb der pflegerischen Versorgung bis hin zu Gewaltausschreitungen sind häufig auf Kommunikationsstörungen zurückzuführen.[132] Sprache beeinflusst die Stimmung der Menschen – in positiver und negativer Hinsicht. Worte können Kränkungen, Ängste und Ärger hervorrufen. Sie können aber auch aufbauend sein, Sicherheit erzeugen, Orientierung geben und Verständnis hervorrufen.[133]

Eine störungsfreie Kommunikation ist nicht nur Basis für ein gutes Miteinander zwischen Pflegenden und Pflegebedürftigen, sondern auch für die Zusammenarbeit mit Kollegen in der Pflege, Vorgesetzten und den Ärzten. Pflegende arbeiten in einem Team. Spannungen und Diskrepanzen in der Zusammenarbeit fördern Frustration und wirken sich negativ auf das Arbeitsklima aus. Vielfach sind es Meinungsverschiedenheiten und ein unterschiedliches Verständnis von Pflege, besonders zwischen den unterschiedlichen Berufsgruppen, etwa zwischen Kranken- und Altenpflegern, die Konflikte und Probleme entstehen lassen.[1, 43, 128]

Was Probleme im Team betrifft, wird die Situation im Vergleich zu früher heutzutage durch ein zusätzliches Faktum verschärft: Auslöser für Konflikte in der Zusammenarbeit sind häufig Unterschiede der vier Generationen (Wirtschaftswundergeneration: Geburtenjahre 1945–1955; Babyboomer: Jahrgänge 1956–1965; Generation X: Jahrgänge 1966–1985; Generation Y ab 1986) in Bezug auf Meinungen und Werte. Hier prallen förmlich Welten aufeinander, wenn die Generation X auf eine gute Work-Life-Balance pocht, während die Generation Wirtschaftswunder den

Fokus auf Leistung und Karriere legt. Die Anforderungen an den Arbeitsplatz und die Arbeitsinhalte sind erheblich gestiegen. Nur mit sogenannter «generationsgerechter» oder zumindest sensibler Personalführung ist hier eine Brücke zu bauen.[141] Daher sind Teamgespräche für Pflegende ein wichtiges Mittel, um sich mit Kollegen über alltägliche Probleme, allfälligen Ärger und Aggressionen auszutauschen. Zudem dienen sie dazu, Situationen des beruflichen Alltags zu reflektieren, erfolgte Fehler zu besprechen und sich über mögliche Handlungsalternativen auszutauschen; sie verbessern somit die Zusammenarbeit und die Arbeitsqualität.[34]

Institutionsspezifische Umstände wie beispielsweise Cliquenbildungen, Wechsel der Leitung, Aufnahme neuer Mitarbeiter oder eine starke Fluktuation der Mitarbeiter beeinflussen die Arbeitssituation zusätzlich nachteilig.[145] Professionell Pflegende kann es mitunter stark belasten, wenn Teilzeit- oder Aushilfskräfte mit geringer fachlicher Qualifikation das Kommando übernehmen und die Qualität der Pflege senken. Das ist auch dann der Fall, wenn die Interessen der Institution, für die der Pflegende arbeitet, mit den Ansprüchen der Menschen kollidieren, die ihm anvertraut sind. Dann kommt es zur Rollendiffusion; er muss sich zwischen den Interessen des Pflegebedürftigen und der Institution entscheiden. In den meisten Fällen wird zugunsten der Einrichtung entschieden. Die Entscheidung erfolgt meist unterbewusst, vermutlich durch den Umstand beeinflusst, dass auch die Mehrheit der Kollegen so gehandelt hätte. Solche Situationen führen dazu, dass sich Pflegende über die Bedürfnisse ihrer Patienten hinwegsetzen. Eine häufige Reaktion von deren Seite ist aggressives Verhalten.[1, 146]

Das Arbeitsklima in Lainz wurde als nicht besonders gut beschrieben. Immer wieder sei es zu Konflikten gekommen, vor allem wenn etwas nicht gleich funktioniert habe. Spannungen habe es besonders zwischen dem nicht diplomierten und dem diplomierten Personal gegeben. Die Stationsgehilfinnen fühlten sich dem diplomierten Personal gegenüber unterbewertet, da sie nicht über eine fundierte pflegerische Ausbildung verfügten. Sie waren daher bemüht, die Qualifikationsunterschiede nicht bemerkbar werden zu lassen, und versuchten, sich aufzuwerten. Innerhalb des Pflegepersonals fanden Cliquenbildungen statt. Die Täterinnen, besonders die Haupttäterin Waltraud W., wurden als ein dominierender bzw. konstanter Teil des Teams gesehen. Neuen Kolleginnen wurde der Einstieg ins Team bzw. in die «eingeschweißte» Gruppe der Pflegenden schwer gemacht. Viele verließen auch bald wieder die Station.

Organisierte Besprechungen mit den Pflegenden habe es so gut wie nie gegeben, wenn auch die Oberschwester Gesprächskontakt zu halten versuchte. Initiativen einzelner Pflegender, Verbesserungen herbeizuführen, etwa durch Einführung der Pflegedokumentation oder regelmäßige Besprechungen, stießen auf wenig Begeisterung bei Kollegen und Ärzten. Unter diesem Zustand litt die Motivation des Pflegepersonals.

Das Verhältnis zwischen Pflegenden und Ärzten war ebenfalls nicht unproblematisch; mehrheitlich wurde es als distanziert beschrieben. Die Ärzte seien an einer aktiven Mitarbeit der Pflegenden auf medizinischem Gebiet nicht interessiert gewesen. Auch die Kommunikation galt als mangelhaft. Ärzte hätten kaum mit Pflegenden über den Grund einer Untersuchung oder vorgeschriebener Therapien gesprochen. Teambesprechungen gab es wenige bis gar keine. Manche Ärzte versuchten, regelmäßige Besprechungen durchzuführen, die Regel waren sie aber nicht. Aus diesem Grund waren Handlungen der Ärzte für die Pflegenden vielfach nicht nachvollziehbar und unverständlich. Ärztliche Anweisungen waren häufig nicht leserlich abgefasst, was die Arbeit unnötig erschwerte. Jene Pflegenden, die sich weigerten, Injektionen zu verabreichen, hatten das Gefühl, bei den Ärzten unbeliebter zu sein.

Nichternstnehmen von Auffälligkeiten und Verdachtsmomenten

Der in einer Abteilung oder einem Team geläufige Umgangston ist ein Spiegel der dort herrschenden Gegebenheiten. Hinweise geben die Verwendung von Spitznamen, makabrer Phrasen oder ironisierender Äußerungen. Der Umgangston leidet besonders, wenn der Druck sehr hoch ist. Bei Stress und Unruhe wird es schwieriger, auf die Wortwahl zu achten. Ein unfreundlicher und grober Umgangston schleicht sich ein, teilweise kommt es lediglich zur Mitteilung abgerissener Wortfetzen.[19, 20, 133]

In Lainz kam es, wie auch in anderen Fällen von Patiententötungen, zu sprachlichen Auffälligkeiten. Zum Spitznamen «Hexe» der Haupttäterin kamen auffällige Äußerungen von Kollegen hinzu. Zwei der Täterinnen in Lainz behaupteten, dass einige Kollegen von den Tötungen Bescheid gewusst hätten. Die erfolgten Äußerungen der Kollegen im Gerichtsverfahren machen es schwer vorstellbar, dass dem nicht so gewesen ist. So wurde Waltraud W. etwa scherzhaft aufgefordert, zu sterbenden Patienten mitzukommen, weil es dann schneller gehen würde bzw. Patienten in ihrer Anwesenheit leichter sterben würden. Wenn sich der Sterbevorgang eines Patienten in die Länge zog, wurde des Öfteren gesagt: «Er kann net sterben, weil die Waltraud nicht da ist.» Es ist anzunehmen, dass gewisse Pflegende zumindest etwas geahnt haben dürften. Reaktionen oder ein kritisches Nachfragen blieben dennoch aus. Auch andere Umstände, wie die vermehrten Sterbefälle und der überraschende Zeitpunkt des Todes in vielen Fällen, zogen keine wirkliche Aufmerksamkeit nach sich. Der erhöhte Verbrauch von Medikamenten, besonders im Vergleich zu anderen Abteilungen, blieb unbemerkt, obwohl oft mehr Medikamente bestellt wurden, als ärztlich verordnet waren. Selbst die Tatsache, dass die Dokumentation von Todesumständen lückenhaft erfolgte, führte zu keiner Nachfrage der Kollegen. Im Gerichtsverfahren rechtfertigten sich viele damit, dass sie mit solchen Taten nicht gerechnet und sie auch nicht für möglich gehalten hätten. Seitens der Vorgesetzten blieben Nachforschungen und Rückmeldungen ebenfalls in der Regel aus; die Verrohung des Sprachklimas wurde hingenommen. Der ärztliche Abteilungsvorstand dürfte in erster Linie daran interessiert gewesen sein, den guten Ruf der Abteilung nicht zu gefährden.[20]

Man muss in Lainz von Ignoranz und Desinteresse der Vorgesetzten sprechen. Zu erwähnen sind in diesem Zusammenhang nochmals die sehr langen Latenzzeiten. Der Zeitraum zwischen den ersten internen Verdachtsmomenten und den tatsächlichen Verhaftungen der Täterinnen belief sich auf ein Jahr. Innerhalb dieser Zeit waren die internen Kontrollen eher unzureichend. Zudem ist davon auszugehen, dass nicht alle leitenden Mitarbeiter über diese Verdächtigungen informiert gewesen waren. Aufgrund fehlender Konsequenzen im Falle eines Fehlverhaltens Pflegender ist anzunehmen, dass sich die Täterinnen weder kontrolliert noch in ihrem Handeln gebremst fühlten.[20]

Mangelhafte finanzielle Wertschätzung und fehlende Anerkennung

Wertschätzung wird nicht allein durch eine Geste, ein Lob oder einen Dank ausgedrückt, sondern sollte sich auch in einer leistungsgerechten Bezahlung niederschlagen. Die Realität sieht zumindest in Österreich und Deutschland jedoch mehrheitlich anders aus. Verglichen mit anderen Berufsgruppen und trotz der hohen Verantwortung, die mit der Arbeit verbunden ist, sind die Löhne Pflegender gering. Das Phänomen bedarf einer historischen Betrachtung. Früher wurde die Pflege von den Familien, sprich den Frauen, übernommen. Im Vergleich etwa mit der Medizin hat sich die Pflege relativ spät professionalisiert und akademisiert. Das Verhältnis von tatsächlicher Leistung und Entlohnung ist nach wie vor unangemessen. Trotz wiederholter Forderungen Pflegender und ihrer Verbände hat sich daran bis heute wenig geändert. Die derzeitige Situation zeigt, dass die Gesellschaft nicht bereit ist, die Pflegearbeit ausreichend zu honorieren. Die Diskrepanz zwischen der zwar einerseits hohen gesellschaftlichen Anerkennung des Pflegeberufes und der andererseits jedoch mangelnden tatsächlichen Wertschätzung durch angemessene Entlohnung trägt zur Frustration Pflegender bei. Das Unverständnis vergrößert sich, wenn Pflegende feststellen, dass andere Berufsgruppen mehr Erfolg mit ihren finanziellen Forderungen erzielen. Mangelnde Wertschätzung trägt zur Unzufriedenheit Pflegender und zum Sinken ihrer Arbeitsmotivation bei.[1, 76, 142]

Ungeachtet der negativen Arbeitsbedingungen und geringen Entlohnung gibt es zum Glück noch immer genügend Menschen, die sich mit Engagement und Empathie an den Pflegeberuf heranwagen. Häufig ist es ihrem enormen Einsatz zu verdanken, dass der Pflegealltag trotz mangelnder Unterstützung von leitender Stelle nicht vollends aus den Fugen zu geraten droht. Sie stellen ihre eigenen Bedürfnisse in den Hintergrund und versuchen, im Interesse der Pflegebedürftigen organisatorische und auch personale Defizite zu kompensieren. Irgendwann sind aber auch ihre Grenzen erreicht und ihre Ressourcen aufgebraucht; die Freude an einer Arbeit geht verloren, die sie eigentlich schätzen und sich selbst ausgesucht haben.[79]

Kapitel 6 **Was wir gegen Gewalt in der Pflege tun können**

In einer perfekten Welt gäbe es keine Gewalt zwischen Pflegenden und Pflegebedürftigen. Leider leben wir nicht einmal annähernd in einer perfekten Welt. Wir müssen anerkennen, dass es gewalttätige und missbräuchliche Pflege geben kann. Trösten sollte uns die Tatsache, dass wir nicht gänzlich machtlos gegenüber diesem Phänomen sind. Es gibt Wege, Gewalt im pflegerischen Bereich einzudämmen. Beginnt man in der einschlägigen Literatur zu diesem Thema zu suchen, wird man feststellen, dass die Anzahl präventiver Maßnahmen groß ist. Der Leser wird förmlich erschlagen von der Vielzahl an beschriebenen gewaltpräventiven Möglichkeiten und dem Angebot an Handlungsalternativen, um Gewalt und Aggression zu verhindern. Die zur Verfügung stehenden Maßnahmen und Lösungsansätze erscheinen auf den ersten Blick einfach – fast logisch. Pflegende werden besonders angesprochen – was sie nicht alles tun sollten und/oder zu unterlassen hätten, um «brenzlige» Situationen innerhalb der Pflegebeziehung zu vermeiden. Leichter gesagt als getan, wenn die Rahmenbedingungen für die Umsetzung der gut gemeinten Ratschläge oft fehlen.

Prävention muss, um effektiv zu sein, bei den Ursachen für Gewalt und Aggression ansetzen.[1] Wo diese unter Umständen liegen können und welche Faktoren in ihrem Zusammenspiel Gewalt in der Pflege begünstigen, zeigte uns der Pflegeskandal von Lainz. Rufen wir uns die Zeit nach dem Vorfall in Lainz in Erinnerung: Das weltweite Entsetzen war groß; so etwas dürfe nie wieder passieren. Eine Reaktion, wie sie wohl nach jeder Katastrophe durch menschliches Versagen erfolgt.

Die Katastrophe von Lainz führte dazu, die vorhandene Struktur- und Prozessqualität in den Krankenhäusern und die Ausbildung professionell Pflegender zu ändern. Präventive Maßnahmen, wie etwa Balintgruppen (dazu an späterer Stelle noch mehr), wurden eingeführt. Seither, somit seit über 25 Jahren, haben sich sowohl die pflegerische als auch die medizinische Versorgung permanent weiterentwickelt. Aber konnten tatsächlich alle Ursachen beseitigt werden?

Sowohl im Krankenhaus als auch in anderen Versorgungseinrichtungen besteht in vielen Belangen und Bereichen nach wie vor dringender Handlungs- und Optimierungsbedarf. Bestimmte Umstände, etwa die Personalausstattung, die weiterhin bestehenden hierarchisch organisierten Führungsstrukturen in Krankenhäusern, aber auch der Riss zwischen der Wertewelt der Heilberufe und der Wertewelt des Ökonomischen blieben unverändert oder haben sich gar verschlechtert.

Dank der Fortschritte der Pflegewissenschaft lassen sich Missstände und Forderungen an die Pflege heute besser mit Daten belegen und begründen. Die Ergebnisse sind erschreckend, insbesondere was die steigende Unzufriedenheit Pflegender in deutschen Krankenhäusern betrifft. Ein Vergleich der Jahre 1999 und 2006 zeigt, dass sich der Anteil unzufriedener Pflegender mehr als verdoppelt hat (von 17 auf 37 Prozent). Auch die Burn-out-Gefährdung Pflegender hat sich verdoppelt; diese lag 1999 bei 15 Prozent, im Jahr 2006 bereits bei 30 Prozent.[137] Obwohl Studien einen Zusammenhang zwischen schlechten Arbeitsbedingungen und dem Wohl der Patienten bestätigen, hat sich seit Jahrzehnten an der Arbeitsplatzrealität Pflegender, trotz wiederholter Forderungen, zu wenig geändert: Erheblicher Personalmangel, latente Überbelastungen, ständiger Zeitdruck und vergleichsweise niedrige Bezahlung kennzeichnen die Pflegearbeit.[79, 143] Die Lage hat sich in letzter Zeit mitunter drastisch verschärft, vor allem was die Situation im Krankenhaus betrifft. Der aktuelle Fachkräftemangel in der Pflege übertrifft in seiner Intensität alle bisherigen.[136] Ein seitens des Deutschen Instituts für angewandte Pflegeforschung (dip) angestellter Vergleich der Jahre 1995 bis 2012 zeigt, dass der Anteil an Vollkräften in der Pflege um rund 11 Prozent gesunken, der Anteil der Patienten allerdings um rund 20 Prozent gestiegen ist.[147] Für 2030 wird für Deutschland ein Mangel an Vollzeitpflegenden in einer Höhe von bis zu 500 000 prognostiziert.[148]

Pflegearbeit, als grenzüberschreitende Dienstleistung am Menschen, fordert Pflegende in ihrer gesamten Persönlichkeit.[126] Pflegende werden vielerorts mit den alltäglichen Problemen alleingelassen und müssen selbst einen Weg finden, mit dem zurechtzukommen, was sie in ihrer Arbeit erleben. Oftmals sind sie sich nicht dessen bewusst, dass sie selbst der Anstoß für aggressives oder «schwieriges» Verhalten Pflegebedürftiger sind. Zu wenig werden sie in Ausbildung und Praxis angehalten, ihr eigenes Verhalten kritisch zu reflektieren. Heim- und Pflegedienstleitungen erachten oft ein tatsächliches Eingreifen durch konkrete Hilfs- und Unterstützungsangebote für nicht notwendig.[127] Auf Dauer wird es nicht möglich sein, anderen zu helfen, wenn nicht auch der Helfende die notwendige Unterstützung bekommt. Die Wichtigkeit dessen erkannte bereits Albert Schweitzer (1875–1965), als er sagte: «Es kommt in der Welt vor allem auf die Helfer an – und auf die Helfer der Helfer.»[149]

Sind wir uns der Möglichkeit von Gewalt in der Pflege bewusst, ist bereits ein erster Schritt gegen Gewalt gesetzt. Nur dann nämlich sind wir in der Lage, für Anzeichen von Gewalt sensibel zu werden und Gewalt zu erkennen – und zwar bereits im frühen Stadium. Notwendig ist deswegen nicht nur, die Formen von Gewalt in der Pflege zu kennen und sich ihrer vielfältigen Äußerungsformen bewusst zu sein, sondern auch zu wissen, welche Möglichkeiten es gibt, gegen Gewalt in der Pflege vorzugehen.

Neben die an die politisch Verantwortlichen gerichtete Forderung nach ausreichend qualifiziertem Fachpersonal tritt so die Forderung an die Institutionen, deren Träger und Führungspersonen, zur Gewaltprävention beizutragen. Zusätzlich können Pflegende und betroffene pflegebedürftige Personen bzw. die Patienten einen Beitrag zur Gewaltprävention leisten. Ein für jede Situation gültiges Rezept gegen Gewalt in der Pflege gibt es nicht. Sehr wohl gibt es aber gewaltpräventive Maßnahmen, mit deren Hilfe die Teufelskreise der Gewalt durchbrochen werden können. Jene, die hier behandelt werden, sind jene, die den Autoren besonders wichtig erscheinen. Die Maßnahmen erheben daher keinen Anspruch auf Vollständigkeit.[1, 43]

Präventive Maßnahmen gegen Gewalt

Gewaltpräventive Maßnahmen lassen sich in Maßnahmen der Primär-, Sekundär- und Tertiärprävention einteilen:

Primärprävention zielt darauf ab, Gewalt und aggressives Verhalten von vornherein zu unterbinden bzw. gar nicht erst entstehen zu lassen. Sie umfasst die Erziehung bzw. Anleitung zu gewaltfreiem Agieren; Primärprävention beginnt daher bereits im Kleinkindalter. Innerhalb der Familie, der Schule und später im Zuge der Ausbildung wird gegenseitige Rücksichtnahme und Wertschätzung verinnerlicht. Für den Bereich der Pflege umfasst Primärprävention, Risikofaktoren zu erkennen und dagegen vorzugehen. Durch eine gute Gesprächskultur, eine reibungslose Kommunikation, den professionellen Umgang mit Gefühlen, ein ausreichendes Fachwissen über Gewalt und durch ein angenehmes Arbeitsumfeld sollen die Entstehungsquellen für Gewalt und aggressives Verhalten weitestgehend minimiert werden.

Sekundärprävention bezweckt die Deeskalierung in akuten Gewaltsituationen, sprich in Notfällen. Sekundärpräventive Maßnahmen werden gesetzt, um unmittelbar auf gegenwärtige Fälle von Gewalt zu reagieren. Sie kommen zum Einsatz, wenn Gewalt bereits erfolgt ist oder gerade stattfindet. Sekundärpräventive Ansätze zielen somit darauf ab, Anzeichen für Gewalt zu erkennen und zu stoppen, da Gewalt nicht von alleine aufhört. Das Erkennen von Gewalt erstreckt sich nicht nur auf körperliche Symptome, beispielsweise blaue Flecken, sondern ebenso auf psychische Anzeichen, etwa das Bloßstellen oder Herabwürdigen einer anderen Person. Als Hilfestellung für ein ruhiges und überlegtes Vorgehen aller Beteiligten sind bereits im Vorfeld erarbeitete Krisenpläne oder im Team besprochene Vorgehensweisen heranzuziehen, um die Situation schnellst- und bestmöglich zu entschärfen.

Tertiärprävention, als dritte und letzte Ebene, beschäftigt sich mit der Nachbearbeitung geschehener Gewalt, mit dem Ziel, zukünftige Vorfälle zu verhindern. Das aggressive bzw. gewalttätige Verhalten wird analysiert. Gewalt hat Folgen – für Opfer und Täter. Im Zuge einer nachträglichen Auseinandersetzung muss dem Opfer wie dem Täter Gelegenheit gegeben werden, das Geschehene zu verarbeiten und zu reflektieren. Dazu zählen Fallbesprechungen, Schulungen etc. Tertiärprävention umfasst auch Konsequenzen für den Täter. Erfolgt keinerlei Reaktion auf die eingesetzte Gewalt, kann es dazu kommen, dass Gewalt als ein normales und erlaubtes Mittel angesehen wird, um sich Respekt und seinem Ärger Luft zu verschaffen.[38, 150]

Im Folgenden wird eine Auswahl gewaltpräventiver Maßnahmen gegeben. Wir gehen vorrangig auf jene Maßnahmen ein, die im Zusammenhang mit den in Kapitel 5 dargelegten Ursachen für Gewalt stehen. Der Schwerpunkt liegt auf der Primärprävention. Dieser kommt, aufgrund der Tatsache, dass es noch zu keiner Gewalt gekommen ist, besondere Wichtigkeit zu. Primärpräventive Maßnahmen sind als internes Frühwarnsystem zu verstehen und stellen gleichzeitig ein Mittel der Qualitätssicherung dar.

Unterstützung durch Supervisionen und Balintgruppen

Hilfestellung kann und muss Pflegenden in erster Linie durch Supervisionen gewährleistet werden. Unter Supervisionen werden Gespräche von Pflegenden mit einem ausgebildeten Supervisor verstanden, eine Art Beratung der Mitarbeiter. Wichtig ist, dass der Supervisor ein neutraler Außenstehender ist, der in die jeweilige Einrichtung nicht eingebunden ist.[37]

Ihren Ursprung hat die Supervision in der Sozialarbeit; noch genauer in den nichtstaatlichen Wohlfahrtsorganisationen, die sich Anfang des 20. Jahrhunderts in Nordamerika zu entwickeln begannen. Diese setzten spezielle Mitarbeiter ein, die die Aufgabe hatten, die ehrenamtlichen Helfer durch Beratung und Anleitung zu unterstützen. In den Siebzigerjahren begann sich die Supervision langsam zu etablieren und politisch zu legitimieren. Teamsupervisionen entstanden und die Supervision hielt Einzug in Organisationen. Durch die Heimkehr europäischer Emigranten aus den USA wurde die Supervision schließlich auch in Europa populär.[151]

Supervisionen helfen Pflegenden, ihr berufliches Handeln zu reflektieren und dieses mit den Strukturen und Aufgaben der jeweiligen Organisation in Beziehung zu setzen – Probleme, offene Fragen und Fallbeispiele aus dem beruflichen Alltag und dem direkten Arbeitsumfeld werden thematisiert. Belastende Gefühle und Schwierigkeiten des Pflegealltags können an- bzw. ausgesprochen werden. In Supervisionsgesprächen werden mitunter Konfliktsituationen analysiert. Dadurch kann der Pflegende neue Handlungsalternativen für kritische Situationen finden. Eigene Gefühle werden mit Hilfe des Supervisors beleuchtet und dadurch für den Pflegenden verständlicher. Zusätzlich wird die Selbst- und Fremdwahrnehmung gestärkt. Pflegende lernen ihre eigenen Toleranzgrenzen kennen und finden Mittel und Wege zur Selbstbeherrschung, vor allem in kritischen Situationen. Pflegende sind für ihre eigenen Denk- und Sprachmuster zu sensibilisieren. In

Supervisionen wird professionelle Unterstützung geboten. Überforderung und Schwierigkeiten im Arbeitsalltag können dadurch bewältigt, Unsicherheiten und Selbstzweifel beseitigt werden. Supervisionen leisten somit einen wesentlichen Beitrag zur Entlastung Pflegender. Neben der Einzelsupervision gibt es auch Gruppensupervisionen, um Konflikte und Probleme zu bereinigen und/oder Kommunikationsstörungen zu bearbeiten. Supervisionen sind daher nicht nur für den einzelnen Mitarbeiter wichtig, sondern verbessern auch die Zusammenarbeit und Kommunikation in Teams; sie dienen demnach der Organisationsentwicklung von Einrichtungen.[152, 153, 154]

Überall dort, wo direkt mit Menschen gearbeitet wird, sind Supervisionen unverzichtbar – somit auch im Bereich der Pflege. Nur dann wird es Pflegenden möglich sein, sich ihrer beruflichen Rolle und ihrer Beziehung zu Kollegen und Vorgesetzten immer wieder aufs Neue bewusst zu werden und die Fremd- und Selbstwahrnehmung im nötigen Maße zu stärken. Leider wird die Wichtigkeit von Supervisionen zur Entlastung Pflegender und zur Verbesserung der Arbeitsumstände noch immer zu wenig erkannt und zu selten in Anspruch genommen. In diesem Bereich sehen wir dringenden Handlungsbedarf. Supervisionen für Pflegende sollten selbstverständlich sein. Um dies zu gewährleisten, ist es notwendig, dass Supervisionen den Pflegenden stärker als bisher üblich angeboten werden; zudem sollte die Supervision auch während der Arbeitszeit in Anspruch genommen werden können. Supervisionen sind als Unterstützungsangebot in Ausbildung und Arbeitsalltag zu integrieren und nicht erst bzw. nur in Notfällen heranzuziehen. Sie dienen als ständige Reflexionsmöglichkeit Pflegender und stellen nicht nur eine Interventionsmaßnahme in Konflikten dar.[1, 154]

Neben der Supervision sind die Balintgruppen zu erwähnen, die von Michael Balint, einem ungarischen Psychoanalytiker, 1957 entwickelt wurden. In ihren Ursprüngen handelte es sich um eine Reflexionsgruppe für Ärzte, in denen deren Beziehung zu den

Patienten mit Hilfe und Unterstützung eines Psychotherapeuten thematisiert wurde. Balint sah die Beziehung von Arzt und Patient als wesentlichen Einflussfaktor auf die Erkrankung des jeweiligen Patienten. Ziel von Balintgruppen ist es, die Beziehung zwischen Arzt und Patient und dadurch auch die Behandlung des konkreten Patienten zu verbessern. Während Balint hauptsächlich mit Ärzten arbeitete, hat sich dieses Konzept weiterentwickelt und wird heute auch für andere Berufsgruppen angewandt, etwa Pädagogen, Juristen, Seelsorger oder Pflegende. Bei einem regelmäßigen Zusammenkommen der jeweiligen Gruppe, meist alle 14 Tage, werden einzelne Fälle aus dem beruflichen Alltag gemeinsam besprochen und bearbeitet. Übertragungs- und Gegenübertragungsphänomene werden beleuchtet.[153, 155]

Gewaltprävention durch professionelle Pflege

Pflege schafft zweifellos Situationen, in denen Gewalt entstehen kann. Professionelle Pflege, d.h. eine solche mit hoher Pflegequalität, ist aber in der Lage, mit ihren eigenen Mitteln dagegen anzukämpfen. Die Pflege von Menschen setzt bestimmte Schlüsselqualifikationen in der Person des Pflegenden voraus. Nicht jeder Mensch ist für professionelles Pflegehandeln geeignet, wenngleich die Gesellschaft, oft auch die Politiker dazu neigen, dies so darzulegen. Um Beziehungen zu anderen Menschen leben und mitgestalten zu können, ist soziale Kompetenz notwendig. In der Pflege von Menschen geht es primär darum, wie Pflegende mit Pflegebedürftigen, dann aber auch mit Angehörigen und Kollegen umgehen. Ein bestimmtes Maß an Einfühlungsvermögen ist für Pflegende unverzichtbar. Soziale Kompetenz in der Pflege umfasst das Ernstnehmen des Gegenübers mit all seinen Problemen, Ängsten und Anliegen. Auch die Fähigkeit, in Gesprächen kooperations- und konfliktlösebereit zu sein, im Team zu arbeiten und tolerant zu sein, zählen zur sozialen Kompetenz Pflegender. Auf diese Weise entsteht ein Arbeitsklima, das auf die Gefühle und Bedürfnisse der Mitmenschen – Pflegebedürftiger/Patienten und Kollegen – Rücksicht nimmt.[34, 156]

Neben der persönlichen Eignung bedarf professionelle Pflege ausreichender Fachkompetenz, die durch die Ausbildung vermittelt wird. Fachwissen umfasst auch das Wissen, wie Gewalt und Aggression entstehen und welche Konstellationen der Gewaltentstehung und aggressivem Verhalten förderlich sind. Um dies zu gewährleisten, müssen diese Themen im ausreichenden Maß Bestandteil jedes Curriculums sein. Ein Wissen Pflegender um die unterschiedlichen gewaltursächlichen Faktoren ist essentiell. Im Zuge der Ausbildung, aber auch später in der Praxis sind Pflegende für die Möglichkeiten der Gewalt innerhalb der pflegerischen Versorgung zu sensibilisieren. Ebenso zählt das Verständnis von Zusammenhängen sozialen und psychologischen Ursprungs zur Fachkompetenz Pflegender. Da sich die pflegerische Versorgung ständig weiterentwickelt, ist es unverzichtbar, dass der Wissensstand erhalten bleibt. Laufende Fort- und Weiterbildungen müssen selbstverständlich sein, ebenso ein Interesse Pflegender an aktueller Literatur, etwa durch die Lektüre von Fachzeitschriften. Das Aufzeigen von Gewalt und die Vermittlung von Wissen und Bildung über dieses Phänomen stellen definitiv einen gewaltpräventiven Ansatz dar.[1, 34]

Neben der Fach- und Sozialkompetenz beinhaltet professionelle Pflege Selbstkompetenz. Darunter wird die Fähigkeit und Bereitschaft Pflegender verstanden, das eigene Handeln zu reflektieren, das Wissen zu erweitern und sich persönlich weiterzuentwickeln. Weiterhin zählt dazu, Prozesse in der Pflege aktiv mitzugestalten, allenfalls zu verändern und auch für das eigene Agieren Verantwortung zu übernehmen. Selbstkompetenz Pflegender setzt Selbstvertrauen, Selbstbewusstsein und Kritikfähigkeit voraus. Wie bereits angesprochen, sind Supervisionen eine gute Möglichkeit, die Selbstkompetenz Pflegender zu stärken.[34, 152]

Die persönliche Eignung ist bereits bei der Auswahl der Bewerber für den Pflegeberuf zu überprüfen. Im Zuge dieser primärpräventiven Maßnahme muss auch die persönliche Belastbarkeit der Bewerber kontrolliert werden, etwa wie sie auf Stresssituationen reagieren, aber auch, wie sie mit vorgegebenen Strukturen und dem Arbeitsumfeld zurechtkommen. Die individuellen Motive für die Berufswahl sind zu hinterfragen. Eine erfahrungsgemäß häufige Erwartungshaltung bei Bewerbern ist, durch die Hilfe anderer Menschen sich selbst helfen zu wollen. Bei der Entscheidung, einen pflegerischen Beruf zu erlernen, kann dieser Beweggrund, wenn auch unterbewusst, eine Rolle spielen. Derartige Motive können Anzeichen für ein erhöhtes Maß an Selbstunsicherheit sein. Es besteht die Möglichkeit, dass der Drang, Anerkennung von außen zu bekommen, bei diesen Menschen stärker ausgeprägt ist als bei anderen und dieser Umstand mit Risiken belastet ist. Dies konnte teilweise auch im Pflegeskandal von Lainz festgestellt werden.[20, 76]

Die Bedeutung der Selbstpflege

Die Grenzsituationen in der Pflege von Menschen verlangen Pflegenden viel ab; fachliche, soziale und insbesondere emotionale Kompetenzen sind gefordert. Um ein nach ethischen Prinzipien professionelles, qualitativ hochwertiges Pflegen gewährleisten zu können, ist Psychohygiene für Pflegende wichtig und unverzichtbar. Selbstpflege bedeutet, dass Pflegende auf ihr Wohl achten, auf ihre Bedürfnisse und Empfindungen Rücksicht nehmen und die eigene Person immer wieder aufs Neue stärken. Pflegende müssen mit sich selbst im Reinen sein und sich in einer einwandfreien physischen und psychischen Verfassung befinden. Nur dann werden sie ausreichend Kraft und Energie haben, um auf den Patienten professionell und somit angemessen einzugehen, und einen guten Umgang mit der Krankheit und allfälligen Problemen des Patienten finden.[43, 157] Zum achtsamen Umgang Pflegender mit sich selbst zählt auch ein umfassender Selbstschutz. Eigene Grenzen sind wahrzunehmen und vor allem zu akzeptieren. Zeichen einer persönlichen Überlastung müssen ernst genommen werden, genauso wie die eigenen Wünsche und Gefühle. Pflegerische Selbstpflege bedeutet auch, sich gegen verbale Angriffe und Aggressionen von Patienten abzugrenzen. Pflegende können lernen, mit solchen Konfrontationen umzugehen, ohne sich persönlich verletzt oder angegriffen zu fühlen.[34, 158] Die Bereitschaft und der Wille, versöhnlich zu sein und vergeben zu können, helfen Pflegenden dabei, negative Gefühle dem Patienten gegenüber abzubauen. Diese Eigenschaften erleichtern ebenfalls die Zusammenarbeit.[38]

Selbstpflege umfasst auch ein ausgeglichenes Privatleben. Freunde und Familie, eine glückliche Partnerschaft haben positiven Einfluss auf Pflegende. Gespräche mit Angehörigen oder Menschen, denen man vertraut, selbstverständlich unter Wahrung der Schweigepflicht, können Pflegenden dabei helfen, kritische und schwierige Situationen des Arbeitsalltages besser zu bewältigen und/oder zu verarbeiten.[1, 34]

Eine umfassende Selbstpflege bedeutet auch, um die Zeichen und Symptome für ein Burn-out zu wissen, um eine Überlastung bei sich selbst und bei Kollegen rechtzeitig zu erkennen und darauf zu reagieren. Jeder Mensch ist unterschiedlich stark belastbar und geht mit Situationen anders um. Der eine fühlt sich früher, der andere erst später überlastet. Bestehen in keiner Weise Möglichkeiten, sich der Belastungen zu entledigen, steigt die Wahrscheinlichkeit, aggressiv zu handeln. Strategien zur Auseinandersetzung mit individuellen Belastungen sind aus diesem Grund unverzichtbar. Eine Rücksichtnahme auf das körperliche Wohl durch ausgewogene und gesunde Ernährung und regelmäßige Entspannung und sportliche Aktivitäten tragen zum Wohlbefinden und der Regeneration Pflegender bei. Die Wichtigkeit von Erholungsphasen durch ausreichende Freizeitbeschäftigung, wie Sport und regelmäßige Urlaube (zwei Wochen, Handy- und E-Mail-frei), sind in diesem Kontext ebenfalls zu betonen.[1, 34, 43]

Selbstpflege und Pflege stehen demzufolge in unmittelbarem Zusammenhang. Dies wurde von der amerikanischen Pflegetheoretikerin Dorothea Elizabeth Orem bereits 1956 erkannt. Die von ihr formulierte Selbstpflegedefizit-Theorie stellt bis heute eine der einflussreichsten Pflegetheorien für die Pflegepraxis vieler Krankenhäuser dar.[159] Ziel der Selbstpflege ist nach Orem, das Leben, die Gesundheit und das Wohlbefinden zu erhalten und weiterzuentwickeln. Selbstpflege ist ein bewusstes, erlerntes Handeln einer Person. Es liegt in der Eigenverantwortlichkeit eines jeden Menschen, seinen Bedarf an Selbstpflege zu decken, und zwar autonom, also selbständig und unabhängig.[113, 160]

Im Zuge ihrer Tätigkeit sollten Pflegende daher vermeiden lernen, sich zu hohe Ziele zu setzen bzw. unrealistische und nicht erfüllbare Ansprüche an ihre Arbeit zu stellen. Vor allem im Umgang mit schwerstkranken und sterbenden Patienten haben sie ihre begrenzten Einflussmöglichkeiten zu akzeptieren. Sich in manchen Situationen im Handeln zurückzunehmen kann eine sehr positive Wirkung auf den pflegebedürftigen Menschen haben, da so dessen Selbständigkeit und Eigenverantwortung wieder gefordert werden. Auf diese Weise wird er zu mehr Aktivität motiviert, gleichzeitig werden die Ressourcen des Pflegenden geschont.[1]

Professioneller Umgang mit Gefühlen und Grenzsituationen

Das Empfinden von Wut und Aggression und anderer negativ behafteter Gefühle wie Ekel, Abscheu oder Zorn scheint mit der Pflege kranker, pflegebedürftiger Menschen unvereinbar und wird in unserer Gesellschaft generell als nicht legitim erachtet. Nicht nur im Bereich der Pflege, sondern auch in anderen sozialen Berufen zeigt sich die Tendenz, dass diese Empfindungen aus diesem Grund zunehmend verdrängt werden. Die Gefahr einer solchen Unterdrückung ist, dass die Emotion zu einem späteren Zeitpunkt nach außen dringt; häufig viel stärker, als sie ursprünglich gewesen wäre, und in einer verletzenden Art und Weise. Denn werden Ärger und Aggression unterdrückt, kommt es irgendwann zu einer explosionsartigen Entladung – einem Wutausbruch.[1, 38, 56]

Umgang mit Aggression und Wut

Generelles zu Aggression und den verschiedenen Erklärungsansätzen für aggressives Verhalten wurde bereits in Kapitel 2 behandelt und wird an dieser Stelle nicht nochmals im Detail erörtert. Tatsache ist, dass jeder Mensch aggressive Gefühle hat. Aufgrund des besonderen Naheverhältnisses zwischen Pflegenden und Patienten treten auch oder gerade in der Pflege aggressive Gefühle häufig auf. Pflegende müssen sich zugestehen, negative Gefühle zu entwickeln. Verwerflich ist nicht, aggressive Gefühle zu haben, sondern aggressiv zu handeln. Negative Empfindungen sollten demnach nicht geleugnet oder unterdrückt, sondern ausgesprochen werden.[38] Erfolgt dies nicht, weil Pflegende der Ansicht sind, das nicht zu dürfen, oder weil sie Angst haben, können sich daraus Risiken ergeben. Unter Umständen spiegeln sich die unterdrückten Gefühle in einem unangemessenen Verhalten Pflegender dem Patienten gegenüber wider. Aggressive Gefühle beeinflussen sich wechselseitig und schaukeln sich immer weiter hoch, bis sie in einem Teufelskreis enden, dem schwer zu entkommen ist. Das Risiko, dass diese Gewaltspirale innerhalb der Pflegebeziehung entsteht, steigt.[1, 56] Schuldgefühle können den Aggressionskreislauf zusätzlich fördern: Kommt es dann zu Aggression und Wut dem pflegebedürftigen Menschen gegenüber, wird dieses Verhalten als falsch bewertet. Pflegende bekommen ein schlechtes Gewissen und verurteilen ihr Verhalten. Schuldgefühle können körperliche Auswirkungen auslösen, wie Kopfschmerzen, körperliche Unruhe etc. Diese Umstände tragen wiederum zur Unzufriedenheit Pflegender bei.[38, 161]

Wut als natürliche menschliche Gemütsbewegung und als Form der Aggression wird von der Kraft der Aggressionsenergie gespeist. Wut hängt demnach eng mit Aggression zusammen, ist aber dennoch von ihr zu unterscheiden. Um Wut positiv nutzen zu können, muss sie, ähnlich wie das Auftreten von Konflikten, positiv gesehen werden. Sie stellt ein wichtiges Signal dar. Die Kraft der Wut wird vielfach verkannt. Wut will verändern – sie macht dem, der sie hat, bewusst, dass etwas nicht in Ordnung ist. Wut ist häufig eine Reaktion auf mangelnde Beachtung und ein Ruf nach Aufmerksamkeit. Wut kann daher als eine Art Barometer gesehen werden, das dem Menschen seine Gefühlslage vor Augen führt.[38, 162] Der Wütende ist unzufrieden mit der momentanen Situation; es geht ihm darum, gehört und gesehen zu werden. Hinter der Wut versteckt sich vielfach die Sehnsucht nach Wertschätzung und respektvoller Behandlung. Ein Mensch entwickelt Wut, wenn er das Gefühl hat, seine Bedürfnisse und Gefühle werden nicht ausreichend erkannt.[162, 163]

Entscheidend dabei ist, Auslöser und Ursache der Wut strikt voneinander zu trennen. Nicht das Verhalten von Mitmenschen ist der Grund, dass Wut in uns entsteht, sondern die Wut entsteht in uns selbst, dadurch, dass wir auf das Verhalten anderer reagieren. Wut entwickelt sich daher nicht durch das konkrete Verhalten eines anderen Menschen, sondern dadurch, dass wir dieses Verhalten in einer bestimmten Art und Weise bewerten.[163, 164] Legen wir dies nun auf die Pflegebeziehung um, müssen wir feststellen, dass gerade die Wut Pflegender oft nicht durch den pflegebedürftigen Menschen verursacht wird, sondern durch äußere Faktoren, etwa den sattsam bekannten Personalmangel.[38] Wird dies vom Pflegenden erkannt, wird er die Schuld daran nicht seinem Gegenüber, sprich dem Pflegebedürftigen, zuschieben. Es wird ihm auch leichterfallen, dem Verhalten Pflegebedürftiger keine böswilligen Absichten zu unterstellen. Vielmehr können sie die Gründe für ein konkretes Verhalten hinterfragen. Unter Umständen stoßen sie dabei auf Angstgefühle, die ihren Ursprung in der Person des Pflegebedürftigen haben, oder auf andere, vielleicht sogar nachvollziehbare Beweggründe für ein solches Verhalten.[1, 56, 164]

Beginnen sich Stressfaktoren in einer konkreten Situation zu häufen, steigt automatisch auch das Aggressionspotenzial und mit ihm die Wahrscheinlichkeit aggressiver Reaktionen. Um dem rechtzeitig vorzubeugen, müssen Pflegende bereits während ihrer Ausbildung bzw. ihres Studiums einen professionellen Umgang mit den nachteiligen Begleitfaktoren ihrer Arbeit erlernen. Es gilt, einen professionellen Umgang mit aggressiven Gefühlen zu finden. In der Praxis tätige Pflegende sind durch entsprechende Hilfs- und Entlastungsangebote zu unterstützen. Ein ausreichender Austausch über tägliche Belastungen und eigene Erfahrungen im Team kann zusätzlich hilfreich sein.[1, 34, 56] Mögliche Handlungsalternativen sind zu besprechen und zu diskutieren. Pflegende können lernen, durch die Verwendung von Ich-Botschaften eigene Gefühle, wie Wut oder Ärger, klar nach außen zu kommunizieren, ohne das Gegenüber zu verletzen. Ich-Botschaften erleichtern dem Empfänger das Nachgeben und Einlenken; sie sind somit wichtige Methoden zur Deeskalation. Ich-Botschaften können dazu beitragen, das Verhältnis zwischen Pflegenden und Pflegebedürftigen bzw. Patienten von einer hierarchisch-autoritären zu einer partnerschaftlichen Beziehung umzugestalten.[38, 145]

Zudem können Pflegende lernen, ihr Verhalten und ihre Reaktionen vor allem in Krisensituationen zu kontrollieren. Jeder Pflegende muss sich die für ihn passende Strategie für solche Situationen bereitlegen. Die nachstehende Tabelle fasst mögliche Handlungsalternativen zusammen, wie mit aggressiven Gefühlen umgegangen werden kann, ohne Mitmenschen zu schaden. Weitere Beispiele des Umgangs mit Aggression innerhalb der Pflegebeziehung wurden bereits in Kapitel 2 thematisiert.

Mögliche Umgangsstrategien für aggressive Gefühle, ohne anderen Schaden zuzufügen:

- Auszeit nehmen (z. B. Verlassen des Raums) und sich beruhigen
- Ich-Stärkung und ganzheitliche Pflege (gesunde Ernährung, ausreichend Bewegung, positives Selbstbild üben etc.)
- Entspannungsübungen (Fäuste ballen und Bauchatmungen und/oder gutes Zureden)

- Gedanken positiv einstimmen (z.B. durch Lieblingsmusik, durch das Denken an geliebte Menschen)
- Den Auslöser für die Wut bzw. den Ärger klären und anschließend aussprechen, warum man sich ärgert (sprich Selbstreflexion mit dem Versuch, Aggressionsbedingungen aufzuklären und sich bewusst zu machen, was hinter der Wut steckt)
- Durch Ich-Botschaften Wut und Ärger ansprechen und dadurch loswerden
- Kommunikation und Austausch im Team fördern
- Überhöhte Ansprüche relativieren und sich selbst den Druck nehmen
- Die Wut und den Ärger hinauslassen bzw. aussprechen (z.B. Schreien am Klo während der Spülung; demjenigen, der einen ärgert, einen Brief schreiben)
- Sich mit eigenen Ängsten auseinandersetzen, diese abbauen und den Selbstwert stärken
- Wut durch körperliche Anstrengung abreagieren: Laufen, anstrengendes Arbeiten etc.
- Die von der Aggression ausgehende Energie in eine Ressource umwandeln und positiv nutzen
- Inanspruchnahme von telefonischen Hilfsdiensten
- Supervisionen und Teamgespräche
- Gegenseitige Anerkennung (Lob aussprechen, sich unterstützen)
- Sich selbst und anderen erlauben, wütend zu sein
- Bereitschaft, versöhnlich zu sein und zu vergeben[1, 34, 38]

Eine zusätzliche Möglichkeit, Pflegenden einen besseren Umgang mit aggressiven Gefühlen zu vermitteln, sind Aggressionsmanagementschulungen. Diese können möglicher Ausbildungsinhalt in der Pflegeausbildung sein. Sie zielen darauf ab, Unsicherheiten im Umgang mit Gewalt und Aggression zu verringern. Pflegende lernen im Zuge solcher Schulungen, das Risikopotenzial der Patienten bzw. pflegebedürftiger Menschen einzuschätzen. Strategien zur Deeskalation, Instrumente der Kommunikations- und Interaktionstechnik, Befreiungs- und Abwehrtechniken werden geübt und verinnerlicht. Erlebte Situationen aggressiven Verhaltens werden gemeinsam reflektiert. Es kann hilfreich sein zu hinterfragen, warum der Patient in einer gewissen Situation in einer bestimmten Weise reagiert hat. Zudem muss der Pflegende lernen, Aggressionen seines Gegenübers zu erkennen und auf diese frühzeitig einzuwirken.[165]

Aufgrund der bestehenden Wechselwirkung zwischen Verhalten und Reaktion gelten sämtliche hier dargelegten Umgangsstrategien Pflegender bei aggressiven Verhaltensweisen von pflegebedürftigen Menschen umgekehrt auch für diese. Sofern es ihr Gesundheitszustand zulässt, können sie genauso wie Pflegende lernen, ihr Verhalten zu kontrollieren und zu reflektieren, durch Ich-Botschaften eigene Gefühle zum Ausdruck zu bringen und dadurch zur Deeskalation von Situationen innerhalb der Pflegebeziehung beizutragen. Wenn sie ihr eigenes Verhalten hinterfragen, werden sie mitunter auf Ursachen für ihre Wut oder ihr Unbehagen stoßen, die nicht durch den Pflegenden ausgelöst werden, sondern etwa auch durch Angehörige, ihre Abhängigkeit, die Lage, in der sie sich befinden, etc.

Umgang mit Ekel

Neben Wut und Aggression ist die professionelle Bewältigung von Ekelgefühlen für die Beziehung zwischen Pflegenden und Pflegebedürftigen essentiell. Dies setzt voraus, dass das Thema des Ekels enttabuisiert wird – sowohl in der Pflegepraxis als auch in der Ausbildung. Das Erleben und Empfinden von Ekel muss erlaubt sein. Ekel in der Pflege tritt in unterschiedlichster Art und Weise in Erscheinung. Als ekelerregend gelten Kot und Urin, aber auch Sekrete, Haare, abgeschnittene Finger- oder Zehennägel etc. Eine Konfrontation mit diesen Substanzen kann für Pflegende eine enorme Herausforderung darstellen und zur Ursache für ablehnendes und aggressives Verhalten werden (siehe Kapitel 5). Gegenüber einzelnen ekelerregenden Substanzen können Pflegende mit der Zeit gelassener werden. Dazu zählen etwa Urin oder Stuhlgang. Es gibt aber auch Fälle, bei denen das Ekelgefühl selbst nach jahrelanger Übung nicht schwächer wird und nicht überwunden werden kann. Die entsprechenden Ekelobjekte sind bei Pflegenden häufig dieselben; die Rangliste ist aber doch individuell verschieden. Umso wichtiger ist es, dass Pflegende lernen, Schutzkittel und Handschuhe nicht nur aus hygienischen Erfordernissen zu nutzen, sondern auch um sich vor Ekel zu schützen. Das Aneignen gewisser Reinigungsrituale kann ebenfalls hilfreich sein. Besonders belastende Tätigkeiten sollten gemeinsam, sprich mit Kollegen, verrichtet werden, damit sich die Kontaktzeit mit dem Ekel reduziert und Pflegende sich nicht völlig hilflos und allein fühlen, etwa bei der Reinigung eines mit Kot beschmierten Mundes. Diese und weitere Umgangsstrategien sind Pflegenden im Zuge einer theoretischen Auseinandersetzung während der Ausbildung und später bei Verrichtung der praktischen Arbeit zu vermitteln.[126, 130]

Umgang mit dem Sterben
Die Betreuung in der Sterbephase ist besonders in der Langzeitpflege Bestandteil der Pflege. Im Fokus steht die professionelle Begleitung des alten Menschen in seiner letzten Lebensphase. Pflegende müssen sich ihrer umfassenden Rolle im Rahmen von Sterbeprozessen bewusst sein; für das Sterben von pflegebedürftigen Menschen dürfen sie sich aber nicht verantwortlich fühlen. Auch eine innige und liebevolle Begleitung sterbender Menschen kann zu einer befriedigenden Pflege führen. Durch diese Sichtweise des pflegerischen Auftrags lässt sich die Enttäuschung Pflegender wenn auch nicht ganz vermeiden, so doch immerhin reduzieren. Es wird ihnen helfen, den Anspruch an ihre pflegerische Tätigkeit herunterzuschrauben und nicht zu hohe Erwartungen an den Pflegebedürftigen zu haben. Pflegende müssen lernen, die Begrenztheit ihres Handelns zu akzeptieren.[1, 56, 103]

Ziel der pflegerischen Arbeit ist es, den Gesundheitszustand des Betroffenen so weit als möglich aufrechtzuerhalten, im optimalen Fall zu verbessern. Dies wird durch eine sogenannte aktivierende Pflege versucht; dadurch, dass der Pflegebedürftige in jeder Phase seiner Erkrankung aktiv und damit selbstbestimmt in die Pflege eingebunden wird. Die Zusammenarbeit zwischen Pflegenden und Pflegebedürftigen kann zu kleinen Erfolgen führen, etwa dem, dass sich der Gesundheitszustand nicht verschlechtert. Solche Erfolgserlebnisse spielen in der Arbeit Pflegender eine ganz wichtige Rolle. Dadurch wird ihnen das Gefühl vermittelt, mit ihrer Arbeit Positives zu bewirken. Daraus kann Motivation und Kraft für weitere Aufgaben geschöpft werden.[1, 56, 111]

Der Verlust eines nahestehenden Menschen macht Pflegende genauso wie jeden anderen Menschen traurig und betroffen. Durch die, besonders in Pflegeheimen, vielfach sehr lange und intime Beziehung Pflegender zu den ihnen anvertrauten Menschen kann sich ein sehr persönliches Verhältnis entwickeln. Diese Beziehung endet nicht automatisch durch das schriftliche Festhalten des Todes in der Pflegedokumentation. Es ist anzuerkennen, dass Pflegende um Patienten trauern. Jeder Pflegende muss dabei den für ihn geeignetsten Weg finden. Ist ein Abschiednehmen möglich, können sie sich auch anderen Menschen wieder öffnen und deren Bedürfnissen gerecht werden.[166]

Im Zuge der Ausbildung sind Pflegende auf die Herausforderungen und den Umgang mit sterbenden Menschen entsprechend vorzubereiten. Für die Bewältigung eigener Ängste, die durch den Tod Pflegebedürftiger aktuell werden können, bedarf es praktischer Hilfestellungen. Es muss Klarheit über eine humane, menschenwürdige Sterbebegleitung und eine angemessene Abschiedskultur bestehen. Nur dadurch sind Pflegende in der Lage, einen angemessenen Zugang zu den konkreten Patienten zu finden.[103] Werden sie unzureichend auf diese Situationen vorbereitet, kann es zu Abwehrmechanismen kommen, um die damit verbundenen Ängste zu bewältigen.[167] Wie der Fall Lainz exemplarisch vorführt, besteht das Risiko, dass sich solche Konstellationen zu gewaltfördernden Situationen entwickeln. Die vier Frauen rechtfertigten ihre Taten damit, dass sie den Patienten das Sterben erleichtern wollten. Man habe sich zwar darüber ausgetauscht, wer gestorben sei und wann, aber über das Sterben selbst sei nie gesprochen worden. Eine der Täterinnen meinte, dass sich Außenstehende nicht vorstellen könnten, wie schlimm es sei, wenn Menschen im Sterben liegen, jedoch nicht sterben können.

Auch und gerade im Sterbeprozess muss die Selbstbestimmung des Menschen weitestgehend erhalten bleiben. Jeder Mensch sollte die Möglichkeit haben, gewaltlos zu sterben, unterstützt durch seelische, menschliche und falls notwendig auch medizinische, pflegerische und spirituelle Versorgung. Diesem Gedanken tragen die Einrichtungen der Hospiz- und der Palliativ-Care-Bewegung Rechnung.[105]

Umgang mit Krankheit und Leid

Nicht anders als mit «Sterben» und «Tod» werden auch mit «Krankheit» vornehmlich negative und unangenehme Gefühle assoziiert. Bei den meisten Menschen löst der Gedanke daran Unbehagen und Angst aus. «Jede Krankheit, und ist sie noch so unbedeutend, greift die menschliche Existenz an, die körperliche wie die geistig-seelische und die soziale. Selbst eine harmlose Erkältung – um ein Beispiel anzuführen – beeinträchtigt die Arbeitsfähigkeit. Jede Krankheit wird daher als bedrohlich erlebt», so Pándi (1989).[69] Krankheiten können seelische Leiden auslösen. Eine Krankheit bringt nicht «nur» Schmerzen körperlicher Natur mit sich, sondern führt vielfach auch zu seelischem Leid.[168] Schmerz und Leiden aber sind, genauso wie Sterben und Tod, aber auch Glück und Freude, Teil des Lebens.[106]

Neben dem äußeren, sichtbaren Erscheinungsbild hat jede Krankheit eine Innenseite, die sich im Leiden widerspiegelt. Diese innere Seite ist für Außenstehende nicht auf den ersten Blick erkennbar und ihr wird erfahrungsgemäß zu wenig Aufmerksamkeit geschenkt. Dieses Defizit beeinflusst die wechselseitige Pflegebeziehung und kann den Umgang Pflegender mit kranken Menschen erschweren. Die innere Seite der Krankheit, das innere Leiderleben zu erkennen, ist eine der größten Herausforderungen und Aufgaben der patientenzentrierten professionellen Pflege. Schaffen es Pflegende, dieses Leiden wahrzunehmen, zu erkennen und darauf zu reagieren, kann das Leiden des kranken Menschen spürbar gelindert werden. Krankheit berührt ganz wesentlich die Innenansichten des Betroffenen und somit auch die Würde jedes Einzelnen.[169]

Das Durchleben einer schweren, sogar lebensgefährlichen Krankheit kann den Menschen an seine Grenzen bringen. Im Regelfall eröffnet dieses Grenzerleben jedoch neue Möglichkeiten, Halt zu finden und Kraft zu sammeln, um die Krankheit anzunehmen und zu akzeptieren. In diesem Zustand extremer psychischer Belastung kann Pflege professionell eingreifen. So kann beispielsweise durch Empathie der Kranke unterstützt und sein Heilungsprozess vorangetrieben werden; die Pflege nimmt dadurch eine annehmende Haltung gegenüber dem Leiden des Patienten ein und lindert es dadurch gleichzeitig.[169] Katie Eriksson spricht in diesem Zusammenhang vom «Caring» und meint damit, das Leiden des Menschen «von innen her» wahrzunehmen und somit aus der Sicht des Leidenden zu verstehen. Dazu muss der Pflegende zum Leiden des Betroffenen vordringen und dessen Leid und Betroffenheit in seiner Gesamtheit erfassen.[170]

Der Fall Lainz zeigt, was geschehen kann, wenn Pflegende mit dem Leiden von Pflegebedürftigen nicht in der soeben beschriebenen professionellen Art und Weise umgehen. Teilweise dürfte den Schwestern in Lainz gar nicht bewusst gewesen sein, inwieweit Krankheiten das Wesen von Menschen verändern. Das Leiden eines Menschen wird für Pflegende nur dann erträglich, wenn sie lernen, es zu verstehen; wenn sie den Patienten in seiner Not erreichen, sein Leid aber nicht zu ihrem eigenen machen.[169]

Umgang mit Schmerz

Pflegebedürftige Menschen leiden häufig an akuten oder auch chronischen Schmerzen. Schmerz ist eine komplexe, subjektive Sinneswahrnehmung, die erfahrungsgemäß sehr stark von der Angst des Betroffenen begleitet wird. Es handelt sich um eine Reaktion des Körpers, die als Warnsignal zu verstehen ist. Schmerz wird von jedem Mensch anders empfunden; seine Wahrnehmung hängt von mehreren Faktoren ab: der Stimmung, in der sich der Betroffene befindet, schmerzhaften Erlebnissen in der Vergangenheit und der Erinnerung daran, der jeweiligen Ursache des Schmerzes und der Bedeutung, die ihm der Leidende zumisst. Mit ausschlaggebend können auch die persönliche Einstellung zu Schmerz und die Betrachtungsweise sein, mit der der Betroffene aufgewachsen ist. Wie Schmerz nach außen kommuniziert wird, ist ebenfalls von Person zu Person verschieden. Sofern ein Mensch dazu noch in der Lage ist, wird Schmerz meistens verbal geäußert. Ist dies unmöglich, sind Pflegende gefordert, auf die sichtbaren Anzeichen für Schmerzen zu achten; etwa Körpersprache und Gesichtsausdruck, stimmliche Veränderungen und Ähnliches. Der Schmerz kann sich nicht nur auf den Betroffenen selbst, sondern auch auf sein direktes persönliches Umfeld – in erster Linie Pflegende und Angehörige – auswirken. Vor allem für Pflegende können die Schmerzen von Pflegebedürftigen vielfach eine extreme, nicht nur psychosoziale, sondern auch physiologische Belastung darstellen.[171, 172]

Wird Schmerz unzureichend behandelt, drohen nachteilige Folgen für die Gesundheit und Lebensqualität der Betroffenen, aber auch der Personen im unmittelbaren Umfeld.[172] Umso wichtiger ist es, mit Schmerz professionell umzugehen. Patienten und Pflegebedürftige sind dadurch zufriedener; dies wirkt sich wiederum positiv auf die Pflegenden aus. Die Wissenschaft hat sich mit der Aufklärung der Schmerzwahrnehmung lange Zeit schwergetan. Dafür ausschlaggebend waren gesellschaftliche Einstellungen und kulturelle Glaubenssätze. Jahrhundertelang wurde Schmerz als fester Bestandteil einer jeden Krankheit akzeptiert und in gewisser Weise als nützlich interpretiert. Erst mit der Zeit hat die Wissenschaft die positive Wirkung einer guten Schmerzkontrolle und möglicher Strategien zur Schmerzbehandlung erkannt. Die Wichtigkeit der Schmerztheorie, die menschliche Schmerzerfahrungen zu verstehen versucht, gewinnt zunehmend an Bedeutung.[171]

Pflegende verbringen viel Zeit mit den Patienten bzw. Pflegebedürftigen. Ihnen kommt daher eine wesentliche Rolle im Bereich der Schmerztherapie zu. Oft nehmen sie Veränderungen beim Schmerzleidenden, etwa im Schmerzverlauf, als Erste wahr. Eine ausreichende Schmerzbehandlung bzw. Schmerzstillung ist aber nicht nur Aufgabe der Pflege, sondern jedes klinischen Handelns. Es ist demnach wichtig, dass der gesamte Bereich der pflegerischen Versorgung, sprich Ärzte, Psychologen, Pflegende, aber auch das private Umfeld in diesem Bereich zusammenarbeitet. Durch eine effektive Schmerzbehandlung werden die körperliche, seelische und soziale Integrität des Menschen und seine Menschenwürde gewahrt.[171, 172]

Voraussetzung für einen professionellen Umgang mit Schmerz ist ein umfassendes Fachwissen; etwa über die Natur des Schmerzes, über die unterschiedlichen Behandlungsmethoden oder wie mit stark schmerzleidenden Menschen umzugehen ist. Es ist für eine professionelle Pflege unumgänglich und muss im Zuge der Ausbildung vermittelt werden. Je mehr wir darüber wissen, desto gezielter können konkrete Schmerzen behandelt werden.[171]

Die Fähigkeit, nonverbale Zeichen für Schmerz wahrzunehmen, ist in der Pflege besonders wichtig. Pflegende sind dafür zu sensibilisieren. Zudem müssen sie sich im Klaren darüber sein, dass das jeweilige Schmerzverhalten eines Patienten unter Umständen nicht immer den tatsächlichen Grad an Schmerzen widerspiegeln muss. Viele Menschen behalten ihren Schmerz für sich. Die Gründe dafür sind vielfältig, etwa Angst vor einem längeren

Krankenhausaufenthalt. Andere spielen ihren Schmerz herunter oder meinen ihn ertragen zu müssen. Insbesondere alte Menschen tendieren dazu, ihre Schmerzen, vor allem jene chronischer Natur, zu verbergen. Das Zeigen von Schmerz wird als Schwäche und als Verlust von Contenance interpretiert.[171, 173]

Neben einer schmerztherapeutischen Behandlung durch Pflegende können Rahmenbedingungen im Bereich der pflegerischen Versorgung ein Leben mit Schmerzen für die jeweilig Betroffenen erträglicher machen; etwa durch die Bereitstellung von Leitlinien und Expertenstandards zum Schmerzmanagement. Schmerz-Assessment-Instrumente und Messgrößen für akuten, aber auch chronischen Schmerz sind für den möglichst effizienten Umgang mit an Schmerz leidenden Patienten unumgänglich. Derartige Assessments erleichtern den Pflegenden die Kommunikation mit den ihnen anvertrauten Personen.[171, 173]

«Die Pflege eines Patienten mit Schmerzen erfordert Wissen auf aktuellem Stand, fachlich und technisch gute Interventionen (sowohl medikamentös als auch nicht medikamentös) sowie Haltungen und Einstellungen, die Vertrauen, Empathie und einen ehrlichen Glauben an den Patienten vermitteln.», so Carr & Mann (2002).[171] Hilflosigkeit und Ohnmacht gegenüber den Schmerzen des Patienten wirken sich negativ auf die pflegerische Beziehung aus.[76] Im Fall Lainz waren eine unzureichende Schmerzbehandlung und ein falscher Umgang mit schmerzleidenden Patienten mitverantwortlich für die Taten. Den Pflegenden sei von den Ärzten nicht erklärt worden, warum einem Patienten ein schmerzstillendes Medikament gegeben wurde, einem anderen jedoch nicht. In den Bereichen Schmerzbehandlung und Schmerzmanagement hat es seit Lainz enorme Entwicklungen gegeben. Die Schmerztherapie versucht heutzutage, das Wohlbefinden des Patienten zu steigern und sein Leiden erträglich zu machen. Fest steht: Eine hinreichende Medikation und eine umfassende, am Patienten orientierte Schmerzbehandlung können der Entstehung von Gewalt entgegenwirken.

Funktionierende Kommunikation und professionelle Gesprächs- und Sprachkultur

Wie in allen Lebensbereichen, in denen Menschen miteinander zu tun haben, treten auch in der Pflege Konflikte auf. Dafür sind persönliche Interessen, die Ausgestaltung der konkreten Beziehung und auch die Anforderungen des jeweiligen Unternehmens bzw. der konkreten Institution ausschlaggebend. Mitunter spielen individuelle Einstellungen und Werte eine Rolle. Es lassen sich drei Formen von Konflikten unterscheiden: interpersonale Konflikte (zwischen zwei oder mehreren Personen), intrapersonale Konflikte (etwa Schwierigkeiten bei Entscheidungen aufgrund widersprüchlicher Gefühle) sowie Konflikte im Team oder zwischen Teams (etwa Cliquenbildungen, Aufnahme neuer Mitarbeiter etc.).[145]

Konflikte sind nicht grundsätzlich negativ. Werden Konflikte rechtzeitig gelöst, kann sich dadurch das Arbeitsklima wesentlich verbessern; Mitarbeiter können entlastet, die allgemeine Zufriedenheit gesteigert werden. Negative Auswirkungen haben Konflikte nur dann, wenn sie verschwiegen werden. Der Grund dafür dürfte häufig Angst vor einer Niederlage sein. Mögliche negative Vorerfahrungen spielen ebenfalls eine Rolle.[145]

Konflikte weisen auf interne Probleme hin. Sie anzusprechen ist Aufgabe der Leitungskräfte. Ein Verschweigen oder Leugnen von Konflikten bedeutet ja keineswegs, dass sie nicht mehr vorhanden sind. Im Gegenteil, Unterdrückung führt dazu, dass sich Konflikte verstärken. Das Arbeitsklima wird zusehends vergiftet und die Unzufriedenheit der davon direkt Betroffenen steigert sich. Es entsteht ein Nährboden für Aggression und Gewalt.[145]

Umso wichtiger ist es, mit Konflikten konstruktiv umzugehen: Konflikte sind positiv zu sehen – als Chance zur Veränderung und zur Weiterentwicklung sowohl der Institution als auch der Mitarbeiter. Sie sind ein Zeichen dafür, dass die Mitarbeiter nicht resignieren, sondern sich bei ihrer Arbeit Gedanken machen. Das

Auftreten von Meinungsverschiedenheiten und unterschiedlichen Ansichten sollte als normaler Prozess gewertet werden, dem möglichst viel Positives abzugewinnen ist. Keine Konflikte zu haben, ist nicht unbedingt Indiz für ein besseres Arbeitsklima und schon gar nicht dafür, dass alles in Ordnung ist. Konflikte sind Wege zu neuen Ideen und helfen dabei, Klärungsprozesse einzuleiten.[145] Ein konstruktiver Umgang mit Konflikten umfasst auch die Auseinandersetzung Pflegender mit ihren eigenen intrapersonalen Konflikten. Dies ist etwa dann der Fall, wenn die Handlungsmöglichkeiten Pflegender eingeschränkt sind, ihnen keine eigene Entscheidungskompetenz eingeräumt wird, sondern sie sich zum Beispiel einer hierarchischen Entscheidung unterwerfen müssen. Werden intrapersonale Konflikte nicht professionell gelöst, führen sie zu Belastungen. Eine professionelle Auseinandersetzung mit intrapersonalen Konflikten bedeutet, ihr Vorliegen nicht zu verleugnen, sondern zu thematisieren und sich dabei, wenn nötig, entsprechend unterstützen zu lassen (Supervision).[1]

Zu einem positiven Arbeitsklima und zur größeren Zufriedenheit von Mitarbeitern und Patienten/Bewohnern tragen mitunter Maßnahmen bei, die die Kommunikation verbessern und daran mitwirken, eine professionelle Gesprächs- und Sprachkultur aufzubauen.[1, 128] Sind Pflegende sich der Vielfalt an Deutungsmöglichkeiten von Äußerungen bewusst, ihrer eigenen wie auch der der ihnen anvertrauten Menschen, trägt das zur Vermeidung unnötiger Konflikte bei.[174] Sie sollten auch ein Gespür für versteckt geäußerte Wünsche entwickeln.[1, 43] Die Sprache stellt ein Mittel professionellen Handelns dar und kann in vielen Situationen des Pflegealltags Positives bewirken.[133]

Auffälligkeiten in der Wortwahl können mögliche Frühwarnsignale für Gewalt darstellen, etwa wenn die Sprachkultur im Team oder bei einzelnen Pflegenden verroht. Daraus muss nicht immer eine schwerwiegende Tat folgen; es reicht schon, wenn es sich um eine Form von Entmenschlichung des pflegebedürftigen Menschen handelt.[19, 20, 175]

Kommunikation und Sprache sind wichtige Instrumente der Pflege. So sollte ein professioneller Umgang damit bereits im Zuge der Ausbildung gefördert werden. Es geht um die Aneignung von Gesprächstechniken, aber auch der Kultivierung einer bestimmten Gesprächshaltung.[133]

Fehlerkultur

Fehler zu machen ist menschlich – dennoch haftet Fehlern in unserer Gesellschaft etwas Verwerfliches an. Menschen schämen sich, wenn ihnen Fehler unterlaufen; oft folgen im Nachhinein starke Schuldgefühle. Kommt es zu Fehlern, wird sofort versucht, einen Schuldigen zu finden. Zweifellos ist es wichtig, die verantwortlichen Personen zu eruieren; vor allem bei bewusster und gewollter Herbeiführung von Fehlern müssen Konsequenzen folgen. Geschehene Fehler dürfen nicht verschwiegen werden, im Gegenteil. Aus Fehlern sollte gelernt werden; einmal gemachten Fehlern wird damit ein gewisser Sinn gegeben.[36, 38, 176]

Das Spektrum von Fehlern in der Pflege reicht von mangelnder Aufmerksamkeit, Fehleinschätzungen und Missgeschicken bis hin zu gravierenden Mängeln. Das Zugeständnis, dass Fehler passieren können und auch dürfen, ist ein erster Schritt, Fehler in der Zukunft zu vermeiden und zur Gewaltprävention. Eine Atmosphäre, in der Fehler zu machen als legitim angesehen wird, erleichtert es den Pflegenden, sich über erfolgte Fehler mit Kollegen auszutauschen und diese zuzugeben. Pflegende denken oft, sie seien die Einzigen, denen Missgeschicke passieren, und haben Angst, ihr Gesicht zu verlieren. Notwendig ist ein offener Umgang mit Fehlern, etwa in Form von Fallbesprechungen im Kollegen- und Leitungskreis einer Institution. Ist dies nicht gewährleistet und werden geschehene Fehler verschwiegen, werden sie immer wieder passieren. Um die Arbeit Pflegender zu verbessern und die Sicherheit von Patienten und Pflegebedürftigen zu gewährleisten, bedarf es daher einer ausreichenden Fehleranalyse, einer Auseinandersetzung mit erfolgten Fehlern und des nachträglichen Eruierens allfälliger Fehlerketten. Grundsätze für eine Fehlerkultur können Pflegenden in Trainingsprogrammen nahegebracht werden. Dem Qualitätsmanagement eines Unternehmers kommt in diesem Zusammenhang eine tragende Rolle zu. Ist dieses effektiv ausgestaltet, wird es interne Mängel aufdecken und beseitigen können.[176, 177]

Neben dem Qualitätsmanagement ist das Risikomanagement eines Unternehmens zu erwähnen. Ein solches System dient dazu, potenzielle Risiken innerhalb einer Institution ausfindig zu machen, um anschließend zielgerichtet zu reagieren. Durch entsprechende organisatorische Regelungen wird die Eintrittswahrscheinlichkeit von Risiken praxisnah eingeschätzt. Risiken werden kalkulierbarer und kontrollierbarer bzw. lassen sich bis zu einem gewissen Grad vorhersehen. Neben den genannten Maßnahmen muss Pflegenden die Möglichkeit gegeben werden, geschehene Fehler zu melden, ohne negative Konsequenzen zu befürchten. Es müssen ihnen Frühwarnsysteme zur Verfügung stehen. Erfolgte Fehler sind mit Hilfe eines entsprechenden Berichtswesens zu dokumentieren; in den meisten Institutionen des Gesundheitswesens werden dazu spezielle Dokumentationsbögen verwendet. Die Ausgestaltung dieser Meldebögen kann unterschiedlich sein – von sehr umfangreichen Formularen bis hin zu relativ frei gestalteten Bögen. Sinnvoll ist die Erfassung eingetretener Fehler aber nur dann, wenn im Anschluss daran eine Auswertung möglich ist. Dafür ist es notwendig, dass der Vorfall samt Sachverhalt möglichst detailliert festgehalten wird, sodass Zusammenhänge und Handlungen der Beteiligten nachvollziehbar und zuordenbar werden.[38, 176, 178]

Eine Methode des Risikomanagements ist das sogenannte Critical Incident Reporting System (CIRS). Es ist ein freiwilliges Frühwarnsystem für Einrichtungen im Gesundheitsbereich. Seine Aufgabe ist die Meldung kritischer Ereignisse, bereits geschehener Vorfälle bzw. Fehler, die noch vor Eintritt eines Schadens entdeckt wurden. Durch das Festhalten von Beinahe-Schäden kann Wissen gewonnen werden, um Schäden für die Zukunft zu vermeiden. Grundlage, um Frühwarnsysteme aufzubauen, ist die Analyse potenzieller Risiken. Sie ermöglicht gezielte Maßnahmen zur Prävention und verbessert die Sicherheit für pflegebedürftige Menschen, egal ob Patienten oder Bewohner. Die Daten, die in Critical Incident Reports festgehalten werden, dienen zur Identifizierung von Fehlertypen. Um möglichst effektiv zu sein, sollte das CIRS in das bestehende Berichtswesen der jeweiligen Institution integriert werden. Sinnvoll ist es mitunter, alle Berufsgruppen der pflegerischen Versorgung, also nicht nur Pflegende, sondern auch Ärzte, medizintechnische Dienste und Führungskräfte (Management) mit einzubeziehen. Für die Erfassung kritischer Ereignisse wird ebenfalls die Verwendung eines Meldebogens empfohlen. Die Meldung soll anonym erfolgen – weder derjenige, der den Vorfall meldet, noch weitere beteiligte Personen sind namentlich zu nennen. Nur auf diese Weise wird ein offener und somit konstruktiver Umgang mit Problemen, Missständen oder anderen kritischen Vorfällen möglich sein; Ängste vor Konsequenzen in personeller oder persönlicher Hinsicht (Denunzierung) werden dadurch ausgeschlossen.[38, 176, 178]

Im Zusammenhang mit der Möglichkeit, innerbetriebliche Fehler oder Mängel zu melden, steht das Whistleblowing. Von Whistleblowing spricht man, wenn betriebsinterne Informationen oder Umstände – meistens vermutete oder tatsächlich erfolgte Fehler, Missstände, aber auch Verbrechen (z.B. Korruption oder Datenmissbrauch) – durch den sogenannten Whistleblower angezeigt werden und auf diesem Wege an Dritte (etwa Behörden) oder die Öffentlichkeit gelangen. Der Whistleblower ist meist ein Mitarbeiter oder eine Person, die Kenntnis von den Informationen erlangt hat. Dem Whistleblowing liegt die Ansicht zugrunde, dass in gewissen Fällen das öffentliche Interesse an der Aufdeckung eines rechtswidrigen Verhaltens höher einzustufen ist als die arbeitsvertraglichen Vertraulichkeitsverpflichtungen des konkreten Arbeitnehmers (Whistleblower).[179]

Auch in der Pflege findet Whistleblowing statt. Häufig sind es Pflegende, die Pflegemissstände oder Versorgungsmängel öffentlich machen. Sie befinden sich hierbei vielfach in einer Zwickmühle. Einerseits wollen sie loyal ihrem Arbeitgeber gegenüber sein, andererseits widerspricht es ihrer ethischen Grundhaltung, dass bestimmte Missstände unentdeckt bleiben. Einige Länder weisen dem Whistleblowing eine wichtige Rolle zu und haben bereits gesetzliche Regelungen vorgesehen, die einen Schutz des Whistleblower gewährleisten. Was Deutschland betrifft, ist hier die Rechtsunsicherheit noch relativ groß. Strafrechtlich gesehen sollte die Veröffentlichung von betriebsinternen Informationen immer die Ultima Ratio sein; arbeitsrechtlich betrachtet stellt sie eine Verletzung der Verschwiegenheitspflicht dar. Das Arbeitsrecht bietet in diesem Zusammenhang noch keinen ausreichenden Schutz. Ein Grund, warum Straftaten oder Ordnungswidrigkeiten eines Unternehmens nicht gemeldet werden, ist mitunter die Angst vor Verlust des Jobs. Für das Whistleblowing im Bereich der Pflege spricht, so ein Argument, dass die Gesundheit der Pflegebedürftigen bzw. Patienten über den Interessen von Arbeitgebern bzw. Arbeitnehmern stehe.[179] Dazu ist jedoch anzumerken, dass selbst eine gesetzliche Verankerung nicht einen absoluten Schutz in jeder Situation garantieren muss. Nach Ansicht des ICN (International Council of Nurses)[77] sollte das Whistleblowing in der Pflege die Ausnahme bleiben bzw. der letzte Ausweg sein. Der innerbetrieblichen Klärung ist stets der Vorrang einzuräumen. Primär ist zu versuchen, die Pflege- und Versorgungsqualität durch Strukturen und Systeme des jeweiligen Unternehmens zu gewährleisten.[177]

Strukturelle und gesellschaftliche Ansätze

Zusätzlich zu den genannten Maßnahmen setzt Gewaltprävention eine Unternehmenskultur voraus, die durch Achtsamkeit und Aufmerksamkeit, gegenseitige Wertschätzung und einen gewaltlosen Umgang sämtlicher Beteiligter charakterisiert ist. Offenheit und Vertrauen können helfen, ein Gespür für gewaltbegünstigende Situationen zu bekommen und ein gewaltreduzierendes Umfeld zu schaffen.[180]

Dazu bedarf es gut ausgebildeter Führungspersönlichkeiten, die in der Lage sind, einerseits Personal- und Strukturprobleme zu lösen, andererseits den Mitarbeitern auch Platz für ihre persönliche Entfaltung zu lassen. Je stärker sich das Arbeitsklima an den Interessen der Mitarbeiter orientiert und ihnen die Möglichkeit einräumt, in wichtige Entscheidungen miteingebunden zu werden, desto höher ist die Zufriedenheit und auch die Arbeitsmotivation der Mitarbeiter.[1, 43] Eine Organisationsentwicklung kann dazu beitragen, die Strukturen einer Einrichtung positiv zu beeinflussen bzw. zu verändern. Unter Organisationsentwicklung in der Pflege fällt beispielsweise die Einrichtung von Arbeitsgruppen, in denen Entscheidungsspielräume der Mitarbeiter gestärkt werden oder sich Pflegende Beratung und Unterstützung von Führungspersonen einholen können. Mitunter tragen eine klare Arbeitsorganisation mit festen Arbeitsabläufen und Strukturen sowie eine Pflegeplanung zur Sicherheit in der Arbeitsausführung und zur Zufriedenheit der Mitarbeiter bei. Die Pflegedokumentation gewährleistet den gleichen Informationsstand aller Pflegenden hinsichtlich des jeweiligen Patienten und seines Gesundheitszustands. Zusätzlich werden durchgeführte Tätigkeiten nachvollziehbar. Die Dokumentation verbessert die Zusammenarbeit und trägt gleichzeitig zur rechtlichen Absicherung des Pflegepersonals bei.[1, 34]

Krankenhäuser und Altenpflegeheime sind dazu verpflichtet, für einen kontrollierten Zu- und Umgang mit Medikamenten zu sorgen. In sämtlichen Einrichtungen des Gesundheitsbereiches ist zu gewährleisten, dass die Ausgabe von Medikamenten unter strenger Kontrolle und nach vorgegebenen Richtlinien erfolgt. Es bedarf einer ordnungsgemäßen Lagerung und Aufbewahrung von Medikamenten. Die Aufzeichnung muss in der Art und Weise erfolgen, dass ein sehr hoher Verbrauch eines Medikamentes oder andere Unregelmäßigkeiten sofort auffallen. Auch die häufige Bestellung durch ein und denselben Pflegenden ist dabei zu berücksichtigen. Zusätzlich bedarf es einer Kontrolle und genauen Aufzeichnung von Todesfällen in Einrichtungen des Gesundheitswesens. Die Häufigkeit von Todesfällen, Anwesenheitszeiten der Mitarbeiter und die konkreten Umstände der Sterbefälle sind in diesem Zusammenhang besonders zu analysieren.[20, 181] Wachsamkeit ist auch plötzlichen, nicht erklärbaren Veränderungen des Gesundheitszustandes eines Pflegebedürftigen bzw. Patienten zu schenken. Bei Verdachtsmomenten auf Fremdeinwirkung sollte die Möglichkeit der Blut- und Urinabnahme in Erwägung gezogen werden. Wie wichtig eine sorgfältige, professionell durchgeführte ärztliche Leichenschau ist, wurde bereits bei der Analyse zum Fall Lainz angedeutet. Anzeichen für körperliche Gewalt oder Gewalteinwirkungen anderer Art können im Zuge der Leichenschau ans Tageslicht kommen. Eine Obduktionsanordnung durch die Staatsanwaltschaft erfolgt nur dann, wenn Zweifel an einem natürlichen Tod geäußert werden. Umso wichtiger ist die Qualität der Leichenschau vor Ort.[77, 182]

Kurz anschneiden wollen wir zum Schluss noch die rechtlichen Rahmenbedingungen, die dem Schutz des alten Menschen als Patient bzw. Bewohner dienen und denen somit gewaltpräventiver Charakter zukommt. Die Selbstbestimmung und die Würde jedes Menschen zählen innerhalb der pflegerischen Versorgung zu den obersten Prinzipien. Gerade weil mit zunehmendem Alter der Verlust von Fähigkeiten befürchtet wird, haben Selbstbestimmung, Selbständigkeit und Mobilität für alte Menschen besonderen Wert. Fast jeder Mensch kommt im Laufe seines Lebens früher oder später in die Situation, medizinische und pflegerische Leistungen in Anspruch nehmen zu müssen. Die hinreichende Wahrung der Patienten- bzw. Bewohnerrechte muss demnach gewährleistet sein.[183, 184]

Es ist unmöglich, an diesem Punkt auf alle Patientenrechte und Maßnahmen zum Schutz von Patienten und pflegebedürftigen Menschen einzugehen. Wir möchten jedoch auf die Patientenvertretungen hinweisen. In deren Zuständigkeit fällt unter anderem, dass Missstände und Mängel aufgeklärt werden, dass man sich um Beschwerden von Patienten kümmert oder auch Auskünfte in ausreichendem Maße erteilt. Patientenvertretungen können auch Empfehlungen aussprechen. Den Patienten selbst steht es frei, ihre Beschwerden überprüfen zu lassen. Die angebotenen Dienste sind für den Patienten kostenlos. Zusätzlich sind noch die Patientenanwaltschaften zu erwähnen, die sich als außergerichtliche Einrichtungen zur Streitbeilegung verstehen. Mit zur wichtigsten Aufgabe der Patientenanwaltschaft zählt die Vertretung des Patienten und das Durchsetzen seiner Interessen, etwa wenn es zu seiner Unterbringung in einer psychiatrischen Anstalt kommt.[185, 186] In Österreich ist das Heimaufenthaltsgesetz eine der wichtigsten rechtlichen Rahmenbedingungen zum Schutz der Bewohner. In Deutschland wurde das Heimgesetz mittlerweile bundesweit durch landesrechtliches Heimrecht ersetzt. Heimaufsichtsbehörden obliegt die Kontrolle der Heime.[1, 187] Darüber hinaus gibt es in Österreich und Deutschland noch zahlreiche weitere gesetzliche Bestimmungen und Verordnungen, die den Schutz alter Menschen in Alten- und Pflegeheimen bzw. in ihrer Rolle als Patient sicherstellen sollen.

Last but not least kann auch die Gesellschaft einen Beitrag zur Gewaltprävention leisten. Die Gruppe der alten Menschen bedarf einer Lobby. Wir brauchen mehr Menschen, die sich der Interessen betagter und hochbetagter Menschen annehmen – sowohl in politischer als auch in wirtschaftlicher Hinsicht. Der gesellschaftlichen Einstellung, vor allem der vorherrschenden Altersfeindlichkeit, muss durch entsprechende Maßnahmen gegengesteuert werden. Die Würde des alten Menschen innerhalb der Gesellschaft muss gestärkt werden. Um das aktuelle Altersbild zu entschärfen, ist Öffentlichkeitsarbeit erforderlich. Dazu zählen Aufklärungs- und Informationsveranstaltungen, die helfen, die negative Sichtweise aufs Altern und auf den alten Menschen abzubauen.[1, 43]

Resümee

Theoretisches Wissen allein reicht zur Gewaltprävention nicht aus. Wichtig ist, dass von dem Wissen auch Gebrauch gemacht wird. Damit dies möglich ist, sind Institutionen, deren Träger und Führungspersonen aufgefordert, durch strukturelle Veränderungen die Entstehung von Gewalt zu minimieren und Pflegenden die notwendige Unterstützung zu bieten. Um die konkreten und typischen Belastungen und Konflikte des pflegerischen Bereichs zu bewältigen, ist professionelles Handeln und vor allem ein qualifizierter Personalstamm notwendig. Erst wenn das gewährleistet ist, werden auch andere präventive Maßnahmen ihre Wirkung erzielen können und sinnvoll zum Einsatz kommen. Es ist Aufgabe der Pflege, auf diese Umstände bestmöglich zu reagieren und Bedürftigen die notwendige Zuwendung zu schenken. Aufgabe der politisch Verantwortlichen ist es, der Pflege die dafür notwendigen Ressourcen bereitzustellen, um mehr Beziehungsarbeit und somit mehr Menschlichkeit in der Pflege zu gewährleisten. Der kranke und pflegebedürftige Mensch, seine Bedürfnisse, Wünsche müssen im Mittelpunkt stehen.

Schlussbemerkungen

Seit Jahren ist von einem Fachkräftemangel in der Pflege die Rede. Unseres Erachtens liegt die aktuelle Herausforderung jedoch darin, dass immer weniger Pflegende gewillt sind, unter den gegenwärtigen Bedingungen ihren Beruf auszuüben. Dieser Umstand führt dann dazu, dass immer weniger Menschen den Wunsch haben, den Pflegeberuf zu ergreifen. Die Wut der in der Praxis Tätigen ist groß. Sie geraten häufig in das Dilemma, ihre Wut und ihren Unmut an den falschen Personen auszulassen – nämlich den Patienten. Leidtragende der aktuellen Zustände ist nicht nur die Pflege selbst, sondern es sind vor allem auch die pflegebedürftigen Menschen.

Wir hoffen, dass es uns gelungen ist, dem Leser deutlich zu machen, wo das Grundproblem liegt. Wäre das Gesundheitssystem ein Unternehmen, hätte man es längst liquidiert und seine Führungspersonen unter Kuratel gestellt. Die sogenannten Gesundheitsexperten sind in der Regel Finanzierungsexperten, die kaum einen Kontakt zur Realität der Versorgung haben. Schaut man genauer hin, muss festgestellt werden, dass es in den letzten Jahren zu gravierenden Veränderungen in den Strukturbedingungen der Gesundheitsversorgung gekommen ist. Zu nennen sind in diesem Zusammenhang die zunehmende Technologisierung der Versorgung und ihre Folgen, die Erweiterung der medizinischen und pflegerischen Erkenntnis- und Handlungsmöglichkeiten, die Veränderungen im Selbstverständnis der Medizin und Pflege sowie der Wandel im öffentlichen Wertebewusstsein.

Zwischen Ärzten und Pflegenden herrscht nach wie vor eine asymmetrische Beziehung. Der Austausch über Patientenbelange und über die voneinander abweichenden Vorstellungen beider Berufsgruppen ist bedauerlicherweise nach wie vor eher eine Ausnahme. Auszugehen ist von einem relativ ungebundenen Nebeneinander zwischen Ärzten und Pflegenden, das stark von der Weisungsbefugnis auf der einen Seite und der Weisungsgebundenheit auf der anderen Seite geprägt ist.

Das Resultat der genannten Umstände ist eine hohe Belastungssituation für Pflegende. Verschärft wird die Lage durch Veränderungen in den Bevölkerungsstrukturen. Die gewandelte Morbiditätsstruktur führt zu einem Anstieg der Pflegebedürftigkeit, diese wiederum zu einem erhöhten Bedarf an interprofessioneller Versorgung. Die sich daraus ergebenden gravierenden Folgen für Patienten bzw. pflegebedürftige Menschen, aber auch für Pflegende, sind nur durch Veränderungen im Versorgungsprozess zu lösen. Insgesamt wird die absehbare demographische Entwicklung tiefgreifende Auswirkungen auf das Gesundheits- und Sozialsystem haben und dieses vor neue Herausforderungen stellen. Im Mittelpunkt stehen dabei die Bereiche Prävention, Rehabilitation und Pflege. Notwendig ist eine Kooperation und Zusammenarbeit auf allen Ebenen. Sie umfasst Pflegende und Patienten bzw. Pflegebedürftige genauso wie die Hausärzte, die Institution Krankenhaus, die stationäre Altenhilfe sowie ambulante Pflegedienste.

Dringender Handlungsbedarf besteht. Sehr deutlich ist die Bedeutung präventiver Maßnahmen, deren möglichst umfassende Umsetzung ein besonderes Anliegen ist. In anderen Bereichen sind ebenfalls gravierende Veränderungen gefordert. Im Wesentlichen erachten wir folgende Kernforderungen für unabdingbar: 1. Wir benötigen eine Stärkung von Fachwissen, die auch 2. eine teilweise gemeinsame Aus-, Weiter- und Fortbildung der an der Versorgung Beteiligten gewährleistet. 3. bedarf es zusätzlich einer Optimierung vorhandener Strukturen durch eine bessere Vernetzung aller beteiligten Akteure. Im Mittelpunkt der pflegerischen Arbeit muss die interprofessionelle Versorgung von Menschen stehen, die präventiver, kurativer, rehabilitativer oder palliativer Versorgung, sprich professioneller Hilfe, bedürfen. Dies setzt eine zwischen Ärzten, Pflegenden und gegebenenfalls weiteren patientennahen Berufsgruppen funktionierende Kommunikation voraus. Unerlässlich ist besonders eine abgestimmte Zusammenarbeit zwischen den patientennah Tätigen. Diesen Berufsgruppen liegt das Wohl von kranken, behinderten und alten Menschen am Herzen. Im Mittelpunkt muss daher der partnerschaftliche Dialog zwischen Ärzten und Pflegenden stehen und das Bewusstsein, dass beider Auftrag, ohne den jeweils anderen, nicht zu erfüllen ist. Nur durch eine klare Zuordnung von Verantwortlichkeiten und Entscheidungsspielräumen lassen sich Prozessabläufe optimieren und die Kompetenzen beider Berufsgruppen nützen. Die personelle Aufstockung der Pflege muss verbunden sein mit der Steigerung der Attraktivität des Pflegeberufes durch verstärkte Akademisierung, größere gesellschaftliche Sichtbarkeit und bessere Entlohnung. Kurz und gut, Pflege muss aufgrund eines veränderten Tätigkeitsspektrums einen anderen Stellenwert in unserer Gesellschaft bekommen. Versorgung muss Zuwendung zum Menschen zulassen. Nur dann ist gewährleistet, dass Pflege eine attraktive, theorie- wie praxisgeleitete Dienstleistung am Menschen bleibt. Versäumnisse, wie am Fall Lainz und auch an anderen aktuellen Beispielen dargestellt, zeigen, dass Lainz eigentlich überall sein kann. Notwendig ist ein Frühwarnsystem, das sowohl in der Akutversorgung als auch in der Langzeitversorgung fester Bestandteil der Ablauforganisation ist. Dieses Frühwarnsystem muss ein Ineinandergreifen von Erkennen von Malpractice und Anzeichen von Gewalt an schutzbedürftigen Menschen beinhalten. Dazu braucht es nicht nur ein klares Wissen, sondern auch Mut, um Fehlverhalten im Versorgungsprozess von vulnerablen Patienten endgültig zu ächten.

Wir würden uns wünschen, dass dieses Buch einen Anstoß gibt, das derzeitige Gesundheits- und Sozialsystem kritisch zu hinterfragen. Insbesondere Kostenträger und politisch Verantwortliche sollten die Courage aufbringen, tradierte Muster und Vorgehensweisen zu verlassen und zukunftsorientierte und damit bürgernahe, qualitativ hochwertige Versorgung zu ermöglichen. Gute Versorgung ist mehr als die medizinische Sichtweise; sie muss den gesamten Versorgungsprozess im Blick haben. Oder wie eine von den Pflegezuständen direkt Betroffene meinte: «Es ist ein Nehmen und Geben – die Pflege gibt unheimlich viel, sie sollte etwas zurückbekommen: Schutz, Fürsorge, Respekt, anständige Entlohnung.» Nur dann ist eine würdevolle und ganzheitliche, am Menschen orientierte Pflege möglich.

Anhang

Anmerkungen

1 Wir wollen darauf hinweisen, dass Anregungen für die einleitenden Worte vor allem folgende Autoren gaben: Monika Meyer (1998), Peter-Michael Schulz (2014), Laura Seidel (2014), Erich Grond (2007) und Christine Förster (2008), die sich ebenfalls mit der Thematik der Gewalt in der Pflege auseinandergesetzt haben. Ihre Werke werden im Zuge dieses Buches noch mehrmals zitiert und sind im Literaturverzeichnis am Ende des Buches ausgewiesen.

2 Es ist uns natürlich bewusst, dass die Berichterstattung über Pflegeskandale sich auf die Negativbeispiele konzentriert. Wir wissen, dass derartige Situationen nicht zum pflegerischen Alltag gehören. Es ist uns deshalb ein Anliegen, zu betonen, dass die Darlegung der Beispiele nicht dazu dienen soll, eine Berufsgruppe schlechtzumachen und Pflegende in ihrem Einsatz zu demotivieren.

3 Hirsch und Fussek haben ihr erstmals 1999 erschienenes Buch «Gewalt gegen pflegebedürftige alte Menschen in Institutionen: Gegen das Schweigen» Berichten von Betroffenen, aber auch Angehörigen, ehrenamtlich Tätigen, Pflegenden und Betreuern gewidmet. Im Folgenden werden, unter anderem, einzelne Erzählungen aus diesen Berichten wiedergegeben, die die gesamte Bandbreite der Gewalt abdecken und die vielfältigen Erscheinungsformen deutlich machen sollen.

4 Rohypnol beinhaltet den Wirkstoff Flunitrazepan, welcher zur Gruppe der Benzodiazepine gehört. Diese wirken schlafanstoßend, beruhigend und angstlösend. Dominal beinhaltet den Wirkstoff Prothipendyl und gehört zur Arzneimittelgruppe der Antipsychotika. Es wirkt schlafanstoßend und besitzt eine beruhigende Wirkung bei psychischen Erregungszuständen.

5 Informationen zum Sachverhalt und allfällige direkte Zitate entstammen der Einsichtnahme in die Prozessakten zum Strafverfahren Lainz und dem Urteil des Landesgerichtes für Strafsachen Wien vom 29.03.1991. Die Sache wurde am Landesgericht für Strafsachen Wien unter der Aktenzahl 20k Vr 3624/89, Hv 6524/90 geführt.

6 Gilurytmal ist der in Österreich und Deutschland gebräuchliche Handelsname für Ajmalin, ein verschreibungspflichtiges Arzneimittel, das zur Behandlung von Herzrhythmusstörungen eingesetzt wird.

7 Siegrist, 1988; Rohde, 1973; zit. in Pohlmann, 2005, S. 35.

8 Galtung, 1975; zit. in Meyer, 1998, S. 37.

9 Galtung, 1975; zit. in Schulz, 2014, S. 16–19.
10 Diek, 1987; zit. in Meyer, 1998, S. 58.
11 Galtung, 1975; zit. in Meyer, 1998, S. 55, 56.
12 Breakwell, 1998; zit. in Kienzle/Paul-Ettlinger, 2013, S. 39–41.
13 Die folgende Darstellung des Sachverhaltes und direkte Zitate entstammen der Einsichtnahme in die Prozessakten zum Strafverfahren Lainz und dem Urteil des Landesgerichtes für Strafsachen Wien vom 29.03.1991. Die Sache wurde am Landesgericht für Strafsachen Wien unter dem Aktenzeichen 20k Vr 3624/89, Hv 6524/90 geführt.
14 Auf diese Ereignisse wollen wir hier nicht im Detail eingehen, verweisen wollen wir aber auf die Arbeit von Dr. Karl-Heinz Beine, deutscher Facharzt für Nervenheilkunde und Psychotherapeutische Medizin, der sich in seinem Buch «Krankentötungen in Kliniken und Heimen. Aufdecken und Verhindern» (2. Auflage, 2011) mit einigen dieser Fälle intensiv auseinandergesetzt hat.
15 Aus den gerichtlichen Vernehmungen vor dem LG (Landesgericht) für Strafsachen Wien, Aktenzeichen 20k Vr 3624/89, Hv 6524/90 [in AS 299–301qqq in ON 16, in AS 307b in ON 18, in AS 311e in ON 20]).
16 Brinkmann et al. (1997); zit. in Harrendorf 2007, S. 124.
17 Durch Einsichtnahme in die Prozessakten zum Strafverfahren Lainz konnten nachfolgende Informationen zum Sachverhalt und die entsprechenden direkten Zitate gewonnen werden. Die Sache wurde am Landesgericht für Strafsachen Wien unter der Aktenzahl 20k Vr 3624/89, Hv 6524/90 geführt. In jenen Fällen, in denen zusätzlich noch andere Quellen herangezogen wurden, sind diese explizit genannt. Bei wörtlichen Wiedergaben von Aussagen aus den Akten wurde die genaue Stelle im Akt angegeben. Die Strafakten mit allen Ermittlungsunterlagen, den zahlreichen Sachverständigengutachten, Vernehmungsprotokollen, diversen Krankengeschichten und dem abschließenden Urteil umfassen 15 Bände. Die Akteneinsicht und bereits bestehende Literatur führten zu den in den folgenden Kapiteln beschriebenen Schlussfolgerungen und Erkenntnissen. In diesem Zusammenhang sei darauf hingewiesen, dass es sich hierbei um Interpretationen seitens der Autoren handelt, die keinen Anspruch auf Richtigkeit und Vollständigkeit haben. Wie es sich tatsächlich abgespielt hat, wissen im Grunde nur die Täterinnen selbst.
18 Rohypnol beinhaltet den Wirkstoff Flunitrazepan, welcher zur Gruppe der Benzodiazepine gehört. Diese wirken schlafanstoßend, beruhigend und angstlösend.
19 Aus der Mitteilung der Bundespolizeidirektion Wien, Landesgericht für Strafsachen Wien [LGStW], Aktenzeichen 20k Vr 3624/89, Hv 6524/90 [in AS 5 in ON 2].
20 Anexate ist der Handelsname des Wirkstoffes Flumazenil. Dieses wiederum ist ein Imidazobenzodiazepin-Derivat, das als Antidot (= Substanz, die ein Gift inaktivieren oder dessen Wirkung herabsetzen bis aufheben kann) bei

einer Überdosierung mit Benzodiazepinen (z. B. Rohypnol) und für die Narkosebeendigung benutzt wird.

21 Darunter ist ein zu niedriger Blutzuckerspiegel zu verstehen.

22 Aus den gerichtlichen Vernehmungen vor dem LG (Landesgericht) für Strafsachen Wien, Aktenzeichen 20k Vr 3624/89, Hv 6524/90 [in AS 301bb in ON 16].

23 Aus den gerichtlichen Vernehmungen vor dem LG (Landesgericht) für Strafsachen Wien, Aktenzeichen 20k Vr 3624/89, Hv 6524/90 [in AS 441–AS 605 in ON 531].

24 Gemäß den Vorgaben des österreichischen Krankenpflegegesetzes 1961.

25 Aus den gerichtlichen Vernehmungen vor dem LG (Landesgericht) für Strafsachen Wien, Aktenzeichen 20k Vr 3624/89, Hv 6524/90 [in AS 460 in ON 531].

26 Aus den gerichtlichen Vernehmungen vor dem LG (Landesgericht) für Strafsachen Wien, Aktenzeichen 20k Vr 3624/89, Hv 6524/90 [in AS 536 in ON 531].

27 Aus den gerichtlichen Vernehmungen vor dem LG (Landesgericht) für Strafsachen Wien, Aktenzeichen 20k Vr 3624/89, Hv 6524/90 [in AS 559 in ON 531].

28 Aus dem neuro-psychiatrischen Gutachten, Aktenzeichen 20k Vr 3624/89, Hv 6524/90 [in AS 293 in ON 165].

29 Aus dem neuro-psychiatrischen Gutachten, Aktenzeichen 20k Vr 3624/89, Hv 6524/90 [in AS 161 in ON 151].

30 Aus dem neuro-psychiatrischen Gutachten, Aktenzeichen 20k Vr 3624/89, Hv 6524/90 [in AS 291 in ON 165].

31 Aus dem neuro-psychiatrischen Gutachten, Aktenzeichen 20k Vr 3624/89, Hv 6524/90 [in AS 225 in ON 157].

32 Die Pflegedokumentation ist die schriftliche Fixierung der geplanten und durchgeführten Pflege sowie die Dokumentation einzelner Schritte der Pflegeplanung.[191]

33 Aus den gerichtlichen Vernehmungen vor dem LG (Landesgericht) für Strafsachen Wien, Aktenzeichen 20k Vr 3624/89, Hv 6524/90 [in AS 559–AS 551 in ON 531].

34 Aus dem neuro-psychiatrischen Gutachten, Aktenzeichen 20k Vr 3624/89, Hv 6524/90 [in AS 183 in ON 153 und in AS 225 in ON 157].

35 Aus den gerichtlichen Vernehmungen vor dem LG (Landesgericht) für Strafsachen Wien, Aktenzeichen 20k Vr 3624/89, Hv 6524/90 [in AS 352 in ON 1].

36 Aus den gerichtlichen Vernehmungen vor dem LG (Landesgericht) für Strafsachen Wien, Aktenzeichen 20k Vr 3624/89, Hv 6524/90 [in AS 199 und AS 227 in ON 1].

37 Aus dem neuro-psychiatrischen Gutachten, Aktenzeichen 20k Vr 3624/89, Hv 6524/90 [in AS 3–AS 95 in ON 395].

38 Aus den gerichtlichen Vernehmungen vor dem LG (Landesgericht) für Strafsachen Wien, Aktenzeichen 20k Vr 3624/89, Hv 6524/90 [in AS 216 in ON 1].
39 Aus den gerichtlichen Vernehmungen vor dem LG (Landesgericht) für Strafsachen Wien, Aktenzeichen 20k Vr 3624/89, Hv 6524/90 [in AS 198 in ON 1].
40 Aus dem neuro-psychiatrischen Gutachten, Aktenzeichen 20k Vr 3624/89, Hv 6524/90 [in AS 227 in ON 157].
41 Aus dem neuro-psychiatrischen Gutachten, Aktenzeichen 20k Vr 3624/89, Hv 6524/90 [in AS 149–169 in ON 151].
42 Aus den gerichtlichen Vernehmungen vor dem LG (Landesgericht) für Strafsachen Wien, Aktenzeichen 20k Vr 3624/89, Hv 6524/90 [in AS 208 in ON 1].
43 Aus dem neuro-psychiatrischen Gutachten, Aktenzeichen 20k Vr 3624/89, Hv 6524/90 [in AS 315 in ON 167].
44 Aus den gerichtlichen Vernehmungen vor dem LG (Landesgericht) für Strafsachen Wien, Aktenzeichen 20k Vr 3624/89, Hv 6524/90 [in AS 311–AS 311 s in ON 20].
45 Aus den gerichtlichen Vernehmungen vor dem LG (Landesgericht) für Strafsachen Wien, Aktenzeichen 20k Vr 3624/89, Hv 6524/90 [in AS 566 in ON 531].
46 Aus den gerichtlichen Vernehmungen vor dem LG (Landesgericht) für Strafsachen Wien, Aktenzeichen 20k Vr 3624/89, Hv 6524/90 [in AS 158 und AS 283 in ON 1].
47 Aus den gerichtlichen Vernehmungen vor dem LG (Landesgericht) für Strafsachen Wien, Aktenzeichen 20k Vr 3624/89, Hv 6524/90 [in AS 59 und AS 79 in ON 53].
48 Aus den gerichtlichen Vernehmungen vor dem LG (Landesgericht) für Strafsachen Wien, Aktenzeichen 20k Vr 3624/89, Hv 6524/90 [in AS 593 in ON 531].
49 Aus den gerichtlichen Vernehmungen vor dem LG (Landesgericht) für Strafsachen Wien, Aktenzeichen 20k Vr 3624/89, Hv 6524/90 [in AS 339 in ON 26].
50 Aus den gerichtlichen Vernehmungen vor dem LG (Landesgericht) für Strafsachen Wien, Aktenzeichen 20k Vr 3624/89, Hv 6524/90 [in AS 288 in ON 15].
51 Aus den gerichtlichen Vernehmungen vor dem LG (Landesgericht) für Strafsachen Wien, Aktenzeichen 20k Vr 3624/89, Hv 6524/90 [in AS 345 in ON 26].
52 Aus den gerichtlichen Vernehmungen vor dem LG (Landesgericht) für Strafsachen Wien, Aktenzeichen 20k Vr 3624/89, Hv 6524/90 [in AS 65 in ON 53].
53 Aus den gerichtlichen Vernehmungen vor dem LG (Landesgericht) für Straf-

sachen Wien, Aktenzeichen 20k Vr 3624/89, Hv 6524/90 [in AS 287–AS 297 und AS 339 in ON 1].

54 Aus den gerichtlichen Vernehmungen vor dem LG (Landesgericht) für Strafsachen Wien, Aktenzeichen 20k Vr 3624/89, Hv 6524/90 [in AS 119, ON 57].

55 Aus dem neuro-psychiatrischen Gutachten, Aktenzeichen 20k Vr 3624/89, Hv 6524/90 [in AS 219–AS 241 in ON 157 und in AS 255–AS 279 in ON 163].

56 Aus dem neuro-psychiatrischen Gutachten, Aktenzeichen 20k Vr 3624/89, Hv 6524/90 [in AS 149–AS 169 in ON 151 und in AS 283–AS 307 in ON 165].

57 Aus dem neuro-psychiatrischen Gutachten, Aktenzeichen 20k Vr 3624/89, Hv 6524/90 [in AS 173–193 in ON 153, in AS 311–AS 329 in ON 167].

58 Aus dem neuro-psychiatrischen Gutachten, Aktenzeichen 20k Vr 3624/89, Hv 6524/90 [in AS 197–AS 215 in ON 155 und in AS 333–AS 359 in ON 169].

59 Aus den Niederschriften der ersten polizeilichen Vernehmungen bei der Bundespolizeidirektion Wien, Landesgericht für Strafsachen Wien [LGStW] Aktenzeichen 20k Vr 3624/89, Hv 6524/90 [in AS 198 in ON 1, AS 225 in ON 1, AS 210 in ON 1, AS 209 und AS 249 in ON 1].

60 Aus den gerichtlichen Vernehmungen vor dem LG (Landesgericht) für Strafsachen Wien, Aktenzeichen 20k Vr 3624/89, Hv 6524/90 [in AS 307b in ON18, in AS 311e in ON 20]).

61 Aus den Niederschriften der ersten polizeilichen Vernehmungen bei der Bundespolizeidirektion Wien, Landesgericht für Strafsachen Wien [LGStW] Aktenzeichen 20k Vr 3624/89, Hv 6524/90 [in AS 199 in ON 1]).

62 Aus der Anklageschrift der Staatsanwaltschaft Wien vor dem LG (Landesgericht) für Strafsachen Wien, Aktenzeichen 20k Vr 3624/89, 39 ST 25735/89 [in AS 397–AS 484 in ON 449].

63 Aus dem Urteil des Landesgerichtes für Strafsachen Wien vom 29.3.1991, Aktenzeichen 20k Vr 3624/89, Hv 6524/90.

64 Aus der Anklageschrift der Staatsanwaltschaft Wien vor dem LG (Landesgericht) für Strafsachen Wien, Aktenzeichen 20k Vr 3624/89, 39 ST 25735/89 [in AS 397–AS 484 in ON 449].

65 Aus der Entscheidung des Verwaltungsgerichtshofs Österreich vom 18.1. 1990, Geschäftszahl 89/09/0107.

66 Gilurytmal ist der in Österreich und Deutschland gebräuchliche Handelsname für Ajmalin, ein verschreibungspflichtiges Arzneimittel, das zur Behandlung von Herzrhythmusstörungen eingesetzt wird.

67 Wir beziehen uns in diesem Zusammenhang, neben den Erkenntnissen aus Lainz, auf die Fälle serieller Krankentötungen, untersucht von Dr. Karl-Heinz Beine (2011) in seinem Buch «Krankentötungen in Kliniken und Heimen». Beine veröffentlichte Ergebnisse in 36 geprüften Fällen von Tötungsserien in Kliniken und Heimen während des Zeitraumes von 1975 bis 2008. Er hat in seinen Untersuchungen nur jene Patiententötungen berücksichtigt, die als Serientötungen begangen wurden und bei denen die Opfer erwachsene Personen waren. Tötungen an kranken Kindern und auch jene Patien-

tentötungen, die nur eine Einzeltat darstellten, wurden ausgeschlossen. Des Weiteren wurden in seiner Studie nur jene Vorfälle beachtet, die sich in Krankenhäusern und Heimen ereigneten. So wurden beispielsweise die Tötungen des englischen Arztes Shipman, der seine Patienten überwiegend in deren Zuhause umbrachte, nicht berücksichtigt, ebenso wenig Tötungen von Patienten oder Pflegebedürftigen im Rahmen der häuslichen Versorgung.[189] Tötungen von Patienten im Zuge eines assistierten Selbstmordes wurden ebenfalls ausgeschlossen; etwa der Fall des US-amerikanischen Pathologen Dr. Jack Kevorkian, eines vehementen Vertreters der Sterbehilfe, der eigenen Angaben zufolge etwa 130 Menschen während der Neunzigerjahre bei ihrer Selbsttötung unterstützte.[188] Neben den Erkenntnissen von Beine werden Ergebnisse aus der amerikanischen Studie von Yorker et al. aus dem Jahr 2006 wiedergegeben. Diese befasste sich mit strafrechtlich verfolgten Serientötungen im Gesundheitsbereich während der Jahre 1970 bis 2006. Auch Erkenntnisse von Maisch (1997) fließen in die Herausarbeitung der Charakteristika mit ein. Unsere Erkenntnisse aus den Akten zum Strafverfahren Lainz stimmen mit ihren Ergebnissen überein.

68 Der Bereich der Krankenanstalten gilt in Österreich als intramural, im Gegensatz zum extramuralen Bereich der niedergelassenen Versorgung.

69 Darunter wird ein Aufdrücken von weichen Gegenständen auf das Gesicht verstanden, wodurch Mund und Nase verschlossen werden und ein Tod durch Ersticken die Folge ist.

70 Aus dem neuro-psychiatrischen Gutachten, Aktenzeichen 20k Vr 3624/89, Hv 6524/90 [in AS 185 in ON 153].

71 Klein, 1971; zit. in Beine, 2011, S. 384.

72 Viktor Frankl begründete die Logotherapie und Existenzanalyse («Dritte Wiener Schule der Psychotherapie»).

73 Die WHO unterteilt ihre Mitgliedsländer nach vier Einkommenskategorien: «low» (gering), «lower-middle» (unterdurchschnittlich), «upper-middle» (überdurchschnittlich) und «high» (hoch).[192]

74 Unter Demenz wird keine einheitliche Erkrankung verstanden, sondern Demenz ist ein Sammelbegriff, der eine Vielzahl geistiger Degenerationserscheinungen umfasst.

75 Florence Nightingale (geboren 1820 in Florenz, gestorben 1910 in London) war eine Begründerin der modernen westlichen Krankenpflege und einflussreiche Reformerin des Sanitätswesens und der Gesundheitsfürsorge in Großbritannien und Britisch-Indien.

76 Seligmann, 1992; Schwarzer, 1981; Ruthemann, 1993; zit. in Meyer, 1998, S. 107, 108.

77 Der ICN ist ein Zusammenschluss von über 130 Berufsverbänden der Pflege. Er hat seinen Sitz in Genf und setzt sich für Millionen Pflegende weltweit ein.[193]

Literaturverzeichnis

[1] M. Meyer, Gewalt gegen alte Menschen in Pflegeeinrichtungen, Bern: Verlag Hans Huber, 1998.

[2] E. Fried, Um Klarheit. Gedichte gegen das Vergessen, 5. Aufl., Berlin: Klaus Wagenbach, 1998.

[3] C. Hickmann und N. von Hardenberg, «Süddeutsche.de», Süddeutsche Zeitung Digitale Medien GmbH, 19. Mai 2010. Online: http://www.sueddeutsche.de/panorama/seniorenheim-in-mainz-gequaelt-und-gedemuetigt-1.891126 [Zugriff am 20. November 2014].

[4] S.-Y. Fließ, «retter.tv», PDV Inter-Media Venture GmbH, 26. Jänner 2011. Online: http://www.retter.tv/de/beitrag.html?ereig=-Kripo-ermittelt-im-BRK-Seniorenheim-in-Augsburg-&ereignis=5703 [Zugriff am 24. November 2014].

[5] M. Widmann, «Süddeutsche.de», Süddeutsche Zeitung Digitale Medien GmbH, Juni 21 2012. Online: http://www.sueddeutsche.de/panorama/misshandlungsvorwuerfe-gegen-altenpfleger-das-grauen-auf-der-sonnenschein-station-1.1389895 [Zugriff am 20. November 2014].

[6] A. Dowideit, «Die Welt», DIE WELT – Axel Springer SE, 15. September 2013. Online: http://investigativ.welt.de/2013/09/15/liegt-doch-schon-im-sterben/ [Zugriff am 20. November 2014].

[7] A. Dowideit, «Die Welt», DIE WELT – Axel Springer SE, 7. Oktober 2013a. Online: http://www.welt.de/wirtschaft/article120688324/Behoerde-ermittelt-wegen-bissiger-Ratten-in-Altenheim.html [Zugriff am 20. November 2014].

[8] M. Schilling und J. Schneider, «abendzeitung-muenchen.de», Abendzeitung München Verlags-GmbH, 6. Mai 2014. Online: http://www.abendzeitung-muenchen.de/inhalt.muenchenstift-pflegeskandal-polizei-in-muenchner-altenheim.c6767045–8e71–423f-9ea6–4137318cc29c.html [Zugriff am 15. Juni 2015].

[9] C. Pachner, «NEWSAT», news networld internetservice GmbH, 21. Juli 2014. Online: http://www.news.at/a/pflege-tod-patientin-kampf-justiz [Zugriff am 20. November 2014].

[10] Bild GmbH & Co. KG, «Bild», 21. Oktober 2014. Online: http://www.bild.de/regional/koeln/selfie/selfie-skandal-am-aachener-klinikum-38235228.bild.html [Zugriff am 27. Oktober 2014].

[11] Österreichischer Rundfunk, «salzburg ORF.at», 11. November 2014. Online: http://salzburg.orf.at/news/stories/2678725/ [Zugriff am 20. November 2014].

[12] K. Iris und S. Marion, «EXPRESS.DE», 2. Februar 2015. Online: http://www.express.de/bonn/staatsanwalt-ermittelt-die-skandal-akte-haus-dottendorf-,2860,29732398.html [Zugriff am 12. Juni 2015].

[13] Wochenspiegel Verlag Mayen GmbH & Co. KG, «Wochenspiegel», 4. Februar 2015. Online: http://www.wochenspiegellive.de/eifel/staedte-gemeinden/kreis-euskirchen/nachrichtendetails/obj/2015/02/04/haus-veybach-belegungsverbot-aber-keine-schliessung/ [Zugriff am 12. Juni 2015].

[14] Zeit online GmbH, «Zeit Online», 16. Oktober 2014. Online: http://www.zeit.de/2014/43/pflegeheim-altenpflege-maengel [Zugriff am 27. November 2014].

[15] C. Förster, Gewalt in der institutionellen Altenpflege, Bd. 16, Bonn: Mabuse-Verlag GmbH, 2008.

[16] P.-M. Schulz, Gewalterfahrungen in der Pflege. Das subjektive Erleben von Gewalt in Pflegebeziehungen, 2. Aufl., Bd. 13, Frankfurt am Main: Mabuse-Verlag GmbH, 2014.

[17] R. D. Hirsch und C. Fussek, Gewalt gegen pflegebedürftige alte Menschen in Institutionen: Gegen das Schweigen. Berichte von Betroffenen, Bd. 4, R. D. Hirsch, E. U. Kranzhoff und F. Erkens, Hrsg., Bonn: Bonner Schriftenreihe «Gewalt im Alter», 1999.

[18] P.-W. Schreiner, «Gewalt in der Pflege», Pflege & Gesellschaft, Nr. 2, Jg. 6, pp. 51–61, 2001.

[19] C. Sowinski, «Hingehen statt Wegsehen. Gewalt und Missbrauch in der Pflege», Schwerpunkt Pro Alter, pp. 8–28, Januar/Februar 2012.

[20] K.-H. Beine, Krankentötungen in Kliniken und Heimen. Aufdecken und Verhindern, 2. Aufl., Freiburg im Breisgau: Lambertus Verlag, 2011.

[21] G. Friedrichsen, «Spiegel Online Panorama», SPIEGEL ONLINE GmbH, 12. September 2014. Online: http://www.spiegel.de/panorama/justiz/mordversuch-prozess-gegen-krankenpfleger-aus-delmenhorst-a-991237.html [Zugriff am 20. November 2014].

[22] D. Müller, «Der Berufskiller», Die Zeit, Nr. 8, pp. 15–17, Februar 2015.

[23] H. Maisch, Patiententötungen. Dem Sterben nachgeholfen, München: Kindler Verlag, 1997.

[24] B. C. Yorker, K. W. Kizer, P. Lampe, A. R. Forrest, J. M. Lannan und D. A. Russell, «Serial Murder by Healthcare Professionals», Journal of forensic sciences, Nr. 6, Vol. 51, pp. 1362–1370, November 2006.

[25] S. Harbort, «Kriminologie des Serienmörders – Teil 1 und Teil 2. Forschungsergebnis einer empirischen Analyse serieller Tötungsdelikte in der Bundesrepublik Deutschland», Kriminialistik, pp. 713 ff. und 642 ff., 1999.

[26] J. Travelbee, Interpersonal aspects of nursing, 2nd revised edition, Philadelphia: F. A. Davis Company, 1971.

[27] V. Fiechter und M. Meier, Pflegeplanung – Eine Anleitung für die Praxis, Basel: Recom, 1993.

[28] N. Roper, W. Logan und A. Tierney, The Roper-Logan-Tierney Model of Nursing. Based on Activities of Living, London: Churchill Livingstone, 2000.

[29] I. J. Orlando, Die lebendige Beziehung zwischen Pflegenden und Patienten, Bern: Verlag Hans Huber, 1996.

[30] M. Pohlmann, Beziehung pflegen. Eine phänomenologische Untersuchung der Beziehung zwischen Patienten und beruflich Pflegenden im Krankenhaus, R. B. Stiftung, Hrsg., Bern: Verlag Hans Huber, 2005.

[31] P. Strasser, «Die Grenzen der Liebesethik, Teil II», Pflege aktuell, Nr. 1, Jg. 48, pp. 29–35, 1994.

[32] I. Bauer, Die Privatsphäre des Patienten, Bern: Verlag Hans Huber, 1996.

[33] A. Elsbernd und A. Glane, Ich bin doch nicht aus Holz: wie Patienten verletzende und schädigende Pflege erleben, Berlin: Ullstein Mosby, 1996.

[34] T. Kienzle und B. Paul-Ettlinger, Aggression in der Pflege. Umgangsstrategien für Pflegebedürftige und Pflegepersonal, 7. Aufl., Stuttgart: Kohlhammer Verlag, 2013.

[35] T. Frühwald, M. Scholta und M. Weissenberger-Leduc, «Gewalt erkennen. Ältere Menschen in Institutionen», Bundesministerium für Arbeit, Soziales und Konsumentenschutz, Wien, 2012.

[36] Kuratorium Deutsche Altershilfe e. V., «Aus kritischen Ereignissen lernen. Online-Berichts- und Lernsystem für die Altenpflege», Online: https://www.kritische-ereignisse.de/ [Zugriff am 12. Januar 2015].

[37] Thieme, Pflegeassistenz. Lehrbuch für die Gesundheits- und Krankenpflegehilfe und Altenpflegehilfe, Thieme, Hrsg., Stuttgart: Georg Thieme Verlag KG, 2011.

[38] E. Grond, Gewalt gegen Pflegende. Altenpflegende als Opfer und Täter, Bern: Verlag Hans Huber, 2007.

[39] M. Weber, Soziologische Grundbegriffe, Tübingen: Mohr Siebeck Verlag UTB, 1984.

[40] H. Popitz, Phänomene der Macht, 2. Aufl., Tübingen: Mohr Siebeck Verlag UTB, 1992.

[41] A. Bauer und D. Prinzl-Wimmer, Angst und Macht in der Krankenpflege, in: Pflegenotstand – das Ende der Menschlichkeit, W. Schmidbauer, Hrsg., Hamburg: Rowohlt Taschenbuch Verlag GmbH, 1993, pp. 119–122.

[42] U. Schirmer, M. Mayer, V. Martin, J. Vaclav, F. Gaschler und S. Özköylü, Prävention von Aggression und Gewalt in der Pflege, Hannover: Schlütersche Verlagsgesellschaft mbH & Co. KG, 2006.

[43] L. Seidel, Gewalt an alten Menschen. Entstehungsfaktoren für Gewalt an

pflegebedürftigen alten Menschen und Lösungsansätze, 2. Aufl., Bd. 14, Frankfurt am Main: Mabuse-Verlag GmbH, 2014.

[44] P. Imbusch, Der Gewaltbegriff, in: Internationales Handbuch der Gewaltforschung, W. Heitmeyer und J. Hagan, Hrsg., Wiesbaden: Westdeutscher Verlag GmbH, 2002, pp. 26–57.

[45] World Health Organization, «The Toronto Declaration on the Global Prevention of Elder Abuse», World Health Organization, Genf, 2002.

[46] World Health Organization, «European report on preventing elder maltreatment», World Health Organization, Copenhagen, 2011.

[47] K.-R. von Hirschberg, A. Zeh und B. Kähler, «Gewalt und Aggression in der Pflege – Ein Kurzüberblick», Berufsgenossenschaft für Gesundheitsdienst und Wohlfahrtspflege – BGW, Hamburg, 2009.

[48] Landespräventionsrat Nordrhein-Westfalen, «Gefahren für alte Menschen in der Pflege. Basisinformationen und Verhaltenshinweise für Professionelle im Hilfesystem, Angehörige und Betroffene», Nordrhein-Westfalen, 2006.

[49] C. Schneider, Gewalt in Pflegeeinrichtungen. Erfahrungen von Pflegenden, R. Stemmer, Hrsg., Hannover: Schlütersche Verlagsgesellschaft mbH & Co. KG, 2005.

[50] B. Vetter, Psychiatrie: ein systematisches Lehrbuch, 7. Aufl., Stuttgart: Schattauer GmbH, 2007, p. 141.

[51] A. Kirsten und U. Karl, Handbuch Soziale Arbeit und Alter, A. Kirsten und U. Karl, Hrsg., Wiesbaden: VS Verlag für Sozialwissenschaften, 2010.

[52] E. Kracht, «Kölnische Rundschau», M. DuMont Schauberg Expedition der Kölnischen Zeitung GmbH & Co. KG, 19. April 2005. Online: http://www.rundschau-online.de/lokales/-schlimm-und-unvorstellbar-,15185494,15859440.html [Zugriff am 9. Februar 2015].

[53] W. Keil und A. Berzlanovich, «Ersticken durch weiche Bedeckung», Rechtsmedizin, Nr. 6, pp. 519–528, 2010.

[54] J. Hilbe und S. Jaquemar, «Prävalenz von freiheitsbeschränkenden Maßnahmen in österreichischen Alten- und Pflegeheimen», Österreichische Pflegezeitschrift, pp. 25–29, Mai 2013.

[55] E. F. Morrison, «Violent Psychiatric Inpatients in a Public Hospital», Research and Theory for Nursing Practice, Nr. 1, Volume 4, pp. 65–82 (18), 1990.

[56] U. Ruthemann, Aggression und Gewalt im Altenheim. Verständnishilfen und Lösungswege für die Praxis, Basel: Recom Verlag, 1993.

[57] P. Watzlawick, J. H. Beavin und D. D. Jackson, Menschliche Kommunikation. Formen, Störungen, Paradoxien, 12. Aufl., Bern: Verlag Hans Huber, 2011.

[58] K. Dörner und C. Kürten, Erfolgreich behandeln – armselig sterben. Macht und Ohnmacht im Krankenhaus und Heim, Gütersloh: Verlag Jakob von Hoddis, 1993.

[59] S. Harrendorf, Rückfälligkeit und kriminelle Karrieren von Gewalttätern. Ergebnisse einer bundesweiten Rückfalluntersuchung, Bd. 1. Göttinger Studien zu den Kriminalwissenschaften, Göttingen: Universitätsverlag Göttingen, 2007.

[60] B. Madea, Die ärztliche Leichenschau, 3. Aufl., Heidelberg: Springer Verlag, 2014.

[61] R. Rotondo, «Dunkelfelderkenntnisse zu Gewalt in der Pflege», in: Internationales Seminar «Planung der Kriminalitätskontrolle», Deutsche Hochschule der Polizei in Münster, 2007.

[62] Bundesministerium des Innern & Bundesministerium der Justiz, «Zweiter Periodischer Sicherheitsbericht», Bundesministerium des Innern & Bundesministerium der Justiz, Berlin, 2006.

[63] S. Harbort, Das Hannibal-Syndrom: Phänomen Serienmord, Piper Verlag GmbH, München, 2003.

[64] Der Spiegel, «Wo die Traudl is, wird kräftig gsturbn – Der Massenmord auf der Altenstation im Wiener Krankenhaus Lainz», 17. April 1989. Online: http://www.spiegel.de/spiegel/print/d-13494721.html [Zugriff am 17. Mai 2015].

[65] Kurier, «Primaballerina unter Mordopfern von Lainz», Kurier, p. 16, 1989.

[66] P. Pelinka, «Der Tod auf Station D», 21. April 1989. Online: http://www.zeit.de/1989/17/der-tod-auf-station-d [Zugriff am 13. Mai 2015].

[67] H. H. Bräutigam, «Zeit Online», Zeit Online GmbH, 14. Juli 1989. Online: http://www.zeit.de/1989/29/nie-geplaudert [Zugriff am 22. Januar 2015].

[68] F. Protzmann, «Killing of 49 Patients By 4 Nurse's Aides Stuns the Austrians», 17 April 1989. Online: http://www.nytimes.com/1989/04/18/world/killing-of-49-patients-by-4-nurse-s-aides-stuns-the-austrians.html [Zugriff am 22. Januar 2015].

[69] C. Pándi, Lainz Pavillon V. Hintergründe und Motive eines Kriminalfalls, Wien: Carl Ueberreuter Verlag, 1989.

[70] Österreichischer Rundfunk, «ORF.at», 30. Juli 2010. Online: http://wiev1.orf.at/stories/459596 [Zugriff am 23. Januar 2015].

[71] Österreichischer Rundfunk, «wien.ORF.at», 7. August 2008. Online: http://wiev1.orf.at/stories/298601 [Zugriff am 22. Januar 2015].

[72] E. Drda, G. Fleisch und C. Höftberger, Recht für Mediziner. Ein Leitfaden für Studium und Praxis, Wien: Facultas Verlags- und Buchhandels AG, 2003.

[73] W. Knopf, Supervision und Coaching im Krankenhaus, in: Handbuch Supervision und Organisationsentwicklung, H. Pühl, Hrsg., Wiesbaden: GWV Fachverlage GmbH, 2009, pp. 339–353.

[74] K.-H. Beine, «Homicides of patients in hospitals and nursing homes: a comparative analysis of case series», International journal of law and psychiatry, Nr. 26, pp. 373–386, 2003.

[75] W. Schmidbauer, Hilflose Helfer. Über die seelische Problematik der helfenden Berufe, Reinbek bei Hamburg: Rowohlt Verlag, 1994.

[76] W. Schmidbauer, Pflegenotstand – das Ende der Menschlichkeit. Vom Versagen der staatlichen Fürsorge, Reinbek bei Hamburg: Rowohlt Taschenbuch Verlag GmbH, 1993.

[77] I. Wirth und H. Strauch, Rechtsmedizin: Grundwissen für die Ermittlungspraxis, 2. Aufl., Heidelberg: Verlagsgruppe Hüthig Jehle Rehm GmbH, 2006.

[78] Deutsches Institut für angewandte Pflegeforschung e. V., «Deutsches Institut für angewandte Pflegeforschung e. V.», 2015. Online: http://www.dip.de/ [Zugriff am 24. Februar 2015].

[79] Deutscher Berufsverband für Pflegeberufe (DBfK) – Bundesverband e. V., «Deutscher Berufsverband für Pflegeberufe (DBfK) – Bundesverband e. V.», 2015. Online: http://www.dbfk.de/Startseite/Aktion-Tausche-wichtigen-gegen-guten-Arbeitsplatz/Tausche-wichtigen-Einfuehrung.php [Zugriff am 24. Februar 2015].

[80] Institut für Demoskopie Allensbach, «Hohes Ansehen für Ärzte und Lehrer – Reputation von Hochschulprofessoren und Rechtsanwälten rückläufig. Allensbacher Berufsprestige-Skala 2013», IfD-Allensbach, Allensbach am Bodensee, 2013.

[81] N. Schüßler, U. Stering, R. Schmidt und J. Osterbrink, «Suchtprobleme: Pflegende häufig betroffen», Die Schwester Der Pfleger, Nr. 51, pp. 216–221, März 2012.

[82] V. E. Frankl, … trotzdem Ja zum Leben sagen. Ein Psychologe erlebt das Konzentrationslager, 13. Aufl., München: Deutscher Taschenbuch Verlag, 1995.

[83] A. Ackermann, Empirische Untersuchungen in der stationären Alterspflege. Relevanz und methodische Besonderheiten der gerontologischen Interventionsforschung mit Pflegeheimbewohnern, Münster: LIT Verlag Münster, 2005.

[84] G. Walentich, Gewalt gegen alte Menschen – Versuch einer Bestandsaufnahme, in: Alter – ein Risiko?, Bd. Kölner Schriften zur Kriminologie und Kriminalpolitik, L. Nordrhein-Westfalen, Hrsg., Münster: LIT Verlag Münster, 2005, pp. 7–26.

[85] H.-W. Wahl und V. Heyl, Gerontologie – Einführung und Geschichte, Bd. 1, C. Tesch-Römer, H. Wahl, S. Weyerer und S. Zank, Hrsg., Stuttgart: W. Kohlhammer Verlag, 2004.

[86] B. M. Jasper, Gerontologie (Lehrbuch Altenpflege), Hannover: Vincentz Verlag, 2002.

[87] T. Kitwood, Demenz. Der person-zentrierte Ansatz im Umgang mit verwirrten Menschen, Bd. 6, C. Müller-Hergl, Hrsg., Bern: Verlag Hans Huber, 2013.

[88] United Nations. Department of Economic and Social Affairs, «Population

Division (2013). World Population Ageing 2013», United Nations publication. ST/SEA/SER.A/348, New York, 2013.
[89] S. Gleichweit und M. Rossa, «Erster Österreichischer Demenzbericht», Wiener Gebietskrankenkasse, Wien, 2009.
[90] World Health Organization (WHO), World Health Statistics 2014, Genf: World Health Organization (WHO), 2014.
[91] S. Steidl und B. Nigg, Gerontologie, Geriatrie und Gerontopsychiatrie, 4. Aufl., Wien: Fakultas Verlags- und Buchhandels AG, 2014.
[92] S. Altmann, Der letzte Umzug. Der Weg ins Altersheim für Pflegebedürftige und ihre Angehörigen, Hamburg: Disserta Verlag, 2014.
[93] V. Henderson, The Nature of Nursing, 3. Aufl., New York: The Macmillan Company, 1969.
[94] V. Henderson, «The concept of nursing», Journal of Advanced Nursing, Nr. 3, pp. 113–130, 1978.
[95] A. Dijkstra, G. Buist und T. Dassen, «Operationalization of the concept of nursing care dependency for use in long-term care facilities», Australian and New Zealand Journal of Mental Health Nursing, Nr. 7, pp. 142–151, 1998.
[96] C. Lohrmann, A. Dijkstra und T. Dassen, «Care dependency: testing the German version of the care dependency scale in nursing homes and on geriatic wards», Scandinavian Journal of Caring Sciences, Nr. 17, pp. 51–56, 2003.
[97] A. Marriner-Tomey, Pflegetheoretikerinnen und ihr Werk, Basel: Recom-Verlag, 1997.
[98] A. Dijkstra, G. Buist und T. Dassen, «Development of an assessment scale for demented and mentally handicapped patients», Scandinavian Journal of Caring Sciences, pp. 137–143, 1996.
[99] A. Schilling, «Ältere Menschen im Krankenhaus. Sozialarbeiterische Beratung vor dem Hintergrund neuer Entwicklungen im Gesundheitswesen», Kasseler Gerontologische Schriften Band 29, Kassel, 2003.
[100] A. Niederfranke, R. Schmitz-Scherzer und S.-H. Filipp, Funkkolleg Altern 1. Die vielen Gesichter des Alterns, A. Niederfranke, G. Naegele und E. Frahm, Hrsg., Opladen/Wiesbaden: Westdeutscher Verlag GmbH, 1999.
[101] J. Fürst, «Altern – eine Reflexion aus psychodramatischer Sicht. …Will you still need me, will you still feed me, when I'm sixt-four …», Zeitschrift für Psychodrama und Soziometrie, Nr. 8, pp. 6–24, 2009.
[102] I. Riedel, «‹Die unwürdige Greisin› (Brecht) – oder Vom Stellenwert der Alten in unserer Gesellschaft», Zeitschrift für Psychodrama und Soziometrie, Nr. 8, pp. 101–108, 2009.
[103] C. Warnken, Palliativpflege in der stationären Altenpflege. Organisationsentwicklung, Qualitätsmanagement & Sterbebegleitung – drei Bausteine einer modernen Unternehmenskultur, Hannover: Schlütersche Verlagsgesellschaft mbH & Co. KG, 2007.

[104] M. Thönnes und N. Jakoby, «Wo sterben Menschen?», Zeitschrift für Gerontologie und Geriatrie, Bd. 5, Nr. 44, pp. 336–339, 2011.

[105] K. Wilkenig und R. Kunz, Sterben im Pflegeheim. Perspektiven und Praxis einer neuen Abschiedskultur, 2. Aufl., Göttingen: Vandenhoeck & Ruprecht, 2005.

[106] A. Classen, Gutes Leben und guter Tod von der Spätantike bis zur Gegenwart. Ein philosophisch-ethischer Diskurs über die Jahrhunderte hinweg, A. Classen, Hrsg., Berlin/Boston: Walter de Gruyter GmbH & Co. KG, 2012.

[107] A. Lieser und U. Schleich, Am Ende menschlichen Lebens, New York: Georg Thieme Verlag, 1998.

[108] G. D. Borasio, Über das Sterben. Was wir wissen. Was wir tun können. Wie wir uns darauf einstellen, 3. Aufl., München: C.H.Beck, 2012.

[109] I. Hofmann, «Ärztliche und pflegerische Verantwortung. Partnerschaftlicher Dialog ist gefordert», Deutsches Ärzteblatt, Nr. 96, pp. A-3291–3294, 27 Dezember 1999.

[110] L. Juchli, Pflege. Praxis und Theorie der Gesundheits- und Krankenpflege, Stuttgart: Georg Thieme Verlag KG, 1994.

[111] S. Nagele und A. Feichtner, Lehrbuch der Palliativpflege, 2. Aufl., Wien: Facultas Verlags- und Buchhandels AG, 2009.

[112] I. Rottenhofer und F. Stewig, «Perspektiven der Pflege in Österreich. Differenzierung, Professionalisierung und Akademisierung», PADUA, Nr. 7 (5), pp. 241–245, 2012.

[113] S. G. Taylor und K. Renpenning, Selbstpflege: Wissenschaft, Pflegetheorie und evidenzbasierte Praxis, G. Bekel, Hrsg., Bern: Verlag Hans Huber, 2013.

[114] H. Steppe, «Das Selbstverständnis der Krankenpflege in ihrer historischen Entwicklung», Pflege, Nr. 13, pp. 77–83, 2000.

[115] T. Weber-Reich, «Wir sind die Pionierinnen der Pflege ...» Krankenschwestern und ihre Pflegestätten im 19. Jahrhundert am Beispiel Göttingen, Bern: Verlag Hans Huber, 2003.

[116] Y. ten Hoeve, G. Jansen und P. Roodbol, «The nursing profession: public image, self-concept and professional identity. A discussion paper», Journal of Advanced Nursing, pp. 295–308, April 2013.

[117] J. M. Bridges, «Literatur review on the images of the nurse and nursing in media», Journal of Advanced Nursing, Nr. 15, pp. 850–854, 1990.

[118] B. Kalisch und P. A. Kalisch, «Communicating clinical nursing issues through the newspapers.», Nursing Research, Nr. 30, pp. 132–138, März 1981.

[119] B. Kalisch und P. Kalisch, «Nurses on prime time television», American Journal of Nursing, Nr. 82, pp. 264–270, Februar 1982.

[120] B. Kalisch und P. A. Kalisch, «Improving the image of nursing», American Journal of Nursing, Nr. 83, pp. 48–55, Januar 1983.

[121] S. Gordon, Nursing against the Odds: How Health Care Cost Cutting, Media Stereotypes and Medical Hubris Untermine Nurses and Patient Care, New York: Cornell University Press, 2005.

[122] S. Görres, «Akademisierung der grundständigen Ausbildung in der Pflege. Hohe Pflegequalität durch mehr Kompetenz», Die Schwester Der Pfleger, Mai 2008.

[123] Zentrum für Qualität in der Pflege, «Gewaltprävention in der Pflege», 2015. Online: http://pflege-gewalt.de/hintergrund-artikel/Ursachen_und_Ausloeser_von_Gewalt.html [Zugriff am 16. März 2015].

[124] J. Duxbury, «An evaluation of staff and patient views of and strategies employed to manage inpatient aggression and violence on one mental health unit: a pluralistic design», Journal of Psychiatric and Mental Health Nursing, Nr. 9, pp. 325–337, 2002.

[125] J. Duxbury und R. Whittington, «Issues and Innovations in nursing practice. Causes and management of patient aggression and violence: staff and patient perspectives», Journal of Advanced Nursing, Nr. 50 (5), pp. 469–487, 2005.

[126] C. Sowinski, «Grenzsituationen in der Pflege – Nähe und Distanz/Schamgefühl und Ekel», GeroCare Report, Nr. 5, pp. 9–15, 1996.

[127] Pflege-Selbsthilfeverband e.V., «Pflege-SHV Pflege Selbsthilfeverband e.V. Initiative für menschenwürdige Pflege», 2015. Online: http://www.pflege-shv.de/index.php?page=gewalt [Zugriff am 16. März 2015].

[128] K. Hartdegen, Aggression und Gewalt in der Pflege, Stuttgart: Gustav Fischer Verlag, 1996.

[129] A. Meißner, «Die Problematik der Anrede Du vs. Sie zwischen Pflegepersonal und Patientinnen/Patienten in Deutschland», Pflege, pp. 73–77, 2004.

[130] C. Pernlochner-Kügler, Körperscham und Ekel – wesentlich menschliche Gefühle, Münster: LIT Verlag, 2004.

[131] J. Abresch, «Warum und wie behandelt das Pflegepersonal manche Patienten schlechter als andere?», Deutsche Krankenpflegezeitschrift, Nr. 6, 34. Jg., pp. 336–342, 1981.

[132] C. Obrich, Die Pflege, die eigene und die fremde Sprachen; in: Die Sprachen der Pflege. Interdisziplinäre Beiträge aus Pflegewissenschaft, Medizin, Linguistik und Philosophie, A. Abt-Zegelin und M. W. Schnell, Hrsg., Hannover: Schlütersche Verlagsgesellschaft mbH & Co KG, 2006, pp. 15–21.

[133] S. Wiesner-Mantz, E. Müller-Dannecker und K. Kunert, «Sprich, damit ich Dich sehe, Profi! Förderung eines professionellen Sprachklimas in Gesundheits- und Pflegeeinrichtungen», PADUA, Nr. 8 (4), pp. 233–239, 2013.

[134] E. Goffman, Asyle. Über die soziale Situation psychiatrischer Patienten und anderer Insassen, Frankfurt am Main: Suhrkamp, 1972.

[135] H. Petzold, «Die pathologischen Formen der Inhumanität. Belastung, Überforderung, Burnout. II», Altenpflege, Nr. 10/90, 15. Jg., pp. 566–571, 1990.

[136] P. Jacobs, «Misere der Pflegeberufe. 60 Jahre Pflegenotstand: Ein Blick zurück im Zorn», Die Schwester Der Pfleger, pp. 636–639, Juli 2012.

[137] M. Hackmann, «Florence ist tot, Agnes ist tot, und wir machen uns auch kaputt!», Pflegezeitschrift, Nr. 8, pp. 500–502, 2011.

[138] A. Beez, «Pflegenotstand in Münchner Kliniken», Zeitungsverlag tz München GmbH & Co. KG, 19 Oktober 2011. Online: http://www.tz.de/muenchen/stadt/pflege-notstand-muenchner-kliniken-1454014.html [Zugriff am 10. April 2015].

[139] H. Müller, «kma-online», 20. März 2015. Online: http://www.kma-online.de/nachrichten/klinik-news/charite-berlin-intensivpflegekraefte-schlagen-alarm_id_34958_view.html [Zugriff am 9. April 2015].

[140] R. Tewes und A. Stockinger, Personalentwicklung in Pflege- und Gesundheitseinrichtungen, Berlin/Heidelberg: Springer Verlag, 2014.

[141] C. Schmidt, J. Möller und P. Windeck, «Vier Generationen unter einem Dach», Deutsches Ärzteblatt, Nr. 19, pp. 928–933, 10 Mai 2013.

[142] K. Krichmayr, «Pflegenotstand hat Hochkonjunktur», derStandard.at, 1. April 2014. Online: http://derstandard.at/1395363773923/Pflegenotstand-hat-Hochkonjunktur [Zugriff am 19. Mai 2015].

[143] Deutsche Gesetzliche Unfallversicherung (DGUV), «Führung und psychische Gesundheit», Deutsche Gesetzliche Unfallversicherung (DGUV), Berlin, 2014.

[144] F. Jetter und R. Skrotzki, Soziale Kompetenz, Berlin: Walhalla Fachverlag, 2005.

[145] R. Rogall, H. Josuks, G. Adam und G. Schleinitz, Professionelle Kommunikation in Pflege und Management: ein praxisnaher Leitfaden, Hannover: Schlütersche Verlagsgesellschaft mbH & Co. KG, 2005.

[146] H. Petzold, «Die gefährliche Identifikation mit dem Aggressor. Belastung, Überforderung, Burnout. III», Altenpflege, Nr. 11/90, 15. Jg., pp. 648–651, 1990.

[147] Deutsches Institut für angewandte Pflegeforschung e. V., «Pflege-Thermometer 2014», 2014. Online: http://www.dip.de/fileadmin/data/pdf/projekte/Pflege-Thermometer_2014.pdf [Zugriff am 9. April 2015].

[148] K.-W. Staab, «www.deutsche-pflegeversicherung.com», 8. Januar 2014. Online: http://www.deutsche-pflegeversicherung.com/blog/?p=331 [Zugriff am 9. April 2015].

[149] Verlag des Österreichischen Gewerkschaftsbundes GmbH, «AUVA Internationales Fachmagazin für Prävention in der Arbeitswelt», Allgemeine Unfallversicherungsanstalt (AUVA), Online: http://www.sicherearbeit.at/servlet/ContentServer?pagename=X04/Page/Index&n=X04_1.4.2.a&cid=1363428612477 [Zugriff am 16. April 2015].

[150] R. D. Hirsch, «Konflikte in Pflegebeziehungen: Eine Herausforderung für Pflegende und die Gesellschaft», Alt und Jung: vom Älterwerden in Geschichte und Zukunft, pp. 137–151, März 2011.

[151] R. Heltzel und W. Weigand, Im Dickicht der Organisation. Komplexe Beratungsaufträge verändern die Beraterrolle, Göttingen: Vandenhoeck & Ruprecht, 2014.

[152] Thieme, I care Pflege, Stuttgart: Georg Thieme Verlag KG, 2015.

[153] H. Thiel, M. Jensen und S. Traxler, Klinikleitfaden psychiatrische Pflege, 3. Aufl., München: Urban & Fischer Verlag, 2010.

[154] R. Schwarz, Supervision in der Pflege. Auswirkungen auf das professionelle Handeln Pflegender, Wiesbaden: VS Verlag, 2009.

[155] S. Häfner, Die Balintgruppe, 3. Aufl., S. Häfner und W. Stucke, Hrsg., Köln: Deutscher Ärzte-Verlag, 2007.

[156] Thieme, Altenpflege in Lernfeldern. Schnell finden – schnell lesen – schnell verstehen, Stuttgart: Georg Thieme Verlag KG, 2008.

[157] T. Junginger, A. Perneczky, C.-F. Vahl und C. Werner, Grenzsituationen in der Intensivmedizin, Heidelberg: Springer Medizin Verlag, 2008.

[158] B. Bojack, Gewaltprävention, München: Urban und Fischer Verlag, 2001.

[159] A. Snowden, A. Donnell und T. Duffy, Pioneering Theories in Nursing, London: MA Healthcare Ltd, 2010.

[160] D. E. Orem, Nursing. Concepts of practice, 4. Aufl., St. Louis, Missouri: Mosby Year Book, Inc., 1991.

[161] Bundesarbeitsgemeinschaft der Senioren-Organisationen e. V., «Entlastung für die Seele – Ein Ratgeber für pflegende Angehörige», Bonn, 2012.

[162] S. Jolig und B. Voss, Wut tut gut. Ein starkes Gefühl verstehen und konstruktiv nutzen, München: Wilhelm Goldmann Verlag, 2015.

[163] L. Larsson, Wut, Schuld & Scham: Drei Seiten der gleichen Medaille, Paderborn: Jungfermann Verlag, 2012.

[164] M. B. Rosenberg, Was deine Wut dir sagen will: überraschende Einsichten, Paderborn: Jungfermann Verlag, 2006.

[165] D. Grywa und A. Zeller, «Aggressionsmanagement – Ein sinnvoller Ausbildungsinhalt in der Pflegeausbildung?», Pflegepädagogik (PR-Internet), pp. 281–287, März 2012.

[166] B. Papendell, Der Trauer begegnen – was Pflegende tun können; in: Handbuch Trauerbegegnung und -begleitung, Göttingen: Vandenhoeck & Ruprecht, 2014, pp. 237–244.

[167] W. Klockenbusch, Die Betreuung unheilbar Kranker und Sterbender. Psychische Belastungen des Krankenpflegepersonals, Melsungen: Bibliomed, 1986.

[168] E. Cassell und B. Rich, «Intractable end-of-life suffering and the ethics of palliative sedation», Pain Medicine, Nr. 11, pp. 435–438, 2010.

[169] F. C. Reed, Pflegekonzept Leiden. Leiden erkennen, lindern und verhindern, D. Staudacher, Hrsg., Bern: Verlag Hans Huber, 2013.

[170] K. Eriksson, «The alleviation of suffering – the idea of caring», Scandinavian Journal of Caring Sciences, Nr. 6 (2), pp. 119–123, 1992.

[171] E. C. Carr und E. M. Mann, Schmerz und Schmerzmanagement. Praxis-

handbuch für Pflegeberufe, J. Osterbrink, Hrsg., Bern: Verlag Hans Huber, 2002.

[172] S. Bartholomeyczik und C. R. Nonn, Fokus: Epidemiologie und Pflege, Hannover: Schlütersche Verlagsgesellschaft mbH & Co. KG, 2005.

[173] J. Osterbrink, M. Hufnagel, P. Kutschar, B. Mitterlehner, C. Krüger, Z. Bauer, W. Aschauer, M. Weichbold, E. Sirsch, C. Drebenstedt, K. Perrar und A. Ewers, «Die Schmerzsituation von Bewohnern in der stationären Altenhilfe», Der Schmerz, pp. 27–35, Januar 2012.

[174] F. Schulz von Thun, Miteinander reden: Kommunikationspsychologie für Führungskräfte, 2. Aufl., Reinbek bei Hamburg: Rowohlt, 2003.

[175] F. Andratsch, C. Sowinski und J. Osterbrink, «Wenn aus Menschen Opfer werden», Die Schwester Der Pfleger, pp. 1187–1191, Dezember 2014.

[176] P. Helmut, Patientensicherheit und Risikomanagement: im Pflege- und Krankenhausalltag, Heidelberg: Springer Medizin Verlag, 2007.

[177] M. Kingma, «ICN: «Blowing the whistle» bei schlechter Versorgungsqualität», Die Schwester Der Pfleger, p. 58, Februar 2010.

[178] H. A. Kahla-Witzsch und O. Platzer, Risikomanagement für die Pflege: ein praktischer Leitfaden, Stuttgart: W. Kohlhammer Verlag, 2007.

[179] A. Berthold, Schriften zum Arbeitsrecht und Wirtschaftsrecht. Whistleblowing in der Rechtsprechung des Bundesarbeitsgerichts, A. Junker, Hrsg., München: Peter Lang GmbH, 2010.

[180] Diakonie Düsseldorf, «Leben im Alter. Leitfaden für den Umgang mit Gewalt in der Pflege», Diakonie Düsseldorf, Düsseldorf, 2013.

[181] C. Sowinski, «Das Pflegeverbrechen gibt es nicht: Warum Tötungsdelikte in der Pflege nicht generalisiert werden können», Pro Alter, Nr. 3, pp. 60–65, 2005.

[182] E. Tutsch-Bauer, Interview geführt am 27. Juni 2014.

[183] A. Kuhlmey und C. Tesch-Römer, Autonomie trotz Multimorbidität. Ressourcen für Selbstständigkeit und Selbstbestimmung im Alter, Göttingen: Hogrefe, 2013.

[184] M. Ganner, Selbstbestimmung im Alter: Privatautonomie für alte und pflegebedürftige Menschen in Österreich und Deutschland, Wien: Springer Verlag, 2005.

[185] E. Gleixner-Eberle, Die Einwilligung in die medizinische Behandlung Minderjähriger. Eine arztrechtliche Untersuchung im Rechtsvergleich mit Österreich und der Schweiz sowie mit Blick auf das Internationale Privat- und Strafrecht, Berlin: Springer Verlag, 2014.

[186] F. Andreaus und R. Gottwald, Rechtsgrundlagen für Gesundheitsberufe, Wien: Facultas Verlags- und Buchhandels AG, 2008.

[187] G. Strickmann, Heimaufenthaltsrecht, 2. Aufl., Wien: Linde Verlag, 2012.

[188] Spiegel Online, «Spiegel Online Panorama», 3. Juni 2011. Online: http://www.spiegel.de/panorama/leute/dr-death-fanatischer-pionier-der-sterbehilfe-ist-tot-a-766554.html [Zugriff am 19. Januar 2015].

[189] D. Batty, «Guardian media group», 25. August 2005. Online: http://www.theguardian.com/society/2005/aug/25/health.shipman [Zugriff am 19. Januar 2015].

[190] Kronen Zeitung, «Lainzer «Mordschwestern» aus Gefängnis entlassen», 7. August 2008. Online: http://www.krone.at/Oesterreich/Lainzer_Mordschwestern_aus_Gefaengnis_entlassen-Auf_freiem_Fuss-Story-107754 [Zugriff am 13. Mai 2015].

[191] C. Kunz, W. Kunz und M. Seel, Kompaktwissen Krankenpflege, Hannover: Schlütersche Verlagsgesellschaft mbH & Co. KG, 2004.

[192] World Health Organization, «World Health Organization», 2015. Online: http://www.who.int/healthinfo/global_burden_disease/definition_regions/en/ [Zugriff am 19. Mai 2015].

[193] International Council of Nurses, «International Council of Nurses», 2013. Online: http://www.icn.ch/ [Zugriff am 7. April 2015].